TROPISCHE FRÜCHTE

BLV Bestimmungsbuch

Dr. Bernd Nowak
Bettina Schulz

TROPISCHE FRÜCHTE

Biologie, Verwendung, Anbau und Ernte

Die Deutsche Bibliothek –
CIP-Einheitsaufnahme

Nowak, Bernd:
Tropische Früchte: Biologie, Anbau und
Ernte / Bernd Nowak ; Bettina Schulz, –
München ; Wien ; Zürich : BLV, 1998
  (BLV-Bestimmumgsbuch)
  ISBN 3-405-15168-6

Fotos auf dem Umschlag:
Nowak (Vorderseite links: Blütenstand
einer Banane, Vorderseite Mitte: Früchte
der Pejibaye, Rückseite: Marktfrüchte in
Costa Rica)
Eisenreich (Vorderseite rechts: Brotfrucht,
samenlose Sorte)

Foto S. 1: Muskatnuß-Früchte
Foto S. 2: Fruchtende Papaya-Staude
Foto S. 3: Pitahaya
Foto S. 5: Indische Mango

BLV Verlagsgesellschaft mbH
München Wien Zürich
80797 München

Das Werk einschließlich aller seiner Teile
ist urheberrechtlich geschützt. Jede
Verwertung außerhalb der engen Gren-
zen des Urheberrechtsgesetzes ist ohne
Zustimmung des Verlages unzulässig
und strafbar. Das gilt insbesondere für
Vervielfältigungen, Übersetzungen, Mikro-
verfilmungen und die Einspeicherung
und Verarbeitung in elektronischen
Systemen.

© 1998 BLV Verlagsgesellschaft mbH,
München

Einbandgestaltung: Studio Schübel
Lektorat: Dr. Friedrich Kögel,
Dr. Eva Dempewolf
Herstellung: Sylvia Hoffmann
Satz: Graf. Büro V. Fehrenbach
Druck: Appl, Wemding
Bindung: Auer, Donauwörth
Gedruckt auf chlorfrei gebleichtem Papier

Printed in Germany · ISBN 3-405-15168-6

Inhaltsverzeichnis

Vorwort 6
Einführung 8
Zur Vielfalt und Bedeutung tropischer Früchte 8
Tropenklima und Charakteristika tropischer Pflanzen 11
Aufbau und Formen der Früchte 13
Hinweise zu den Beschreibungen der Arten 16
Schlüssel zur Bestimmung der beschriebenen Früchte 19
Anzucht von Garten- und Zimmerpflanzen aus Samen 23
Beschreibung der Arten 24
Früchte mit 1 Samen/Stein und weichem Fruchtfleisch 24
Früchte mit 1 Samen/Stein, Fruchtward zäh/holzig 72
Mehrsamige Hülsenfrüchte 84
Zitrusfrüchte 99
Sammelbeerenfrüchte/Fruchtverbände 110
Früchte mit 2-10(-15) Samen/Steinen 129
Kürbis-/gurkenähnliche Früchte 170
Früchte mit mehr als (10)15 Samen 186
Bananen 230
Anhang 233
Literatur 233
Register 234

Vorwort

Dieses Buch ist ein Führer durch die Vielfalt der Früchte, die in den Ländern der Tropen und Subtropen als Nahrungs- und Genußmittel angebaut werden. Es soll den wissenschaftlich ausgerichteten Benutzern ebenso als Bestimmungshilfe und Informationsquelle dienen wie den botanisch interessierten Laien, die auf Reisen den bunten tropischen Fruchtmärkten und der üppigen Vegetation der Nutzgärten begegnen. Außerdem richtet es sich an Konsumenten, die in den Geschäften Mitteleuropas neben vertrauten tropischen Früchten immer häufiger auf unbekannte Exoten treffen und sich über deren Herkunft und Verwendungsmöglichkeiten informieren möchten.

Die Früchte Hunderter tropischer und subtropischer Pflanzenarten werden als Lebensmittel verwendet. Aus dieser Fülle sind 158 Arten in diesem Buch beschrieben und in Farbfotos dargestellt, auf knapp 100 weitere Spezies wird hingewiesen. Bei der notwendigen Auswahl wurde versucht, alle in Europa käuflichen Früchte der warmen Länder zu berücksichtigen sowie die über mehrere Erdteile angebauten oder in großen Gebieten häufig kultivierten Arten. Die Zusammenstellung umfaßt im wesentlichen Fruchtgemüse, Obst, Schalenobst (»Nüsse«) und Gewürze, sowie Arten, die zur Herstellung von Getränken verwendet werden; Getreide werden nicht behandelt. Durch die Ziele der Tropenreisen der Autoren bedingt sind die Früchte Südostasiens und Lateinamerikas stärker repräsentiert als diejenigen anderer Gebiete.

Sämtliche beschriebenen Arten werden auf insgesamt 300 Farbfotos vorgestellt, die jeweils die Frucht als ganze sowie in der Regel zusätzlich im Anschnitt zeigen. Von den meisten Arten werden außerdem Zweige, Blätter, Blüten oder der Habitus der Pflanze abgebildet. Ausführliche botanische Beschreibungen jeder Pflanzenart und ihrer Frucht sowie ein Schlüssel zur Bestimmung der beschriebenen Früchte ermöglichen die Artdiagnose.

Die Texte geben über die Artbeschreibungen hinaus Auskünfte zur Verwendung und Zubereitung der Früchte in den Anbaugebieten. Auch auf die Nutzungen der übrigen Teile der jeweiligen Pflanze wird hingewiesen, von ihrer Verwendung als Viehfutter oder Baumaterial bis zum medizinellen und rituellen Gebrauch, wobei wir uns allerdings auf das Wichtigste und Interessanteste beschränken mußten. Die Herkunftsgebiete und die Verbreitung der Arten werden skizziert, und es finden sich Hinweise auf die Ökologie der Pflanzen, ihren Anbau und die Ernte. Die Beschreibungen aller Früchte sowie größte Teile der Ausführungen zu den vegetativen Merkmalen und den Blüten der Pflanzen basieren auf Untersuchungen der Autoren, sind aber um viele Inhalte ergänzt, die den im Literaturverzeichnis aufgeführten Quellen entnommen sind. Auch die Angaben zur Verwendung der Früchte, zur Verbreitung der Arten sowie zu Anbau und Ernte setzen sich aus eigenen Erhebungen und Literaturauswertungen zusammen. Als höchst inhaltsreiche und häufig konsultierte Werke sollen Burkill (1966), Morton (1987) und PROSEA (1989-1996) an dieser Stelle besonders hervorgehoben werden.

Wir wünschen, mit diesem Buch einer breiten Leserschaft ein praktikables und interessantes Werk an die Hand zu geben, das zur Bestimmung der Arten nützlich ist und darüber hinaus einen Eindruck von der Vielfalt der tropischen

Nutzpflanzen vermittelt. Den Konsumenten tropischer Früchte, die in jedem Haushalt nahezu täglich in Form von Kaffee, Gewürzen, Obst oder Säften verwendet werden, mag das Buch eine Vorstellung geben, von welchen Pflanzen und aus welchen Regionen diese Produkte stammen, wie sie angebaut und geerntet werden. Den Tropenreisenden soll es nicht nur ein botanischer Führer sein, sondern zugleich Respekt vermitteln vor der traditionellen bäuerlichen Landwirtschaft in den warmen Ländern und der kenntnisreichen Verwendung sehr zahlreicher Nutzpflanzen.

Herzlicher Dank richtet sich an alle Personen, die uns bei der Arbeit an diesem Buch unterstützt haben. Frau Dr. Heike Küchmeister, Gießen, Frau Gabriele Thielmann, Frankfurt, und Frau Monika Peukert, Frankfurt, haben es übernommen, Recherchen und Fotos von Früchten in Brasilien beziehungsweise Ostafrika anzufertigen. Dem Centro Agronómico Tropical de Investigación y Enseñanza (CATIE) in Turrialba/Costa Rica, namentlich Frau Patricia Baltodano Arias, sind wir zu großem Dank dafür verpflichtet, daß wir tagelang in den überaus artenreichen Fruchtgärten des Institutes Nutzpflanzen studieren und fotografieren durften. Herr Alfonso Brito, Cotuí/Dominikanische Republik, ermöglichte es uns, viele Arten in den Fruchthainen seiner Finca zu untersuchen. Frau Christel Wedra, Heusenstamm, hat das gesamte Manuskript durchgesehen und uns mit vielen Hinweisen unterstützt. Herrn Michael Ristow, Berlin, danken wir für Literaturrecherchen sowie Hinweise zum Text und Herrn Joachim Döring, Heuchelheim, für fototechnische Hilfen. Das Buch wäre nicht zu stande gekommen ohne die freundliche Unterstützung und die vielfältigen Auskünfte zahlreicher Marktfrauen, Bauern und Gartenbesitzer in Asien und Lateinamerika, die uns bereitwillig ihre Früchte erklärt und in ihre Gärten geführt haben. Der BLV Verlagsgesellschaft, München, danken wir für die Bereitschaft, das Werk zu verlegen, und für die Mitwirkung an der Gestaltung des Buches.

Dr. Bernd Nowak
Bettina Schulz

Zur Vielfalt und Bedeutung tropischer Früchte

Früchte haben in tropischen Regionen sehr große Bedeutung für die Ernährung. Während in den Ländern kühler Klimate Fleisch, Getreide, Wurzel- und Blattgemüse die Hauptnahrungsmittel darstellen, sind in tropischen Gebieten neben Reis, Mais oder Hirse die Früchte krautiger Pflanzen und sehr vieler Gehölze wichtigste Ernährungsgrundlagen. Dabei ermöglicht es der Artenreichtum der tropischen Flora, daß regional Hunderte verschiedener Arten als Nahrungspflanzen zur Verfügung stehen und genutzt werden, von denen freilich nur ein Teil in großen Mengen konsumiert und häufig angebaut wird.

Im Rahmen eines internationalen Programmes zur Erforschung der Nutzpflanzen Südostasiens (Plant Resources of South-East Asia; siehe PROSEA, 1992) wurden allein in diesem Raum etwa 700 Pflanzenarten ermittelt, deren Früchte als Nahrungsmittel dienen. Mehr als die Hälfte dieser Arten sind wild wachsende Pflanzen, deren Früchte in Wäldern gesammelt werden; 45% werden wenigstens örtlich angebaut, wovon wiederum ein Drittel in verschiedenen Kultursorten gezogen wird, und mehr als 100 Arten sind von Bedeutung für die Volksernährung. In anderen tropischen Gebieten ist die Vielfalt ähnlich groß. Nur wenige dieser Nutzpflanzen liefern Exportfrüchte, die allerdings für viele Länder von erheblicher wirtschaftlicher Bedeutung sind.

In den Tropen zählen etwa 90% der Arten, deren Früchte als Nahrungs- und Genußmittel verwendet werden, zu den holzigen Gewächsen, die meisten davon sind Bäume. Überall in ländlichen Gebieten, deren Bevölkerung sich noch vorwiegend aus eigenem Anbau mit Lebensmitteln versorgt, finden sich bei den Gehöften und Wohnhäusern Fruchtgärten, in denen eine Vielzahl von Nutzgehölzen angebaut wird; von weitem betrachtet, ähneln die Siedlungen oft lichten Wäldern. Zur Sicherung der Nahrungsgrundlage und des Einkommens sind solche baumreichen Mischkulturen in den Tropen die vorteilhafteste Form der kleinbäuerlichen Landwirtschaft. Sie sind an die tropischen Umweltgegebenheiten bestens angepaßt, schützen die Böden und ergeben auf kleinen Flächen reichen Ertrag. Die traditionellen Fruchtgärten liefern nicht nur Nahrungsmittel und Schatten für die Menschen und ihre Nutztiere, sondern außerdem Bau- und Brennmaterial, Grundstoffe für Medizin, Fasern, Öle, Harze und vieles mehr.

Ebenso wie in anderen Klimaregionen der Erde werden auch in den tropischen Ländern viele eingeführte Nutzpflanzen angebaut. Schon frühzeitig haben chinesische, arabische sowie indische Händler und Seefahrer Kulturpflanzen verbreitet. Später sorgten vor allem die Kolonialherren für einen umfangreichen Austausch zwischen den Erdteilen, so daß tropische Arten, die von den Europäern geschätzt waren – soweit es die klimatischen Gegebenheiten zulassen – weltweit eingeführt wurden. Bemerkenswert ist die Tatsache, daß auch sehr viele Nutzpflanzen minderer Bedeutung über Kontinente verbreitet wurden. Dieser bis heute anhaltende Artenaustausch zeigt die Freude vieler Kleinbauern und Gartenbesitzer in den Tropen an fremden und seltenen Früchten.

Von der großen regionalen Vielfalt der tropischen Früchte findet sich auf den Märkten meist nur ein kleiner Teil. Dies

Zur Vielfalt und Bedeutung tropischer Früchte

Kleinbäuerliches Gehöft umgeben von Obstbäumen auf Sri Lanka.

erklärt sich daraus, daß die kleinbäuerliche Land- und Gartenwirtschaft in den warmen Ländern traditionell und bis heute sehr stark auf die Selbstversorgung ausgerichtet sind. Für den Verkauf werden im wesentlichen hinreichend lager- und transportfähige Früchte angebaut, die guten Absatz finden und Gewinn versprechen, weil sie in großen Mengen konsumiert werden oder besonders begehrt sind. Viele häufig in Hausgärten gezogene Früchte sind als Marktprodukte vermeintlich nicht attraktiv genug oder zu teuer, wenn die Pflanzen nur geringe Erträge bringen. Manche Frucht ist in ländlichen Regionen für den Verkauf zu trivial, weil jeder sie im Garten hat; andere sind als Marktware nicht entdeckt. So finden sich die an Früchten reichsten Märkte meist in den Städten, wo viele Menschen keinen eigenen Garten haben und relativ wohlhabende Bevölkerungsgruppen leben, die auch teure Kostbarkeiten kaufen können.

Wer als Reisender in den Ländern der Tropen die regionale Vielfalt an Früchten kennenlernen möchte, dem sei empfohlen, über die Zäune in die Gärten zu schauen. Im Kontakt mit der Bevölkerung läßt sich bei diesen Gelegenheiten erfahren, wie umfangreich in den traditionellen Gesellschaften die Kenntnis der so zahlreichen nutzbaren Pflanzen ist und wie vielfältig die einzelnen Arten nicht nur als Nahrungsmittel verwertet werden. Häufig wird man dabei auch dem Stolz der Besitzer auf die Vielfalt ihrer Obstbäume und auf Früchte besonders schmackhafter Sorten oder seltener Arten begegnen, was von großer Bedeutung für die Bewahrung auch wirtschaftlich minderer Kulturpflanzen und des Wissens über deren Verwendungsmöglichkeiten ist. Höchst beeindruckend sind die botanischen Kenntnisse der Menschen, die ihre Nahrung zum Teil von wild wachsenden Pflanzen in den Wäldern sammeln. Dieses Wissen geht freilich mit dem Verfall regionaler naturgebundener Kultur- und Lebensformen allmählich ebenso verloren wie viele der nutzbaren Wildpflanzen durch die Vernichtung der Tropenwälder. Neben den zur Ernährung bestimmten Früchten zeichnen sich in den Tropen auch die Gewürz- und Genußpflanzen durch große Vielfalt aus. Gewürze haben in den regionalen Küchen der warmen Länder meist größere Bedeutung als in den kühleren Breiten. Sie sind für arme Bevölkerungsschichten als ernährungsphysiologisch wertvolle Ergänzung der Speisen wichtig und ermöglichen es, aus wenigen einfachen Grundnahrungsmitteln verschiedenartige Gerichte herzustellen. So wird der tägliche bloße Reis oft durch Gewürze variiert, wo die Menschen sich weitere Beigaben in der Regel nicht leisten können.

Der Anbau von tropischen Früchten für den Export konzentriert sich auf wenige Arten, nimmt aber umfangreiche Flächen ein und wird häufig von großen Unternehmen in Plantagen betrieben. Für alle Länder der Tropen ist er von größter Bedeutung – und nicht allein deshalb, weil er für viele Staaten eine der wichtigsten Devisenquellen darstellt. Das Exportgeschäft mit tropischen Gewürzen und Früchten war Anlaß für die Entstehung früher, weiter Handelswege, für die spätere Kolonialisierung großer Teile der Erde durch die Europäer, für Kriege und für die Vernichtung von Völkern oder die Zerstörung ihrer Gesellschaftsstrukturen und verursacht bis heute ökologische Devastierung. Den Pflanzungen von Kaffee, Kakao, Bananen, Kokosnüssen, Ananas, Sojabohnen, Erdnüssen, Zuckerrohr und vor allem Ölpalmen fallen Jahr für Jahr ausgedehnte tropische Wälder zum Opfer.

Seit Jahrhunderten sind dem Verbraucher in den kühlen Breiten eine Reihe tropischer Früchte wie Pfeffer, Bananen, Orangen oder Kaffee und Kakao bekannt und zu festen Bestandteilen der täglichen Ernährung geworden. In jüngerer Zeit nimmt das Angebot auf europäischen Märkten erheblich zu. Neben wenigen besonders attraktiven Arten, die rasch populär geworden sind, wie Mango, Avocado, Cherimoya, Passionsfrucht, Cashew- oder Macadamianuß, bleibt der Import neuer Exoten aber begrenzt. Hohe Preise, vor allem aber die sehr eingeschränkte Haltbarkeit der meisten Früchte beschränken die Ausweitung des Angebotes.

Dazu kommt, daß Exportfrüchte in der Regel unreif geerntet werden müssen und ihre Qualität folglich erheblich eingeschränkt ist. Wie köstlich beispielsweise Kaktusfrüchte, Kaki, Papaya oder Guaven schmecken, läßt sich nur durch den Genuß vollreifer Früchte in den Anbauländern erfahren.

Die Bewahrung der Vielfalt tropischer Früchte und der Kenntnis ihrer Nutzung ist von großer Bedeutung für die Sicherung der Nahrungsgrundlagen und der Ernährungsvielfalt der Menschen in den warmen Ländern. Verstädterung der Bevölkerung, Vernichtung von traditionellem Kulturland und das Aussterben von Pflanzenarten durch die Zerstörung der Wälder gefährden diesen Reichtum ebenso wie die Industrialisierung der Landwirtschaft und die Abkehr von der Selbstversorgung. Es ist deshalb zu wünschen, daß die Initiativen zur Erforschung und Erhaltung des Arten- und Sortenreichtums sowie des Wissens um Anbau und Nutzung tropischer Nutzpflanzen nicht in Samenbanken enden, sondern zum Wohl der Menschen und ihrer Umwelt den traditionellen Fruchtgärten zu wachsender Anerkennung und wirtschaftlicher Zukunft verhelfen.

Tropenklima und Charakteristika tropischer Pflanzen

Es ist in dem engen Rahmen dieser kleinen Einführung nicht möglich, die vielen interessanten Charakteristika des tropischen Klimas und der tropischen Pflanzenwelt zu beschreiben. So beschränken sich die folgenden Ausführungen auf wenige wichtige Sachverhalte, die sehr komprimiert mit Bezügen auf die Nutzpflanzen dargestellt werden.

Tropische und subtropische Klimazonen gibt es unter Ausnahme von Europa auf allen Kontinenten, und zwar – mit regional erheblichen Abweichungen – etwa zwischen den Wendekreisen. In Amerika zählen hierzu die Gebiete zwischen Florida bzw. Mexiko im Norden und Argentinien bzw. Chile im Süden. Fast der gesamte afrikanische Kontinent fällt in den Bereich der Subtropen und Tropen. In Asien gehören Teile der Arabischen Halbinsel sowie alle südlich des Himalaja gelegenen Gebiete dazu, außerdem der Raum von Südchina bis zum Norden Australiens sowie die Pazifischen Inseln. Die klimatischen Verhältnisse dieser Regionen weisen im Einzelnen große Unterschiede auf, ihnen gemeinsam sind – unter Ausnahme der Gebirge – Jahresmitteltemperaturen über 20 °C, geringe oder fehlende Fröste und meist ein jährlicher Witterungsverlauf, der durch Regenzeiten und niederschlagsärmere oder trockene Perioden gegliedert ist. Subtropische Gebiete zählen teilweise zu den regenärmsten, tropische zu den niederschlagsreichsten der Erde. Mit zunehmender Nähe zum Äquator nehmen die jahreszeitlichen Temperaturunterschiede ab, so daß in den äquatorialen Tropen die Tagesschwankungen größer sind als die Jahresschwankungen; die Mitteltemperaturen liegen am Äquator auf Meereshöhe zwischen 25 und 28 °C.

Fehlende Fröste ermöglichen ganzjähriges Pflanzenwachstum, hohe Temperaturen gewähren bei gleichzeitig reichlicher Feuchte günstigste Wachstumsbedingungen. Aus diesen beiden Gegebenheiten resultieren zwei wesentliche Charakteristi-

Tropischer Tieflands-Regenwald in West-Malaysia.

ka der tropischen Pflanzenwelt: Der immense Artenreichtum und ein sehr großer Anteil von Gehölzen mit hohen Wachstumsleistungen. Diese Eigenschaften weist auch die Nutzpflanzenflora auf, die im Vergleich mit derjenigen der kühleren Klimaregionen ausgesprochen artenreich ist und in der Mehrzahl aus Bäumen besteht. Daneben ist in den tropischen Wäldern ebenso wie in den Gärten der Anteil der Lianen sehr hoch, die in der üppigen Vegetation im Konkurrenzkampf um das Licht an den Bäumen aufwärts klettern. Niedrigwüchsige, krautige Pflanzen finden sich am Boden der Tropenwälder nur spärlich, und so stammen die kurzlebigen, niedrigen, krautigen Nutzpflanzen tropischer Gärten auch zu einem erheblichen Teil aus Trockengebieten der Subtropen, wo wegen langer Dürrezeiten keine geschlossenen Wälder wachsen können.

Die Pflanzen der Tropen und Subtropen sind überwiegend immergrün. Laubfall in Reaktion auf Fröste tritt nicht auf, wohl aber Laubabwurf in Gebieten mit mehrmonatigen Trockenperioden; damit verringern die Pflanzen Wasserverluste durch Transpiration. Wo ein ausgeprägter Wechsel zwischen Regen- und Trockenzeiten herrscht, ist dieser von großer Bedeutung für die Blüten- und Fruchtentwicklung. Die Nutzpflanzen solcher Gebiete liefern in der Regel zu einer bestimmten Saison Früchte, während Arten der dauerfeuchten Tropen oft das ganze Jahr hindurch blühen, gleichzeitig fruchten und dadurch als permanente Nahrungslieferanten sehr wertvoll sind. Die größte Vielfalt an Früchten gibt es in den warmen Ländern jeweils zu Beginn der niederschlagsärmeren Jahreszeit, denn die meisten Pflanzenarten nutzen die üppige Wasserversorgung der Regenperiode zum Blühen und zur Fruchtentwicklung.

Freilich gibt es davon zahlreiche Ausnahmen, die dazu beitragen, daß zu jeder Zeit Früchte heranreifen, wenn nicht monatelange Dürre zu einer Vegetationspause führt.

Ein Charakteristikum der Pflanzen in den Tropen und den niederschlagsreichen Subtropen sind ihre zumeist ledrigen Blätter, die auf der Oberseite eine glänzende Wachsschicht tragen. Die stabile Konstruktion des Laubes ist für immergrüne Arten vorteilhaft, deren Blätter oft mehrere Jahre an der Pflanze überdauern und ihre Funktionen erfüllen sollen. Die dicke Wachsschicht auf der Blattoberseite schützt bei sonniger Witterung vor der starken Strahlung. Bemerkenswert sind außerdem die ähnlichen Blattformen sehr vieler Spezies, nämlich mehr oder weniger ovale oder lanzettliche, ganzrandige, zugespitzte Blätter; dies gestaltet die Unterscheidung von Pflanzen, die keine Blüten oder Früchte tragen, oft sehr schwierig.

Unter den Gehölzen der warmen Länder tritt ein Phänomen häufig auf, das in der Pflanzenwelt der gemäßigten Breiten fast unbekannt ist, nämlich die sogenannte Kauliflorie. Dabei wachsen die Blüten und Früchte entweder direkt aus dem alten Holz der Stämme und kräftigen Äste oder an wenige Zentimeter langen Kurztrieben. Die spektakulärsten Beispiele solcher Stammblütigkeit geben die Jaboticaba-Arten, deren Stämme vom Erdboden bis in die Kronen dicht mit Blüten oder Beeren übersät sein können. Die Kauliflorie ermöglicht es, sehr schwere Früchte zu entwickeln, die von den schwächeren Ästen der Baumkrone nicht getragen werden könnten. Ein imposantes Beispiel dafür ist die eßbare Jackfrucht, deren stammbürtige Früchte mehr als 25 kg Gewicht erreichen können und damit die größten und schwersten der Erde sind.

Aufbau und Formen der Früchte

Früchte sind die aus Blüten hervorgegangenen Teile der Pflanzen, welche die Samen in der Regel bis zur Reife umschließen; sie fallen häufig mit den Samen von den Pflanzen ab und können dann wichtige Funktionen bei deren Verbreitung erfüllen. Ausnahmsweise entwickeln sich auch sterile, samenlose Früchte; bei Kulturpflanzen ist es nicht selten ein Ziel der Züchtung, daß störende Samen nicht oder in möglichst geringer Zahl in den Früchten heranwachsen. Entwicklung, Aufbau und Funktionen der Früchte sind sehr unterschiedlich und oft kompliziert, so daß an dieser Stelle nur einige grundlegende Begriffe und Zusammenhänge erläutert werden können. Alle Früchte der hier ausschließlich behandelten Bedecktsamer (Angiospermae) entwickeln sich aus einem oder mehreren **Fruchtblättern**, die aus (sterilen) Hüllen sowie den darin eingeschlossenen Samenanlagen bestehen und die Fruchtknoten der Blüten bilden. Darüber hinaus können weitere Teile der Pflanze am Aufbau der Frucht beteiligt sein, nämlich die **Blütenhüllen**, also Kelch- und Kronblätter, überdauernde Staubblätter und Griffel, die **Blütenachse** (Blütenbecher, Blütenboden), selbst der Blütenstiel oder ein ganzer Sproß. Früchte entwickeln sich meist aus einzelnen Blüten. Sie können aber auch eine Einheit aus mehreren, bei der Fruchtentwicklung verwachsenden Einzelfrüchten darstellen, die aus zahlreichen Blüten eines kompakten Blütenstandes hervorgegangen sind (**Fruchtverband, Sorosis**); in solchen Fällen bilden manchmal (Hoch-)Blätter des Blütenstandes Bestandteile der Frucht (z.B. Ananas).

Eine einfach aufgebaute Frucht gliedert sich in **Fruchtwand** und **Samen**. Aus der Wand des Fruchtknotens geht die **Fruchtwand (Perikarp)** hervor; sie ist in eine meist häutige, ledrige oder holzige äußere Schicht (**Exokarp**), eine oft fleischige, faserige, mehlige oder holzige Mittelschicht (**Mesokarp**) und eine häutige, fleischige, schleimige, schwammige oder holzige innere Schicht (**Endokarp**) gegliedert. Die Fruchtwand umschließt einen oder mehrere Samen, die aus der **Samenschale (Testa)** und dem **Kern** bestehen. Dieser Kern setzt sich aus einem Embryo und Nährgewebe zusammen, welches den Embryo umgibt oder in den Keimblättern angelegt ist. Die Samenschale ist dünn häutig bis dick holzig. Bei einigen Pflanzen (beispielsweise Schmetterlingsblütler, Breiapfelgewächse) weist sie an der Verbindungsstelle mit der Fruchtwand (**Nabel**) auffallend abweichende Farbe oder Struktur auf; ein derart differenzierter, flächiger, kreis- oder

Stammbürtige Jackfrucht.

14 Einführung

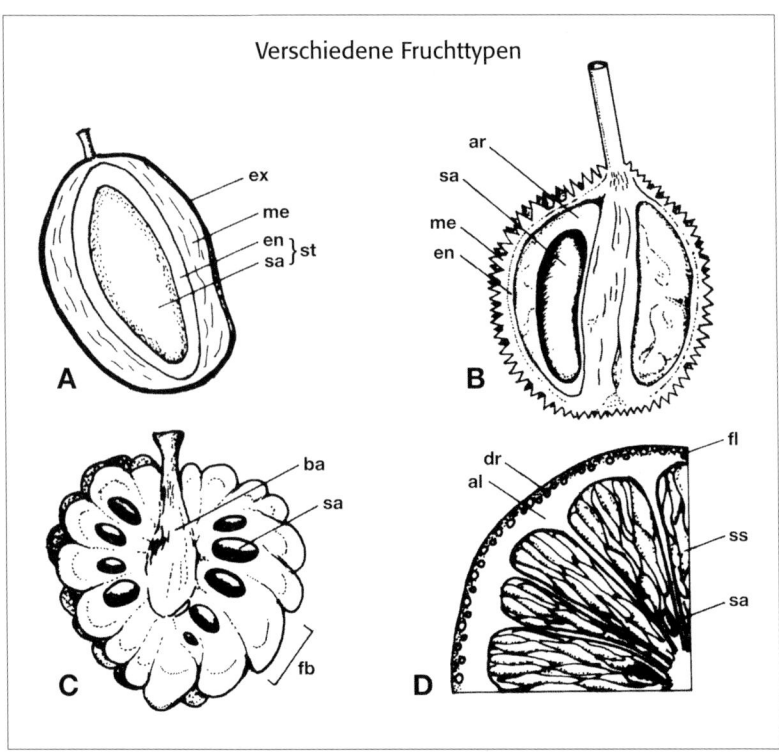

A: Steinfrucht (Indische Mango); B: Kapsel (Durian); C: Sammelbeerenfrucht, Synkarpium (Schuppen-Annone); D: Zitrusfrucht, Hesperidium (Pomelo).
al = Albedo; ar = Samenmantel, Arillus; ba = Blütenachse; dr = Öldrüsen; en = Endokarp; ex = Exokarp; fb = Fruchtblatt, verwachsene Einzelfrucht; fl = Flavedo; me = Mesokarp; sa = Same; ss = Saftschlauch; st = Stein

strichförmiger Nabel des Samens wird als **Hilum** bezeichnet. Die Samen vieler Arten sind von häutigem, fleischigem, gallertigem oder schleimigem Gewebe ganz oder teilweise umhüllt, das als **Samenmantel (Arillus)** bezeichnet wird; es ist entweder Teil der Samenschale oder wird aus Zellen des Samennabels gebildet.
Der Begriff **Fruchtfleisch** wird allgemein für die fleischigen Teile einer Frucht verwendet, in gleicher Weise bezeichnet **Pulpe** alle weichen, saftigen oder wäßrigen Bestandteile der Frucht.
Zur Charakterisierung der Früchte sind ihre Öffnungsmechanismen von Bedeutung. So ist zu unterscheiden zwischen **Schließfrüchten,** die sich nicht öffnen und die Samen erst freigeben, wenn die Fruchtwand verrottet oder durch Tiere zerstört wird, und **Öffnungsfrüchten,** die meist noch an der Pflanze die Samen entlassen. Die Öffnung kann durch das

Aufbau und Formen der Früchte 15

Aufreißen des Fruchtmantels, das Abfallen von Deckeln, die Bildung von Löchern in der Fruchtwand und durch selbständiges Aufspalten oder Zerbrechen der Frucht hervorgerufen werden.

Nach ihren genetischen, morphologischen und funktionalen Merkmalen werden die Früchte verschiedenen Typen zugeordnet, wobei unterschiedliche Gliederungssysteme entwickelt wurden und über die Zuordnung der Früchte einzelner Arten nicht selten verschiedene Auffassungen vertreten werden. Es ist an dieser Stelle nicht möglich, auf die komplizierte Systematik der **Fruchttypen** detailliert einzugehen (siehe dazu Spjut, 1994). Nur einige der Haupttypen, zu denen die meisten der in diesem Buch behandelten Arten gehören, sollen kurz vorgestellt werden.

Zu den **Hülsen** zählen die aus einem Fruchtblatt gebildeten Früchte der meisten Leguminosen, von denen viele, namentlich die Bohnen, als Nutzpflanzen von großer Bedeutung sind. Ihre Fruchtwand ist meist dünn-fleischig, faserig, ledrig oder holzig; sie stirbt zur Samenreife ab und reißt der Länge nach jeweils an einer nicht immer deutlichen Bauch- und Rückennaht auf. Hülsen enthalten meist mehrere in einer Reihe liegende Samen mit auffälligem Hilum, selten sind sie einsamig (z.B. Tahitinuß). Vor allem bei Arten mit holziger Fruchtwand bildet das Endokarp oft eine fleischige, mehlige, breiige oder saftige Pulpe, die den Fruchtraum zwischen den Samen ausfüllt (z.B. Courbaril, Tamarinde). Bei wenigen Leguminosen öffnen sich die Früchte nicht (z.B. Erdnuß). Dem Verzehr dienen entweder die gesamte junge Hülse oder nur die Samen, von einigen Arten wird lediglich das Fruchtmark des Endokarps verwendet.

Zu den Öffnungsfrüchten zählen die aus mehreren Fruchtblättern gebildeten **Kapseln**. Bei diesen mehrsamigen Früchten trocknen die Fruchtwände zur Reife ein oder verholzen; sie reißen dann entweder an Nähten auf (z.B. Akipflaume, Durian) oder entlassen die Samen durch Löcher (z.B. Mohn); eine Sonderform ist die holzige **Deckelkapsel** der Paranuß und Paradiesnüsse, bei der ein abfallender Deckel eine Öffnung freigibt. Eßbare Teile der Kapselfrüchte sind fleischige Samenmäntel oder die Samen beziehungsweise deren Kerne.

Steinfrüchte, zu denen viele eßbare zählen, sind Schließfrüchte aus einem oder mehreren Fruchtblättern. Bei diesem Fruchttyp bildet die innere Schicht der Fruchtwand (Endokarp) in der Regel eine derbe, meist holzige Schale, die 1, selten 2–3 Samen umschließt **(Stein)**; die Samenschalen sind hier oft nur als dünne Haut entwickelt. Die um den Stein liegende mittlere Schicht der Fruchtwand (Mesokarp) bildet meist dickes, saftig-fleischiges oder zäh-faseriges Fruchtfleisch, das nach außen von einer häutigen oder ledrigen Schale (Exokarp) umschlossen ist. Eßbare Teile der Steinfrüchte sind das Mesokarp (z.B. Mango oder Avocado) oder die Samen (z.B. Kokosnuß, Pilinuß).

Zu den **Beeren** zählt der größte Teil der eßbaren Früchte. Sie sind in der Regel aus mehreren Fruchtblättern entwickelte, mehrsamige, selten 1samige (z.B. Dattel) Schließfrüchte, bei denen meist die mittlere und innere Schicht der Fruchtwand (Meso- und Endokarp) bis zur Samenreife relativ dickes und saftiges Fruchtfleisch bilden. Die Fruchtschale (Exokarp) ist häutig oder ledrig, selten holzig und meist dünn, aber fest. Bei Früchten mit unterständigem, also vom Blütenboden umwachsenen Fruchtknoten bildet das Exokarp zusammen mit Gewebe des

Fruchtbodens (Banane) oder des Fruchtsprosses (Kaktusfrüchte) manchmal eine dickere, fleischige Schale. Eßbar sind in der Regel die saftige Pulpe von Meso- und Endokarp. Neben diesen typischen Beeren gibt es solche, deren Fruchtmantel relativ dünn, zäh und recht trocken, manchmal auch verholzt ist (z.B. Cupuazú) und eine große Fruchthöhle umschließt, in der die Samen liegen (z.B. Granatapfel oder Kakao). Nutzbare Bestandteile derartiger Früchte sind meist die Samenmäntel oder die Samen.

Eine wirtschaftlich bedeutsame Sonderform der Beere ist die **Zitrusfrucht (Hesperidium)**. Hier bildet das Endokarp Fruchtfächer (Segmente) mit häutigen Wänden sowie kleine, gestreckt spindelförmige, mit Saft gefüllte Blasen **(Saftschläuche)**, welche die Fruchtfächer ausfüllen. Die Samen liegen zwischen diesen eßbaren Saftschläuchen um das Zentrum der Frucht. Das Mesokarp besteht bei den Zitrusfrüchten aus einem inneren weißen, trocken-schwammigen, meist dünnen, bei einigen Arten aber mehr als 1 cm dicken Gewebe **(Albedo)** und dem saftig-festen Teil der Schale **(Flavedo)**, die zahlreiche Drüsen mit ätherischen Ölen aufweist. Die Außenschale (Exokarp) ist dünn, wachsig und mit dem Flavedo fest verbunden.

Nüsse sind meist 1samige, vielgestaltige Schließfrüchte, die sich im Bereich eines speziellen Gewebes zur Reife von der Pflanze trennen. Für den botanischen Laien wird verwirrend sein, daß die umgangssprachlichen Nüsse nur selten Nüsse im wissenschaftlichen Sinne sind, sondern meist die Samen von Früchten unterschiedlicher Typen. Nur eine der in diesem Buch beschriebenen Früchte zählt zu den Nüssen, ist aber ein wenig typisches Beispiel (Strandtraube).

Unter den schmackhaftesten Früchten der Tropen sind die Schuppenäpfel (Annonaceae), die zu den **Sammelbeerenfrüchten (Synkarpium)** zu stellen sind. Sie entwickeln sich aus vielen freien Fruchtblättern einer Blüte, welche einzelne Beeren bilden, die aber untereinander zu einer einheitlichen Frucht verwachsen. Ihre Schale ist meist aus deutlichen Feldern zusammengesetzt, die jeweils zu einem Fruchtblatt gehören. Im Inneren reifer Schuppenäpfel sind die Fruchtwände der einzelnen Beeren, welche jeweils die Samen umschließen, oft noch zu differenzieren.

Auf die **Fruchtverbände (Sorosis)** wurde bereits hingewiesen; zu diesen aus mehreren Blüten gebildeten Früchten zählen die in den Tropen als Nahrungspflanzen bedeutsamen Brotfrüchte, die Jackfrucht, die Morinda und die Ananas.

Hinweise zu den Beschreibungen der Arten

Um das vorliegende Werk als Bestimmungsbuch für eine breite Leserschaft möglichst praktikabel zu gestalten, wurde die **Anordnung der Arten** nach Gruppen mit leicht feststellbaren Merkmalen vorgenommen. Dabei dient die Zahl der Samen oder Steine der Frucht als hauptsächliches Gliederungsprinzip; innerhalb der Gruppen wurde die Abfolge der Arten im wesentlichen nach Ähnlichkeit ihrer Früchte vorgenommen. Aus den großen Gruppen der mehrsamigen Früchte werden die Hülsenfrüchte, die Zitrusfrüchte sowie die Kürbis- und Gurkenähnlichen als gesonderte, leicht erkennbare Einheiten ausgeschieden. Außerdem bilden die Sammelbeerenfrüchte und die Fruchtverbände einen eigenen Abschnitt.

Einführung 17

Für die Zuordnung zu den Artengruppen sind die Früchte in der Regel aufzuschneiden oder aufzubrechen, um die Konsistenz des Fruchtfleisches und die Anzahl der Samen oder Steine festzustellen. Die im Kopf jeder Seite der Artbeschreibungen wiedergegebenen Fruchtsymbole verweisen auf die jeweilige Artengruppe. Die Gliederung umfaßt folgende Typen:

Früchte mit 1 Samen oder Stein und weichem Fruchtfleisch: Diese Gruppe umfaßt alle Früchte, die um einen einzigen Samen oder Stein weiches, saftiges oder mehliges, eßbares Fruchtfleisch aufweisen; diese fleischige Schicht kann dünn bis sehr dick sein (Beispiele: Mango, Avocado, Muskatnuß, Litchi). Hierzu gestellt wird auch die ungewöhnliche Cashew-Frucht, deren Stiel zur Reife fleischig-saftig anschwillt.

Früchte mit 1 Samen/Stein und zäher oder holziger Fruchtwand: Das Fruchtfleisch dieser teilweise als »Nüsse« bezeichneten Früchte ist zäh-faserig, lederig oder holzig und ungenießbar; dem Verzehr dienen in der Regel die Kerne des Samens oder Steins (Beispiele: Kokosnuß, Makadamianuß, Tahitinuß).

Mehrsamige Hülsenfrüchte: Hierzu zählen die bohnenähnlichen, mehrsamigen Früchte der Schmetterlingsblütler, die zur Reife 2klappig aufreißen. Die Fruchtschale kann dünn, lederig oder holzig sein, eßbare Teile sind entweder die ganze Frucht, die stets einreihig angeordneten Samen oder das Fruchtmark (Beispiele: Bohnen, Tamarinde). Hierzu gestellt wird auch die Erdnuß, deren Fruchtschale sich nicht öffnet.

Zitrusfrüchte: Eine leicht kenntliche Gruppe bilden die Zitrusfrüchte, die sich durch segmentiertes Fruchtfleisch und aromatische, weich-ledrige Fruchtschalen auszeichnen; sie sind mehrsamig oder samenlos (Beispiele: Apfelsine, Zitrone).

Sammelbeerenfrüchte und Fruchtverbände: Diese Gruppe umfaßt vielgestaltige, mehrsamige, seltener samenlose Früchte, die aus zahlreichen, untereinander verwachsenen Einzelfrüchten gebildet werden. Ihre Schale ist meist deutlich gefeldert oder aus breiten, am Grund scharf umrandeten Stacheln zusammengesetzt; bei einigen Früchten ist die Felderung der Schale durch zahlreiche regelmäßig angeordnete Dellen nur angedeutet (Beispiele: Cherimoya, Annonen, Jackfrucht, Ananas).

Früchte mit 2-10(-15) Samen oder Steinen: In dieser Gruppe sind sehr vielgestaltige Früchte zusammengefaßt, die in der Regel mehr als 1 und weniger als 15 Samen enthalten, soweit sie nicht zu den Zitrusfrüchten, Sammelbeeren oder Fruchtverbänden zählen (Beispiele: Mangostane, Breiapfel, Wollmispel, Kaffee). Nicht selten sind samenlose Kulturformen der Früchte dieser Artengruppe anzutreffen (siehe unten).

Kürbis-/gurkenähnliche Früchte: Hierzu zählen die leicht kenntlichen vielsamigen, selten samenlosen Früchte der Kürbisgewächse, nämlich Gurken, Kürbisse, Melonen, Zucchini, außerdem die Frucht des Kürbis-Kerzenbaumes.

Früchte mit mehr als (10)15 Samen: Alle Früchte, die in der Regel mehr als 15 Samen enthalten und nicht zu den Kürbis-/Gurkenähnlichen gehören, sind in dieser vielfältigen Gruppe zusammengestellt (Beispiele: Papaya, Paprika, Maracuja, Guave, Granatapfel, Kakao, Paranuß).

Bananen: Die letzte Gruppe bilden die meist samenlosen, leicht kenntlichen Bananen.

18 Einführung

Schwierigkeiten bei der Zuordnung unbekannter Früchte in diese Gruppen können sich dadurch ergeben, daß die Zahl der Samen mehr oder weniger variiert und in Ausnahmefällen zu einer Kategorie führt, in der die Art nicht beschrieben ist. Nicht selten finden sich **samenlose Früchte,** deren Zuordnung keine Schwierigkeit bereitet, wenn sie in die leicht kenntlichen Gruppen der Bananen, Zitrusfrüchte, Sammelbeerenfrüchte und Fruchtverbände gehören; darüber hinaus tragen folgende Arten häufig samenlose Früchte:
Arten der Wachsäpfel (*Syzygium* spec.), siehe unter 1 Same und 2-10 Samen;
Mabolo *(Diospyros blancoi)*, siehe unter 2-10 Samen;
Kaki *(Diospyros kaki)*, siehe unter 2-10 Samen;
Karambole *(Averrhoa carambola)*, siehe unter 2-10 Samen;
Bilimbi *(Averrhoa bilimbi)*, siehe unter 2-10 Samen;
Pepino *(Solanum muricatum)*, siehe unter mehr als 15 Samen;
Aubergine *(Solanum melongena)*, siehe unter mehr als 15 Samen.
Der sicherste Weg, unbekannte Früchte zu bestimmen, ist die Benutzung des nachfolgenden **Bestimmungsschlüssels,** der die Variabilität der Arten weitgehend berücksichtigt. Um den Schlüssel und die Bestimmungswege möglichst kurz zu halten, führt er oft nicht direkt zu einer Spezies, sondern zu einer Gruppe von wenigen Arten, die jeweils nachzuschlagen sind. Zu beachten ist, daß der Schlüssel nur die in diesem Buch beschriebenen Pflanzen berücksichtigt und nur auf vollständige Früchte anzuwenden ist, die entwedere reif sind oder sich in dem Entwicklungszustand befinden, in dem sie üblicherweise geerntet werden.
Den Kopf zu jedem Artkapitel bildet der deutsche Name der Frucht, gefolgt von dem wissenschaftlichen **Pflanzennamen** (häufige Synonyme werden in Klammern angegeben) und der Pflanzenfamilie. Außerdem werden die volkstümlichen Bezeichnungen der Früchte - soweit sie uns bekannt sind - in Englisch (E), Französisch (F), Spanisch (S) und Portugiesisch (Brasilianisch; P) angegeben. Besonders bei den spanischen Namen, die in Lateinamerika von Land zu Land sehr verschieden sein können, mußten wir uns auf eine Auswahl beschränken. Die deutschen Namen etlicher Arten sind wenig gebräuchlich, zuweilen erfolgte die Benennung in Anlehnung an fremdsprachige Namen.
Die **Beschreibungen** nennen die wichtigsten Merkmale der Wuchsform, der Blätter und Blüten der Pflanze sowie vor allem ihrer Früchte. Es wurde versucht, die Texte auch dem botanischen Laien verständlich zu formulieren, die wichtigsten Fachbegriffe sind im Kapitel zum Aufbau der Früchte kurz erläutert.
Die Angaben zur **Verwendung der Früchte** orientieren sich an den Nutzungen in den Anbauländern. Sie sollen die Leserinnen und Leser davon in Kenntnis setzen, welche Teile der jeweiligen Frucht in welcher Weise zubereitet und verzehrt werden, nicht jedoch ausführliche Rezepte darstellen. Diese Angaben sowie die Hinweise auf medizinelle Anwendungen sind größtenteils aus mündlichen Mitteilungen und publizierten Quellen mit Sorgfalt zusammengestellt, aber nicht im einzelnen überprüft worden. Etliche tropische Früchte, auch die der Kulturpflanzen, sind ganz, teilweise oder ohne bestimmte Behandlung giftig! Es wird deshalb davor gewarnt, unbekannte oder unsicher bestimmte Früchte zu essen. Selbst Marktfrüchte sollten nur nach Anleitung verwendet werden; lesen Sie vor dem Verzehr mindestens die Hinweise in unseren Texten!

Schlüssel zur Bestimmung der beschriebenen Früchten

Der Schlüssel gilt nur für vollständige und reife Früchte. Dies ist zu beachten, weil von einigen Früchten nur die Samen (»Nüsse«) vermarktet werden. Der Schlüssel ist aus mit Zahlen bezeichneten Fragenpaaren (mit und ohne Stern) aufgebaut. Am Ende der jeweils zutreffenden Alternative ist angegeben, bei welcher Zahl es weitergeht.

1	Äußere Fruchtschicht dick-holzig, nicht stachelig, nicht schuppig	2
1*	Äußere Fruchtschicht nicht holzig oder dünn-holzig und dann leicht zwischen den Fingern zu zerbrechen oder stachelig bzw. schuppig	6
2	Frucht eine Hülse, meist verflacht, zur Reife i.d.R. 2klappig öffnend	3
2*	Frucht keine Hülse, im Querschnitt rund, nicht verflacht	4
3	Hülse einsamig *Tahitinuß (S.82), Namnam (S.83)*	
3*	Hülse mehrsamig *Courbaril (S.85), Tamarinde (S.86)*	
4	Frucht nierenförmig, Fruchtstiel birnenförmig, fleischig, saftig *Cashewnuß (S.24)*	
4*	Frucht rund, oval, zylindrisch, ei- oder keulenförmig, Fruchtstiel anders	5
5	Schale kahl *Kürbisse (S.170ff.), Baumkalebasse (S.186), Holzapfel (S.187), Baelfrucht (S.188), Paranuß (S.225), Paradiesnuß (S.226)*	
5*	Fruchtschale abstehend oder anliegend filzig behaart *Cupuazú (S.222), Affenbrot (S.223)*	
6	Gesamte Frucht außen dicht mit weichen oder harten, breit- oder schlank-kegelförmigen, mindestens 5 mm langen Stacheln (nicht Borsten) besetzt	7
6*	Frucht nicht stachelig oder mit verstreuten oder kürzeren Stacheln oder Borsten, manchmal mit großen, fleischigen zugespitzten Schuppen	8
7	Stacheln weich, biegsam *Rambutan (S.60), Stachel-Annone (S.113), Brotfrucht (S.121)*	
7*	Stacheln breit-kegelförmig, nicht biegsam *Chayote (S.55), Soncoya (S.116), Biribá (S.119), Jackfrucht (S.123), Champedak (S.126), Durian (S.130), Kiwano (S.179)*	
8	Äußere Fruchtschale glänzend, hart-schuppig, wie Schlangenhaut *Wald-Salak (S.70), Morichepalme (S.72), Gr. Schlangenfrucht (S.129), Rakum-Salak (S.130)*	
8*	Frucht anders	9
9	Frucht i.d.R. mit 1 Samen oder 1 Stein	10
9*	Frucht mehrsamig oder ohne Samen	25
10	Frucht mit einer hartschaligen, gekrümmt-bohnenförmigem Nuß, die am Ende einer großen, fleischig-saftigen »Birne« aufsitzt *Cashewapfel (S.24)*	
10*	Frucht anders	11
11	Äußere Fruchtschale dünn, darunter saftiges oder mehliges Fruchtfleisch	12
11*	Äußere Fruchtschale dick, derb-ledrig oder hart, wenn dünn, dann Fruchtfleisch nicht saftig oder mehlig	21
12	Frucht 3mal länger als breit, kürzer als 10 cm, süß *Dattel (S.63)*	
12*	Frucht breiter	13
13	Äußere Schale zur Reife rot oder violett	14
13*	Fruchtschale von anderer Farbe	15
14	Am Ende der Frucht bleiben die Kelchblätter erhalten *Strandtraube (S.45), Pitanga (S.49), Mal.-Wachsapfel (S.52), Jaboticaba (S.159)*	

14* Frucht am Grund (Stielansatz) mit Kelch(blättern) oder ohne Kelchblätter
*Ind. Mango (S.26), Rote Mombinpflaume (S.34), Nance (S.41),
Strandtraube (S.45), Buni (S.46), Ölpalme (S.68)*
15 Frucht kleiner 1 cm, rund, von sehr scharfem Geschmack *Pfeffer (S.57)*
15* Frucht nicht scharf schmeckend 16
16 Frucht verflacht, mit spitzen Warzen oder wenigstens einzelnen Borsten, grün
Chayote (S.55), Takako (S.56)
16* Frucht ohne spitze Warzen oder Borsten oder nicht verflacht 17
17 Frucht nicht länger als breit *Sonzapote (S.37), Nance (S.41), Grosella (S.48),
Rosenapfel (S.50), Lukuma (S.145)*
17* Frucht mindestens so lang wie breit 18
18 Same sehr aromatisch, von zerschlitzter Haut umgeben *Muskatnuß (S.53)*
18* Same anders 19
19* Samenschale mit langen, faserigen Stacheln *Ambarella (S.32)*
19* Same anders 20
20 Reife Frucht gelb *Ind. Mango (S.26), Gandaria (S.31), Gelbe Mombinpfl. (S.33),
Rosenapfel (S.50)*
20* Frucht nicht gelb *Mangos (S.26ff.), Ind. Jujube (S.36), Sonzapote (S.37)*
21 Schale derb, hart oder ledrig, Fruchtfleisch weich, saftig oder mehlig 22
21* Gesamte Fruchtschicht um den Stein oder Samen zäh-faserig oder ledrig 23
22 Fruchtfleisch orangegelb, orange oder rot, nicht glasig
Sonzapote (S.37), Mammeiapfel (S.38), Gr. Sapote (S.40), Pejibaye (S.65), Tukumá (S.67)
22* Fruchtfleisch anders *Stink. Mango (S.28), Kwini (S.29), Avocado (S.43), Litchi (S.59)
Pitomba (S.62), Kranji (S.70)*
23 Frucht am Grund mit Kelch *Tukumá (S.67), Kokosnuß (S.73), Betelnuß (S.75),
Pilinuß (S.76)*
23* Frucht ohne Kelch 24
24 Frucht verflacht *Singapurmandel (S.78)*
24* Frucht im Querschnitt rundlich *Kranji (S.70), Macadamia (S.79), Meerträubel (S.80)*
25 Frucht mit drüsiger, aromatischer, weich-ledriger Schale, im Inneren gekammert,
die Segmente mit Saftschläuchen gefüllt *Zitrusfrüchte (S.99ff.)*
25* Frucht anders 26
26 Frucht eine saftige, rundliche Beere, die zur Reife ganz in den glockigen,
dünnen Kelch eingehüllt ist *Kapstachelbeere (S.197), Mex. Erdkirsche (S.198)*
26* Frucht anders 27
27 Frucht ganz von sehr fleischigen, grünen, sich kohlkopfähnlich überdeckenden
Kelchblättern eingeschlossen *Ind. und Philipp. Rosenapfel (S.226f.)*
27* Frucht anders 28
28 Frucht zylindrisch, oft leicht gebogen und stumpf-längskantig, meist samenlos,
mit weichem Fruchtfleisch *Bananen (S.230)*
28* Frucht anders 29
29 Oberfläche der Frucht aus großen fleischigen Schuppen zusammengesetzt oder
gefeldert (selten undeutlich), Felder oft mit einer breit kegel-förmigen Warze 30
29* Frucht nicht mit gefelderter Oberfläche 33

Bestimmungsschlüssel

30 Frucht an der Spitze mit Schopf aus starren, lanzettlichen Blättern *Ananas (S.127)*
30* Frucht ohne Blattschopf 31
31 Reife Frucht glasig-weißlich, käsig stinkend, junge Früchte grün und am
    Ende oft noch mit Blüten oder Knospen *Morinda (S.120)*
31* Reife Frucht nicht glasig-weißlich 32
32 Fruchtschale aus fleischigen Schuppen zusammengesetzt, grün, violett oder
    gelb, Fruchtfleisch weiß *Cherimoya (S.110), Schuppen-Annone (S.117), Biribá (S.119)*
32* Fruchtschale gefeldert, Felder oft mit einer kurzen warzenförmigen Spitze
    Annonen (S.110ff.), Brotfrucht (S.121), Jackfrucht (S.123), Champedak (S.126)
33 Frucht im Querschnitt sternförmig *Pitanga (S.49), Karambole (S.152), Okra (S.189)*
33* Frucht im Querschnitt nicht sternförmig 34
34 Früchte über die gesamte Länge mit 4 gekerbten, häutigen Flügeln oder mit
    mehreren flügelförmigen Längsrippen, zylindrisch *Flügelbohne (S.96),*
    Flügelgurke (S.179), Okra (S.189)
34* Früchte nicht geflügelt, zum Teil mit hervortretenden stumpfen Längsrippen 35
35 Samen in einer einzigen Reihe (Hülsenfrüchte) *Inga (S.84), Tamarinde (S.86),*
    Petebohne (S.87), Leucaena (S.89), Straucherbse (S.90), Bohnen (S.91ff.), Erdnuß (S.97)
35* Samen nicht in 1 Reihe oder Frucht samenlos 36
36 Am Ende der Frucht bleiben die Kelchblätter bis zur Reife erhalten, teilweise
    fleischig-verdickt und eingebogen 37
36* Frucht am Grund (Stielansatz) mit Kelch(blättern) oder ohne Kelchblätter 38
37 Fruchtschale derb-ledrig *Genipa (S.217), Granatapfel (S.219)*
37* Fruchtschale dünn, häutig *Pitanga (S.49), Jaboticaba (S.159), Arazá (S.160)*
    Wachsäpfel (S.161ff.), Jap. Wollmispel (S.168), Guaven (S.209ff.)
38 Frucht mit derber Rinde um eine große Fruchthöhle, in der zahlreiche flache,
    schwarze Samen liegen, die von saftigen, sehr aromatischen Samenmänteln
    umgeben sind *Maracuja (S.204), Granadilla (S.206), Curuba (S.209)*
38* Frucht anders 39
39 Frucht mit derber, innen glatter, nicht am Fruchtfleisch haftender Rinde, darunter
    2-8 Samen, die jeweils von einem dicken, sehr saftigen und aromatischen
    Samenmantel umschlossen sind 40
39* Frucht anders 41
40 Frucht am Grund mit 4 großen, derben, gewölbten Kelchblättern, Rinde dick,
    dunkel violettbraun, Samenmäntel schneeweiß *Mangostane (S.137)*
40* Frucht am Grund ohne bleibende Kelchblätter, Samenmantel glasig oder weiß
    Rambai (S.133), Tupa (S.134), Duku (S.135), Santol (S.136)
41 Früchte reif rot, oval, am Ende mit scheibenförmiger Narbe, bis 3 cm lang,
    unter dem Fruchtfleisch 2 Samen, die an einer Seite flach sind und dort
    eine deutliche Längsfurche aufweisen *Kaffee (S.164)*
41* Frucht anders 42
42 Fruchtrinde derb, außen leuchtend rot, innen dicht silbrig behaart, 3klappig
    aufreißend, in der Fruchthöhle 3 gelbliche, hirnähnlich faltige Samenmäntel,
    auf denen je ein glänzend schwarzer Same sitzt *Akipflaume (S.150)*
42* Frucht anders 43

43 Frucht mit großer, überwiegend nicht mit Samen gefüllter Höhle, Fruchtwand fleischig-saftig, weniger als 1 cm dick   *Korilla (S.182), Paprika (S.193), Chili (S.194f.)*
43* Frucht nicht hohl oder Fruchtfleisch dicker 44
44 Frucht mit 2-10(-15) Samen 45
44* Frucht samenlos oder i.d.R. mehr als 10 Samen 50
45 Frucht mehr als doppelt so lang wie breit, stumpf-längskantig, bis 10 cm lang, sehr sauer   *Bilimbi (S.153)*
45* Frucht weniger als doppelt so lang wie breit 46
46 Frucht fein flaumig oder dicht anliegend behaart, nicht länger als breit
    Mabolo (S.147), Ceylonstachelbeere (S.155), Arazá (S.160)
46* Frucht glatt oder rauh, aber nicht behaart oder länger als breit 47
47 Schale braun, ledrig, rauh, matt   *Mammeiapfel (S.38), Kepel (S.140), Breiapfel (S.141)*
47* Schale glatt, glänzend oder samtig 48
48 Fruchtfleisch breiig, schwarzbraun, Frucht apfelförmig   *Schwarze Sapote (S.149)*
48* Fruchtfleisch anders 49
49 Schale zur Reife grün, gelbgrün, gelb oder gelblichbraun   *Langsat (S.135),
    Mundu (S.139), Sternapfel (S.143), Lukuma (S.145), Weiße Sapote (S.167), Voavanga (S.166)*
49* Schale orange, rot oder dunkelviolett   *Sternapfel (S.143), Kaki (S.146),
    Madagaskarpflaume (S.156), Barbadoskirsche (S.158), Alibertia (S.218)*
50 Frucht schmal-zylindrisch, Länge mehr als 10fache Breite, Samen sehr klein und sehr zahlreich   *Vanille (S.228)*
50* Frucht breiter, Samen größer oder fehlend 51
51 Frucht i.d.R. mit sehr zahlreichen Samen 52
51* Frucht samenlos   *Kaki (S.146), Mabolo (S.147), Aubergine (S.201), Pepino (S.201)
    Früchte weiterer Arten können ausnahmsweise samenlos sein (vgl. S. 18)*
52 Frucht am Ende mit weiter »Narbe«, Schale mit entfernten Borstenpolstern (z.T. mit Dornen) oder mit fleischigen Schuppen; große Fruchthöhle gefüllt mit glasiger Pulpe und zahlreichen schwärzlichen Samen   *Ind. Feige (S.214), Pitahaya (S.215)*
52* Frucht anders 53
53 Frucht kleiner 2 cm, rot, rund, Samen winzig   *Jamaikakirsche (S.203)*
53* Frucht anders 54
54 Samen eiförmig oder kantig, nicht flach   *Papaya (S.190ff.), Alibertia (S.218), Kakao (S.220)*
54* Samen flach 55
55 Frucht rot oder violett   *Chili (S.193f.), Baumtomate (S.195), Tomate (S.196)*
55* Fruchtschale grün, gelb, orange, braun, schwärzlich, weiß oder bunt 56
56 Fruchtfleisch sehr bitter   *Salat-Gurke (S.177), Bittergurke (S.181), Aubergine (S.201)*
56* Fruchtfleisch nicht stark bitter 57
57 Frucht sehr groß, Schale grün, Fleisch rot, selten gelb, wäßrig   *Wassermelone (S.175)*
57* Fruchtfleisch nicht rot 58
58 Frucht rund oder breiter als lang   *Kürbisse (S.170ff.), Zuckermelone (S.176),
    Quitotomate (S.199)*
58* Frucht länger als breit *Kürbisse (S.170ff.), Gurken (S.177ff.), Kürbis-Kerzenbaum (S.184),
    Okra (S.189), Aubergine (S.201), Pepino (S.201), Riesen-Granadilla (S.207)*

Aufzucht von Garten- und Zimmerpflanzen aus Samen

Tropische Pflanzen können wegen ihres hohen Wärmebedarfs und ihrer Empfindlichkeit gegen Fröste in den Gärten der gemäßigten Breiten im allgemeinen nicht gedeihen. Dennoch stammen einige wichtige in Europa angebaute Nutzpflanzen aus den Subtropen und Tropen, z. B. die Garten-Bohne, die Salat-Gurke, die Tomate und die Paprika. Darüber hinaus lassen sich in wärmebegünstigten Lagen auf nährstoffreichen und gut mit Wasser versorgten Böden etliche weitere Nutzpflanzen der warmen Länder als Sommerfrüchte in Gärten der gemäßigten Breiten kultivieren, beispielsweise Sojabohne, Mung-Bohne, Garten-Kürbis und Zucchini, Zuckermelone, Wassermelone, Kapstachelbeere, Mexikanische Erdkirsche und Aubergine. Diese Arten können problemlos aus Samen von Marktfrüchten angezogen werden.

Etliche der subtropischen Nutzpflanzen werden in frostarmen Gebieten der Mittelmeerländer als wirtschaftlich bedeutsame Kulturpflanzen angebaut, z. B. Zitrusfrüchte, Indische Mango, Avocado, Cherimoya, Kaki und Japanische Wollmispel. Alle ausdauernden und meist holzigen tropischen Nutzpflanzen können aber in Mitteleuropa im Freiland nicht gezogen werden. Etliche eignen sich als Kübelpflanzen, die an sonnigen Standorten in frostfreien Gewächshäusern oder im Haus zu überwintern sind. Bananen, Kumquat, Feigenkaktus und Ananas sind vier solcher Arten, die in Gärtnereien als Zierpflanzen angeboten werden und in Kübeln sogar Früchte entwickeln können. In gleicher Weise kultivieren lassen sich sämtliche Zitrusarten, die im Mittelmeerraum angebaut werden, sowie etliche strauchige Pflanzen, beispielsweise Pitanga, Ceylonstachelbeere, Baumtomate und Granatapfel.

Die hochwüchsigen tropischen Bäume, zu denen die meisten Arten dieses Buches gehören, lassen sich zwar teilweise aus Samen von Marktfrüchten im Gewächshaus oder auf der Fensterbank anziehen, werden jedoch rasch zu groß, um sie im Haus unterzubringen. Sie kommen in der Regel erst dann zur Blüte und Fruchtentwicklung, wenn sie mehrere Meter Wuchshöhe erreicht haben. Wer sich dennoch aus den Samen subtropischer und tropischer Früchte Bäumchen anziehen möchte, dem seinen als leicht zu kultivierende Arten vor allem Avocado, Cherimoya, Kaffee, Tamarinde und Japanische Wollmispel empfohlen. Schwieriger zur Keimung zu bringen und aufzuziehen sind – von den in Europa käuflichen Früchten – Indische Mango, Guave, Litchi, Papaya und Karambole. Samen von Passionsfrüchten keimen problemlos, diese Lianen benötigen aber sehr üppige Nährstoffversorgung und hohe Temperaturen, um sich bis zur Blüte zu entwickeln.

Bei der Anzucht von Pflanzen aus Samen tropischer Früchte ist generell zu beachten, daß viele nur sehr kurze Zeit keimfähig sind und die meisten Keimtemperaturen über 20 °C benötigen (die Keimung kann manchmal durch kurzfristige Lagerung in heißem Wasser gefördert werden); andere Samen keimen erst nachdem sie wochen- oder monatelang in oder auf der Erde gelegen haben. Die meisten tropischen Pflanzen kümmern bei Temperaturen unter 20 °C; bei ausreichender Wärme wachsen sie sehr rasch und benötigen dann hohe Mengen Stickstoff sowie kontinuierlich feuchten Boden.

Früchte mit 1 Samen/Stein und weichem Fruchtfleisch

Cashewnuß, Cashewapfel, Kaschu

Anacardium occidentale L.
Familie: Anacardiaceae
(Sumachgewächse)
E: Cashew Nut/Apple; F: Acajou;
S: Marañon; P: Caju

Cashew ist ein bis 15 m hoher, tief verzweigter, immergrüner Baum. Seine wechselständigen Blätter sind verkehrt breit-eiförmig, am Grund abgerundet oder keilförmig, 10-20 x 7-12 cm groß, derbledrig, kahl und ganzrandig; die Blattstiele messen 1-1,2 cm. Die Blüten (männliche und zwittrige) stehen in endständigen, ausladenden, vielblütigen Dolden. Ihre 5 Kronblätter sind blaß gelb mit rosa Streifen, linealisch, 7-9 mm lang; von den 10 Staubblättern ist eines stets fertil und 3mal länger als die anderen, oft sterilen.

Blütenstand des Cashew-Baumes und junge Früchte.

Frucht: Die Cashewnuß ist eine 1samige, bohnen- oder nierenförmig gekrümmte, den Nüssen ähnelnde Frucht von 1,5-2 cm Länge. Ihre holzige, graubraune, glatte Schale enthält ein scharfes, beizendes, giftiges Öl (Cardol), das starke Hautreizungen verursacht (Vorsicht!). Der nach Erhitzen eßbare, fettreiche, gelbbraune Kern ist von nussiger, relativ weicher Konsistenz und süßlichem Geschmack. Als Cashewapfel wird der Fruchtstiel bezeichnet, der zur Reife stark anschwillt und eine 5-10 cm große, birnenförmige, weich-fleischige, saftige, aromatisch süßsaure, sehr fruchtig riechende Scheinfrucht mit gelber oder roter Schale bildet, an deren Ende die viel kleinere »Nuß« aufsitzt.

Verwendung: Die Cashewnuß wird in Öl schwimmend oder industriell mit Heißluft geröstet, danach geschält. Ihr wohlschmeckender, nahrhafter, roh giftiger Kern enthält etwa 45% Öl und 20% Eiweiß. Er wird gesalzen oder gezuckert gegessen und in Back- und Süßwaren verarbeitet; in der ostasiatischen Küche finden die gerösteten Samen als Gemüse oder Gewürz für Speisen Verwendung.

Reife Cashew-Früchte.

Früchte mit 1 Samen/Stein und weichem Fruchtfleisch 25

Cashewnüsse an den zur Reife vergrößerten saftigen Fruchtstielen.

Die Samen liefern ein gutes Speiseöl. Der Vitamin-C-reiche, delikate Cashewapfel dient roh als Obst, gegart als Gemüse; er kann zu Marmelade, Gelee und Sirup verarbeitet oder eingekocht werden. Aus seinem süßsauren Saft werden Erfrischungsgetränke hergestellt, regional auch Wein (Kaju-Wein) und Essig. Das Öl der Fruchtschale findet in der Volksmedizin gegen Warzen und Hühneraugen Verwendung, es dient als Holzschutzmittel (gegen Termitenbefall) und ist ein wertvolles Industrieöl, das unter anderem für die Herstellung von Farben, Lacken, Gummierungen, Bremsbelägen und Klebstoffen eingesetzt wird. Der Saft des Cashewapfels wirkt gegen Erkältungen und als Abführmittel. Junge Blätter und Triebe des Baumes werden als Gemüse zubereitet. Verletzte Stämme scheiden eine gelbliche, gummiartige, antiseptische Substanz (Acajou-Gummi) aus, die als Buchbinderleim dient.
Verbreitung: Die Art ist in semiariden Gebieten von Mittelamerika bis Nordostbrasilien verbreitet und wird weltweit in den Tropen kultiviert. Hauptanbaugebiete sind Indien, Brasilien, Nigeria, Mozambique, Indonesien und Tansania.
Anbau und Ernte: Cashew wird in tropischen Klimaten bis in Höhen um 1000 m kultiviert; die trockenresistenten, anspruchslosen Bäume gedeihen am besten in heißen Gebieten mit mehrmonatiger Trockenzeit. Die Pflanzen werden aus Sämlingen oder vegetativ vermehrt und in Gärten oder Plantagen angebaut. Die Cashewäpfel werden mit den Cashewnüssen reif gepflückt. Sollen nur die »Nüsse« geerntet werden, können diese nach dem Abfallen aufgelesen werden. Die Pflanzen fruchten ab dem 3.-5. Jahr, ausgewachsene Bäume tragen 5-50 kg »Nüsse«. Die Cashewäpfel sind nur wenige Tage lagerfähig.
Verwandte Arten: *Anacardium rhinocarpus* DC. (Venezuela, Guyana) und *Anacardium giganteum* Hancock (Venezuela) haben ebenfalls eßbare Früchte, werden aber nicht kultiviert und nur lokal genutzt.

Indische Mango

Mangifera indica L.
Familie: Anacardiaceae
(Sumachgewächse)
E: Indian Mango; F: Mangue, Mangot;
S: Mango; P: Manga

Früchte einer in Südostasien beliebten Sorte der Indischen Mango.

Die Indische Mango ist die wirtschaftlich bedeutendste und am weitesten, auch außerhalb Asiens angebaute Mango-Art. Der immergrüne Baum erreicht 25(-40) m Höhe und bildet eine dichte, dunkle, ausladende Krone. Seine gegenständigen Blätter sind ledrig, glatt, glänzend, dunkelgrün, lanzettlich, allmählich zugespitzt, am Grund keilförmig bis schwach herzförmig, ganzrandig, manchmal am Rand wellig, mit kräftiger Mittelrippe und 12-30 Seitennervenpaaren. Die Blattspreite ist 15-30 cm lang und etwa 3,5 cm breit, der am Grund verdickte Blattstiel mißt 2-6 cm. Die endständigen, spreizenden, im Umriß kegelförmigen Blütenstände tragen bis zu 10 000 Blüten, von denen nur ein kleiner Teil bestäubt wird und sehr wenige zur Frucht ausreifen. Die Einzelblüten sind kurz gestielt, knäulig gedrängt, mit 3-5 mm langen hinfälligen Hochblättern, ihre 5 Kelchblätter sind oval-lanzettlich, 1,5-3 x 1,5-2 mm groß, die 5 lanzettlichen, blaß gelben bis rötlichen Kronblätter messen 3-5 x 1-1,5 cm.

Frucht: Die Steinfrüchte der Indischen Mango sind vielgestaltig, (5-)10-40 cm lang, meist asymmetrisch oval-eiförmig, am Ende mit kurzem, breitem Schnabel, meist verflacht und leicht gekrümmt; die Formenvielfalt reicht allerdings bis zu runden, apfelförmigen Früchten.

Reich tragender Mango-Baum mit rundlichen Früchten.

Früchte mit 1 Samen/Stein und weichem Fruchtfleisch

Die Fruchtschale ist bis 2 mm dick, glatt, glänzend, mit winzigen blassen Drüsenpunkten, zur Reife grün bis leuchtend gelb, oft mit roten oder orangen Partien, selten fast rot. Das dicke Fruchtfleisch (Mesokarp) wird zur Vollreife weich und sehr saftig; es ist blaß gelb bis orange, faserig bis fast faserlos, süß, mit angenehmem, aromatischem Geruch und Geschmack. Der holzig-faserige, weißliche Stein ist flach-eiförmig und schwach längsgefurcht, er haftet fest am Fruchtfleisch.

Verwendung: Die Indische Mango ist weltweit eine der wichtigsten Nutzpflanzen der Tropen. Die sehr schmackhafte Frucht wird in reifem, sehr saftigem Zustand als Obst roh gegessen, dient als Bestandteil von Fruchtsalaten oder wird zu Saft verarbeitet. In Scheiben geschnittene getrocknete Früchte ergeben delikates Dörrobst. Unreife und reife Früchte werden zu Kompott, Gelee und Marmelade verkocht; in Asien ist scharf gewürztes, süßes, marmeladenartiges »Chutney« aus gekochter Mango eine beliebte Beigabe zu Speisen. Unreife Früchte werden gedünstet als Gemüse zubereitet oder in Scheiben geschnitten süßsauer eingelegt. Getrocknet und gemahlen wird Mango als Gewürzpulver verwendet, in Süd- und Ostasien sind gemahlene Fruchtsteine Bestandteil von Gewürzsoßen.

Die Blüten des Mango-Baumes sind eßbar und liefern außerdem einen dicken süßen Honig. Der geröstete und pulverisierte Stein der Frucht wird als Mittel gegen Pocken, Rheuma, Diarrhöe und Würmer verabreicht. Getrocknete Blüten und das Rindengummi helfen gegen Ruhr, die Asche der Blätter bei Hautverbrennungen. Das rötliche Harz der Zweige ist schweißtreibend und antisyphilitisch. Blattsud wird als Gurgelwasser gegen Angina und Zahnschmerzen angewendet und dient außerdem zur Behandlung von Asthma und Bronchitis. Die Rinde wird gegen Rheuma und als Brechmittel eingesetzt und ergibt ein bräunlichgelbes Färbemittel (für Seide). Getrocknete Blätter sind als Räuchermittel zur Bekämpfung von Insekten geeignet. Das Holz ist hell, faserig, relativ weich und wird beispielsweise zur Herstellung von Möbeln, Fußböden, Kisten und Booten genutzt.

Verbreitung: Als Ursprungsgebiet der Indischen Mango wird der Indische Subkontinent vermutet, wo die Art seit über 4000 Jahren kultiviert wird. Heute wird sie weltweit in den Tropen und Subtropen als Kulturpflanze gezogen, nördlichste Anbaugebiete sind die südlichen Mittelmeerländer und Florida.

Anbau und Ernte: Selektion und Züchtung haben eine unübersehbare Zahl von Sorten und Varietäten hervorgebracht; gute Qualitäten sind großfrüchtig, faserlos, süß und kräftig aromatisch. Der Anbau der Indischen Mango in Fruchtgärten und Plantagen ist in den meisten tropischen Ländern von großer wirtschaftlicher Bedeutung, gute Sorten zählen

Blütenstände der Indischen Mango.

überall zu den relativ teuren Marktfrüchten. Die Indische Mango gedeiht am besten in Klimaten mit Trockenperioden zur Blütezeit; in dauerfeuchten Gebieten tragen die Bäume wenig Frucht. Der Anbau wird durch Frost begrenzt, in den inneren Tropen wird die Art bis in Höhenlagen von 1500 m kultiviert. Die Vermehrung erfolgt hauptsächlich über Veredlung von Sämlingen; die Pflanzen fruchten ab einem Alter von etwa 6 Jahren. Um ihr Aroma voll zu entwickeln, müssen die Früchte im reifen Zustand geerntet werden, sie sind dann aber nur kurze Zeit haltbar. Marktfrüchte werden unreif gepflückt, für die Verwendung als Obst müssen sie gelagert werden, bis sie weich und sehr saftig sind.

Stinkende Mango

Mangifera foetida Lour.
Familie: Anacardiaceae
(Sumachgewächse)

Die Stinkende Mango ist ein immergrüner, bis 40 m hoher Baum mit dichter Krone und zerbrechlichen, steif-ledrigen, wechselständigen Blättern. Ihre Blattspreiten sind oval bis schmal-lanzettlich, ganzrandig, zugespitzt oder ausgerandet, am Grund keilförmig, oberseits dunkelgrün, schwach glänzend, unterseits matt dunkel gelblichgrün und zwischen den mehr als 20 Seitennerven gewölbt; sie messen 30 x 8(-12) cm. Die Blattstiele sind 2-8 cm lang und am Grund geschwollen. Die verzweigten, im Umriß kegelförmigen Blütenstände sind kahl und bis 30 cm lang; ihre rot gestielten Blüten haben 5 rote, dicke, 3-4 mm lange Kelchblätter und 5 Kronblätter von 7-10 mm Länge, die anfangs rosa und aufrecht, später gelblich und zurückgeschlagen sind.

Frucht: Die Frucht ist rundlich, nicht verflacht, ungeschnäbelt und bis 10 x 14 cm groß. Ihre 4-5 mm dicke Schale enthält klebrigen, hautreizenden Milchsaft; sie ist matt, glatt oder narbig-rissig, grün bis bräunlich, oft stark fleckig, mit hellgrünen, dunkelgrünen, braunen und schwärzlichen Flecken und Sprenkeln. Das schwefelgelbe, weich-faserige, saftige Fruchtfleisch schmeckt angenehm süßsauer-aromatisch; es hat einen leicht harzigen Beigeschmack und riecht unangenehm nach Terpentin und Fäulnis. Der weißschalige, dicke Stein mißt etwa 8 x 5 x 3,5 cm und haftet am Fruchtfleisch.

Verwendung: Reife Früchte werden gekocht, in Currys und anderen Speisen verwendet oder als »Pickles« salzig eingelegt; in Malaysia wird das Fruchtfleisch gelegentlich kandiert. Zur Verwendung als Obst oder Bestandteil von Fruchtsalaten müssen die Früchte dieser Mango-Art dick abgeschält werden, um Hautreizungen und Darmbeschwerden durch den Milchsaft der Schale zu vermeiden. Nachdem sie in Limonen-Saft eingelegt wurden, sind auch unreife Früchte als Zutat in Speisen verwendbar. Der zerriebene Stein ist Bestandteil von Gewürzsoßen.

Reife Früchte der Stinkenden Mango.

Früchte mit 1 Samen/Stein und weichem Fruchtfleisch

Der Saft des Baumes und der unreifen Früchte wird zur Behandlung von Geschwüren eingesetzt und zum Verstärken von Tätowierungen benutzt.
Verbreitung: Die Art ist auf der Malaiischen Halbinsel und in Indonesien heimisch. Ihr natürliches Verbreitungsgebiet sind feuchte Tieflandsregenwälder; in Südostasien wird sie häufig bis in Höhen von etwa 1000 m angebaut.
Anbau und Ernte: Die Stinkende Mango ist als Marktfrucht in Südostasien beliebt und von wirtschaftlicher Bedeutung, wegen ihres unangenehmen Geruchs für den Export aber nicht geeignet. Der Baum wird in Fruchtgärten gezogen und bedarf ständig reichlicher Wasserversorgung. Die Früchte werden reif gepflückt und sind nur kurze Zeit lagerfähig.

Kwini, Duftende Mango

Mangifera odorata Griff.
Familie: Anacardiaceae (Sumachgewächse)
E: Kweenee

Kwini ist ein immergrüner, bis 30 m hoher Baum mit dunkelgrünen, kahlen, eiförmig-lanzettlichen, zugespitzten, am Grund keilförmigen oder abgerundeten, bis 30 x 10 cm großen Blättern. Seine pyramidenförmigen, prächtig rot gefärbten Blütenstände sind kahl; die sehr kurz gestielten Blüten wachsen in Knäueln, haben 5 Kelchblätter von 2-4 mm Länge und 5 anfangs weißliche, später dunkelrote, 4-6 mm lange Kronblätter.
Frucht: Die Kwini-Frucht ist oval, nur sehr kurz stumpf geschnäbelt und 10-13 x 6-10 cm groß. Ihre 2 mm dicke, matte Schale ist grün mit verstreuten rotbraunen Pünktchen; sie enthält einen Haut und Schleimhäute reizenden Saft, der an der Oberfläche auch unverletzter Früchte in der Regel klebrige, bräunliche

Reife, stark harzig riechende Kwini.

Flecken bildet (Ausschwitzungen). Das saftige Fruchtfleisch ist sehr weich, faserig, schwefelgelb bis dunkel orangegelb; es riecht unangenehm nach Terpentin und schmeckt süß-aromatisch mit leicht störender harziger Komponente. Der flache weiße Stein haftet fest am Fleisch und ist etwa 8 x 4 x 2 cm groß.
Verwendung: Reife Kwini werden roh als Obst und in Salaten gegessen, müssen wegen des ätzenden Saftes der Fruchtrinde aber sorgfältig geschält werden. Der Terpentin-Beigeschmack und der starke Geruch werden individuell unterschiedlich als störend empfunden. Junge gekochte Früchte sind Zutat für Currys und andere Speisen oder werden mit Limo-

Rote Blütenstände der Kwini.

nensaft, Salz und Gewürzen süßsauer als »Pickles« eingelegt. Auf Java wird aus den Fruchtsteinen ein Gewürzmehl hergestellt.

Verbreitung: Die Art ist in Ost- und Südostasien verbreitet, wo Kwini sehr häufig auf den Märkten feilgeboten wird. Trotz des unangenehmen Geruchs der Frucht werden die im Vergleich mit anderen Mangos weniger anspruchsvollen Bäume in verschiedenen Sorten sehr häufig in Obstgärten bis in Höhen von 1000 m angebaut.

Prächtige Mango

Mangifera magnifica Kochummen
Familie: Anacardiaceae
(Sumachgewächse)

Dieser bis 50 m hohe immergrüne Mango-Baum trägt derb-ledrige, glänzend grüne, eiförmig-lanzettliche, 3 x 12 bis 8 x 30 cm große Blätter, die kurz zugespitzt und am Grund abgerundet sind. Ihre oberseits eingesenkten Blattnerven treten unterseits stark hervor, der Blattstiel ist 2 cm lang, oben flach und zum Grund stark verdickt. Die unteren Äste der weit ausladenden, sehr lockeren Blütenstände sind bis 20 cm lang. Die Blüten besitzen 4-5 ovale bis 3eckige, gelbliche oder weiße und rötlich überlaufene Kelchblätter sowie 4-5 weiße, oval-lanzettliche, stumpfe Kronblätter, die 1,5 x 4 mm groß und an der Spitze zurückgeschlagen sind.

Frucht: Die kleinen Steinfrüchte dieser Mango-Art sind stumpf geschnäbelt, verflacht, 5-8(-12) x 4-6(-10) x 4-4,5(-9) cm groß, graugrün oder hellgrün und braun gesprenkelt; ihre glatte oder etwas rauhe, 2 mm dicke Schale glänzt schwach. Das Fruchtfleisch ist nicht faserig, weißlich, fest, zur Reife saftig, 1-3 cm dick, sein Geschmack stark aromatisch sauer, zur Vollreife süßsauer, mit leichtem Terpentingeruch. Die harten Steine sind bohnenförmig, glänzend weißlich und gefurcht; sie haften nicht am Fruchtfleisch, wodurch sich die Art von allen anderen Mangos unterscheidet.

Verwendung: Die sauren, aber sehr aromatischen Früchte werden im unreifen

Die Steine der Prächtigen Mango haften nicht am Fruchtfleisch.

Früchte mit 1 Samen/Stein und weichem Fruchtfleisch

Zustand süßsauer eingemacht als »Pickles« gegessen; reif werden sie zu Chutney und anderen Gewürzsoßen und -pasten verarbeitet.
Verbreitung: Die Art ist in Südbirma, Südthailand, Westmalaysia, Sumatra und auf Borneo verbreitet. Der Baum wird in Obstgärten gezogen; die Früchte werden im Anbaugebiet sehr häufig eingelegt verkauft.
Verwandte Arten: In Südostasien sind zahlreiche weitere Mango-Arten mit eßbaren Früchten beheimatet, die schwer zu unterscheiden sind; einige werden regional als Obstbäume angebaut.

Gandaria

Bouea macrophylla Griffith
(*B. gandaria* Blume)
Familie: Anacardiaceae
(Sumachgewächse)
E, F, S: Gandaria

Gandaria ist ein bis 15(-25) m hoher Baum mit teilweise hängenden Zweigen. Seine wechselständigen, zur Triebspitze fast gegenständigen Blätter sind ledrig, dunkelgrün, glänzend, jung leuchtend violett, ganzrandig, lang-eiförmig bis schmal-lanzettlich, zugespitzt, am Grund keilförmig, ihre Ränder schwach geschweift. Die Blattspreiten messen 11-30 x 4-8 cm, die Blattstiele etwa 2 cm. In blattachselständigen, hängenden Rispen von 4-12 cm Länge wachsen die kleinen Einzelblüten, deren 4 gelblich-grüne, rasch braun werdende Kronblätter oval und 2 x 1 mm groß sind.
Frucht: Gandaria ist eine rundlich-ovale, verlängert-eiförmige oder gebogen-rübenförmige, 3-6,5 cm große Steinfrucht mit gelber oder oranger, dünner, schwach glänzender, glatter Schale; unreife Früchte enthalten viel klebrigen Milchsaft. Am Grund der Frucht bleiben die überlap-

Steinfrüchte der Gandaria.

penden, rundlichen, ca. 7 mm langen, am Rand häutigen Kelchblätter erhalten. Ihr kräftig gelboranges, saftiges Fruchtfleisch schmeckt aromatisch, sehr sauer bis süß. Es umschließt einen lang-eiförmigen, bis 4,5 x 2 cm großen, rotbraunen, glatten und stark glänzenden Stein, der an einer Längsnaht (Hilum) fest mit dem Fruchtfleisch verwachsen ist, sonst in einem engen Hohlraum frei liegt.
Verwendung: Reife Früchte werden mit Schale ohne Steine als Obst gegessen, oft mit Zucker oder Sirup zu Chutney, Marmelade und Kompott verarbeitet. Unreif dienen sie als Zutat zu Speisen (Currys), sind Bestandteil einer scharfen asiatischen Gewürzsoße (Sambal) oder werden süßsauer eingelegt als »Pickles« verzehrt.
Auf Java werden junge Blätter roh gegessen. Breiumschläge aus den Blättern helfen gegen Kopfschmerzen.
Verbreitung: Die in Westmalaysia, Sumatra und Westjava beheimatete Art wird in Südostasien von Thailand bis Ostindonesien angebaut.
Anbau und Ernte: Gandaria ist ein beliebter Frucht- und Schattenbaum der Hausgärten und regional als Marktfrucht von wirtschaftlicher Bedeutung. Die Pflanze gedeiht im feucht-tropischen Tief-

landsklima bis in Höhen um 700 m. Die Bäume werden meist aus Sämlingen gezogen und liefern ab dem 8. bis 10. Jahr jährlich bis zu 200 kg Früchte.

Verwandte Art: *Bouea oppositifolia* (Roxb.)Meisner *(= B. microphylla Griffith)* ist eine laubwerfende Art der Gattung mit sehr sauren, bis 2,5 cm großen Früchten, die in Malaysia unreif als Gemüse gekocht werden.

Ambarella, Goldpflaume, Tahitiapfel

Spondias cytherea Sonnerat
(*S. dulcis* Soland.)
Familie: Anacardiaceae (Sumachgewächse)
E: Golden Apple, Otaheite-apple;
F: Pomme cythère; S: Ambarella, Jobo;
P: Caja manga

Ambarella ist ein bis 25(-40) m hoher Baum, der in Trockenzeiten das Laub abwirft. Seine Blätter sind unpaarig gefiedert, die Blattspindeln mit Stiel 20-50 cm lang. Die 9-25 Fiederblättchen sind eilanzettlich, 5-15 x 1,5-5 cm groß, ganzrandig oder gegen die Spitze fein gezähnelt, zugespitzt und am Grund unsymmetrisch. Zur Trockenzeit entwickeln sich gewöhnlich vor dem Austrieb der Blätter die endständigen, bis 35 cm langen rispigen Blütenstände; sie tragen zahlreiche, 1-4 mm lang gestielte, unauffällige Einzelblüten mit weißen oder cremefarbenen, ovalen Kronblättern.

Frucht: Die hängenden Steinfrüchte der Ambarella sind eiförmig und messen 5-9 x 3,5-7 cm. Ihre Schale ist im reifen Zustand goldgelb (Marktfrüchte sind oft unreif und grün!), glatt bis leicht warzig, matt und etwa 2,5 mm dick. Das Fleisch junger Früchte ist weißlich bis gelblichgrün, fest, saftig, von süßsaurem Geschmack, zur Vollreife wird es weich und süß. Die Vitamin-C-reiche Frucht enthält einen großen Stein, dessen weißliches, hart-faseriges Gehäuse zahlreiche, mehr als 1 cm lange, schlanke, gekrümmte, teilweise verzweigte Stacheln trägt, die in das Fruchtfleisch hineingreifen.

Verwendung: Unreife, grüne Früchte werden geschmort als Gemüse oder als würzige Zutat zu Suppen und Currys verwendet. In Asien legt man grüne Ambarellen süßsauer ein. Reife Früchte werden geschält und roh als Obst gegessen oder mit Zucker gekocht und zu Marmelade, Gelee und aromatischem Saft verarbeitet. Zur Verwendung als würzige Beigabe für Speisen können in Scheiben geschnittene, getrocknete Früchte lange Zeit gelagert werden. Die stacheligen Steine sind zu verwerfen.

Die Blätter schmecken sauer und werden roh als Salat oder gegart als Gemüse gegessen; mit Fleisch gekocht oder gedünstet machen sie dieses zart. Blätter und Früchte dienen als Viehfutter und werden ebenso wie die Rinde des Baumes medi-

Ambarella-Baum zur Trockenzeit.

Früchte mit 1 Samen/Stein und weichem Fruchtfleisch

Ambarella mit stacheligem Stein.

zinell zur Behandlung von Wunden, Entzündungen und Verbrennungen verwendet.

Verbreitung: Ambarella ist in Süd- und Südostasien heimisch und zählt in tropischen Ländern weltweit zu den häufigen Obstgehölzen.

Anbau und Ernte: Die Bäume werden im Tiefland der Tropen und Subtropen in der Regel in Hausgärten gezogen; sie wachsen in immerfeuchten Regionen ebenso wie in Gebieten mit Trockenzeiten. Die Vermehrung der Pflanzen erfolgt durch Sämlinge oder Stecklinge. Junge Bäume tragen nach 3 Jahren erste Früchte, die grün oder reif geerntet werden und ohne Kühlung mindestens 1 Woche haltbar sind.

Gelbe Mombinpflaume

Spondias mombin L. (*S. lutea* L.)
Familie: Anacardiaceae
(Sumachgewächse)
E: Yellow Mombin; F: Prune mombin;
S: Ciruela amarilla, Jocote amarilla, Jobo;
P: Acaiba, Caja mirim

Die Gelbe Mombinpflaume ist ein bis 30 m großer, ausladender, einhäusiger Baum, der zu Trockenzeiten das Laub abwirft. Seine unpaarig gefiederten, bis 50 cm großen Blätter sind gegenständig, ihre Stiele behaart und oft rötlich. Die 5-19 kurz gestielten Fiederblättchen sind eilanzettlich und 5-15 cm lang; sie haben ausgezogene Spitzen und sind zum Grund breit keilförmig verschmälert. Die kleinen weißlichen Blüten entwickeln sich zahlreich nach dem Laubaustrieb in endständigen, bis 35 cm langen Rispen.

Frucht: Die zur Reife bis 50 cm langen, hängenden Fruchtstände tragen goldgelbe, ovale oder eiförmige Steinfrüchte von bis zu 4 x 3 cm Größe. Ihre Schale ist dünn, fest, glatt und glänzend. Das vollreif sehr saftige, glasig-orange, bis 5 mm dicke Fruchtfleisch weist einen angenehmen, süßsauren, pflaumenähnlichen Geschmack auf. Der Stein ist eiförmig, bis 25 x 17 mm groß, längsrunzelig, cremeweiß und holzig.

Verwendung: Die vollreifen Früchte werden aus der Hand als Obst gegessen, entkernt mit Zucker (ein-)gekocht oder zu Marmelade verarbeitet. Aus ihrem Saft

Gelbe Mombinpflaume.

Reife, saftige Gelbe Mombinpflaumen.

Rote Mombinpflaume

Spondias purpurea L.
Familie: Anacardiaceae
(Sumachgewächse)
E: Purple Mombin; F: Mombin rouge;
S: Ciruela, Jocote, Jobo colorado;
P: Ambu, Ciroela

Die Rote Mombinpflaume ist ein in Trockenzeiten laubwerfender, ausladender, tief verzweigter, einhäusiger Baum oder Strauch bis 10 m Wuchshöhe. Ihre gegenständigen Blätter sind unpaarig gefiedert, bis 25 cm lang, dunkelgrün, jung kräftig rot gefärbt; sie setzen sich aus 5-19 fast sitzenden, 2-4 x 1-2 cm großen, ganzrandigen Blättchen zusammen, die eiförmig bis lanzettlich, zugespitzt und am Grund breit keilförmig sind. Die kleinen, 4-5zähligen, roten oder violetten Blüten entwickeln sich vor dem Laubaustrieb in bis zu 4 cm langen, behaarten Rispen an den kräftigen Ästen; ihre ovalen Kronblätter messen 3-4 x 1,5-2 mm.

Frucht: Die Steinfrüchte der Roten Mombinpflaume sind eiförmig oder elliptisch, kurz gestielt, oft schwach längsgefurcht, bis 4,5 x 3,5 cm groß und 20-30 g schwer. Ihre glatte, glänzende, dünne, feste Schale wird zur Reife zunächst

werden Erfrischungsgetränke hergestellt. Unreife Mombinpflaumen werden in Mexiko mit Salz und Chili eingelegt. Auch die Kerne der Steine sind eßbar. In großer Menge verzehrt, verursachen die Früchte Darmbeschwerden.
Der Fruchtsaft ist harntreibend und fiebersenkend, Blattsud wird gegen Entzündungen, Bauchschmerzen und Durchfall verabreicht. Die Früchte werden als Viehfutter verwendet. Junge Blätter des Baumes können als Gemüse zubereitet werden, das Holz wird für den Hausbau und die Herstellung von Möbeln benutzt.

Verbreitung: Der Baum ist in Tieflandswäldern von Mexiko bis Peru und Brasilien heimisch; er wird in den Tropen der Neuen Welt sowie seltener in Afrika, Süd- und Südostasien angebaut.

Anbau und Ernte: Die Gelbe Mombinpflaume gedeiht unter tropischem Klima bis in Höhen von 1000 m sowohl in immerfeuchten Regionen als auch in Gebieten mit Trockenzeiten. Die Vermehrung erfolgt über Sämlinge oder durch Stecklinge, die sich rasch bewurzeln. Angebaut werden die 1-2mal jährlich reich fruchtenden Bäume in Haus- und Obstgärten. Die Früchte werden reif gepflückt; sie sind oft wurmig und lassen sich nur kurze Zeit aufbewahren.

Rote Mombinpflaume.

Früchte mit 1 Samen/Stein und weichem Fruchtfleisch

Die sauer-aromatischen Steinfrüchte der Roten Mombinpflaume.

orange oder gelb, zuletzt kräftig rot oder violett. Das saftig-mehlige, etwas faserige, weiche Fruchtfleisch ist orangegelb bis gelb, bis 8 mm dick und von süßem oder saurem, aromatischem Geschmack, oft etwas adstringierend. Es haftet an einem ovalen, netzförmig runzeligen Stein von bis zu 3,5 x 2 cm Größe, dessen harte, holzige, gelblichbraune Schale etwa 7 Längsnähte aufweist und bis zu 5 kleine Kerne umschließt.

Verwendung: Die reifen, an den Vitaminen B und C reichen Früchte werden aus der Hand gegessen, mit Zucker gekocht als Dessert serviert oder zu Gelee und Sirup verarbeitet. Der Saft dient zur Herstellung von Wein und Essig. Abgebrühte Früchte werden kandiert, unreife, grüne Mombinpflaumen eingelegt als »Pickles« gegessen. In großen Mengen verzehrt, können die Früchte Darmbeschwerden verursachen.
Rindensud hilft gegen Durchfall und Blähungen. Die eiweißreichen Blätter können jung als Gemüse zubereitet werden und sind ein gutes Viehfutter. Das Gehölz wird gern als lebender Zaun gepflanzt.

Verbreitung: Die Art ist von Südmexiko und den Karibischen Inseln bis Peru und Brasilien beheimatet; die Bäume werden dort sehr häufig angebaut, aber auch in Süd- und Südostasien, vor allem auf den Philippinen, sowie in Zentralafrika kultiviert.

Anbau und Ernte: Die Rote Mombinpflaume benötigt tropisches Klima; sie wird bis in Höhen um 1500 m angebaut, ist trockenresistent und wenig anspruchsvoll hinsichtlich der Bodenbeschaffenheit. Die Pflanzen lassen sich leicht aus Stecklingen vermehren und werden in Haus- und Obstgärten, örtlich auch in Plantagen gezogen. Die in großen Mengen auf den Märkten gehandelten Früchte werden in der Regel reif gepflückt, nachdem sie sich gelb oder rot gefärbt haben; sie sind nur kurze Zeit lagerfähig.

Indische Jujube

Zizyphus mauritiana Lam.
(*Z. jujuba* Lam. non Miller)
Familie: Rhamnaceae
(Kreuzdorngewächse)
E: Indian Jujube, Indian Plum;
F: Pomme malcadi;
S: Yuyubo, Azufaifo, Ponsere; P: Dão

Die Indische Jujube ist ein immergrüner oder in Trockenperioden laubwerfender Strauch oder Baum bis 15 m Höhe mit ausladender Krone. Ihre hängenden Äste sind flaumig behaart; sie wachsen von einem Blatt zum anderen leicht zickzackförmig und tragen meist 2 kleine kräftige Dornen in den Blattachseln. Die wechselständigen Blätter sind eiförmig bis rundlich, am Rand schwach gekerbt oder ganzrandig, oberseits dunkelgrün, glänzend, unterseits dicht weiß flaumhaarig; sie haben 3 Hauptnerven und undeutliche Nebenrippen. Die Blattspreite mißt 6(-9) x 4(-5) cm, der Blattstiel um 1 cm.

Die 2-3 mm lang gestielten Blüten stehen zu 6-20 gebüschelt in blattachselständigen kurzen Dolden. Ihre 5 Kronblätter sind grünlichweiß bis gelblich, zur Vollblüte scheibenförmig ausgebreitet; der Kronendurchmesser beträgt 3-5 mm.

Frucht: Die Jujube trägt Steinfrüchte, die in Form und Größe sehr variieren. Sie sind rund, oval, apfel-, ei- oder birnenförmig, unreif grün, vollreif von braungelber bis goldgelber oder rötlicher bis schwärzlicher Farbe, oft braunfleckig; sie können Größen bis 4 x 6 cm erreichen, Früchte der Wildformen werden nur um 2,5 cm groß. Die Fruchtschale ist glatt oder rauh, glänzend, fest und etwa 1 mm dick. Das weißliche Fruchtfleisch ist mäßig saftig, je nach Reifezustand fest bis breiig, es riecht fruchtig und schmeckt birnenähnlich süß. Es umschließt einen rundlichen, warzigen, unregelmäßig gefurchten, bis 1,5 cm großen Stein mit holziger Schale und 1-2 braunen Kernen.

Verwendung: Feste, fast reife Früchte werden roh als Obst mit der Schale gegessen oder gedünstet verzehrt. Aus dem Fleisch sehr reifer Früchte läßt sich mit Wasser ein erfrischender Saft herstellen, darüber hinaus werden die Früchte kandiert verzehrt. In Indien und Südostasien werden adstringierende, grüne Jujuben gesalzen und frisch oder als »Pickles« eingelegt gegessen sowie gewürzt zu »Chutney« verarbeitet. Mit Zucker gekocht, wird aus den Früchten Sirup hergestellt. Junge Blätter werden in Indonesien als Gemüse gedünstet. Früchte und Blätter finden als Gerbmittel Verwendung und werden für vielfältige medizinelle Zwecke genutzt. Auf Bäumen der Indischen Jujube und anderer Arten der Gattung lebt die Lack-Schildlaus *(Coccus lacca)*, die Sekrete ausscheidet, welche für die Schellack-Herstellung von den Pflanzen gesammelt werden.

Blühende Zweige der Indischen Jujube.

Früchte mit 1 Samen/Stein und weichem Fruchtfleisch

Jujube, großfrüchtige Kultursorte.

Verbreitung: Die alte Kulturpflanze ist vermutlich im Vorderen Orient oder Indien beheimatet, der Baum wird in tropischen und subtropischen Gebieten Asiens, Afrikas und Amerikas häufig angebaut.

Anbau und Ernte: Die Indische Jujube gedeiht in warmen bis heißen, relativ trockenen, subtropischen und tropischen Klimaten. Zahlreiche Sorten werden kultiviert, die sich in der Fruchtzeit, in Form, Farbe und Aroma der Früchte sowie im Ertrag unterscheiden. Die Früchte werden unreif geerntet, sobald sie ihre grüne Farbe verlieren und scheckig oder überwiegend gelblich bis bräunlich sind. Die Ernte ausgewachsener Bäume guter Sorten beträgt 80 bis 150 kg. Sämlinge werden meist mit einer großfrüchtigen und ertragreichen Sorte veredelt, seltener werden die Pflanzen aus Wurzelschößlingen und Absenkern vermehrt. Reife Früchte sind etwa 1 Woche, gekühlt bis zu 1 Monat haltbar.

Verwandte Arten: Auch die Früchte anderer Arten der Gattung werden als Obst verwendet, vor allem die der Chinesischen Jujube *(Zizyphus jujuba* Miller*)*, die in China beheimatet ist und in temperierten, mediterranen und trockensubtropischen Gebieten angebaut wird. Sie unterscheidet sich durch unterseits kahle Blätter.

Sonzapote

Licanina platypus Fritsch
Familie: Chrysobalanaceae
(Goldpflaumengewächse)
E: Sansapote, Monkey Apple;
S: Sonzapote, Zunza(-pote), Zapote cabello

Sonzapote ist ein bis 30 m hoher, in Trockenzeiten teilweise laubwerfender Baum mit rundlicher, dicht belaubter Krone. Seine ganzrandigen, wechselständigen Blätter sind derb-ledrig, oberseits glänzend, zugespitzt, verkehrt-eiförmig bis lanzettlich und am Grund breit verschmälert oder abgerundet. Ihre Spreiten messen bis 30 x 9 cm und tragen auf der Unterseite am Grund 2 runde Drüsen; die dicken, gekrümmten Blattstiele sind bis 2 cm lang. Die Blüten wachsen zahlreich in ausladenden, endständigen Rispen von bis zu 35 cm Länge. Die behaarten, winzigen Einzelblüten sind 1-3 mm lang gestielt; sie haben einen becherförmigen, flaumigen Kelch mit 3 zurückgeschlagenen, 3eckigen Zipfeln, 5 graugrüne, am Rand bewimperte Kronblätter von 3 mm Länge sowie zahlreiche nach vorn gerichtete Staubblätter.

Früchte und Laub der Sonzapote.

Steinfrüchte der Sonzapote.

Frucht: Aus den vielen Blüten jeder Infloreszenz entwickeln sich nur wenige Steinfrüchte, die oval, ei-, birnenförmig oder unregelmäßig beulig gestaltet sind und großen Kartoffeln ähneln. Sie sind bis 20 x 15 cm groß, haben eine dünne, derbe, rauhe, Schale, die grünlich und dicht braunpockig oder braun ist. Unter der Schale liegt orangefarbenes, festes, faseriges, saftiges Fruchtfleisch, das mehrere Zentimeter dick sein kann und von angenehmem, süß-aromatischem Geschmack ist. Eine innere zäh-faserige Schicht dieser Pulpe haftet fest an dem holzigen Stein, der den größten Teil der Frucht einnimmt. Zur Reife sind die Einzelfrüchte bis 5 cm lang gestielt und die Äste des Fruchtstandes geschwollen.
Verwendung: Die reifen Früchte werden geschält und das Fruchtfleisch ohne seine stark faserige, am Stein haftende Schicht meist roh als Obst gegessen.
Verbreitung: Die Sonzapote ist in Mittelamerika von Südmexiko bis Kolumbien beheimatet und wird dort ebenso wie auf den Karibischen Inseln und auf den Philippinen als Obst-, Schatten- und Zierbaum kultiviert.
Anbau und Ernte: Die Bäume gedeihen im heiß-feuchten Tieflandsklima. Sie werden aus Sämlingen gezogen und tragen ab einem Alter von etwa 12 Jahren. Die Früchte werden für den Verzehr vollreif vom Baum gepflückt oder sofort nach dem Abfallen vom Boden aufgelesen.
Verwandte Arten: In Südamerika, vor allem in Brasilien, werden die Früchte weiterer Sippen der artenreichen Gattung *Licania* sowie der verwandten Art Pajurá (*Couepia bracteosa* Benth.) gegessen, deren Bäume ähnliche, aber kleinere, nur bis 12 cm große Früchte tragen.

Amerikanischer Mammeiapfel

Mammea americana L.
Familie: Guttiferae (Hartheugewächse)
E: Mamey/Mammee Apple; F: Abricot des Antilles; S: Mamey, Zapote mamey; P: Abrico do Pará

Der Amerikanische Mammeiapfel ist ein bis 25 m hoher, immergrüner, ein- oder zweihäusiger Baum mit dichter, ausladender Krone. Seine wechselständigen Blätter sind dick-ledrig, dunkelgrün, breitelliptisch und ganzrandig, ihre Spitze ist abgerundet, der Grund breit keilförmig. Die Spreiten messen bis 20 x 10 cm, die dicken, oberseits verflachten oder schwach gefurchten Blattstiele sind bis

Fruchtende Zweige des Mammeiapfels.

Früchte mit 1 Samen/Stein und weichem Fruchtfleisch

Samen und Schale des schmackhaften Mammeiapfels sind giftig.

2 cm lang. Die kurz gestielten Blüten sind 3-4 cm groß und wachsen einzeln oder zu 2-3 an kräftigen Ästen; sie haben 2 breit-rundliche Kelchblätter und 4-6 weiße, rundlich-ovale Kronblätter.

Frucht: Die Frucht ist eine runde Beere von bis zu 20 cm Durchmesser und 1,5 kg Gewicht; sie sitzt an einem dicken, bis 4 cm langen Stiel. Ihre Rinde ist derb, weich-ledrig, bis 6 mm dick, braun, matt und mehr oder weniger pockig und rauh. Um den Stiel bleiben die beiden mit breitem Grund sitzenden, rundlichen, konkaven, derben, braunen, etwa 2 x 1,5 cm großen Kelchblätter bis zur Fruchtreife erhalten. Unter der Rinde befindet sich eine weißliche, trockene, sehr bittere Haut, die das saftige, vollreif weichfaserige, kräftig orange oder goldgelbe Fruchtfleisch umschließt. Diese Pulpe ist bei guten Sorten von delikatem, süßsauer aromatischem, mango- oder aprikosenähnlichem Geschmack; mindere Sorten sind sehr sauer. Die Beere enthält einen (selten bis zu 4) holzigen, braunen, netzaderigen, verflachten Samen von rundlicher oder ovaler Form und bis zu 7 cm Größe, an dem eine Schicht kurzfaserigen Fruchtfleisches fest haftet. Der Baum blüht und fruchtet gleichzeitig.

Verwendung: Das Fruchtfleisch guter Sorten ist im reifen, weichen Zustand sehr schmackhaft und wird roh – nach Belieben gezuckert – als Obst gegessen oder gekocht als Dessert serviert. Die bittere Schale samt der darunter liegenden Haut müssen sorgfältig entfernt werden, und auch die giftigen Samen sowie das fest daran haftende faserige Fleisch sind zu verwerfen. Aus der Pulpe werden schmackhafte Marmelade oder Gelee gekocht und Fruchtsaft oder Wein hergestellt. Vor dem Verzehr großer Mengen von Mammeiäpfeln wird abgeraten, da die Frucht Darmbeschwerden verursachen kann und Berichte über Vergiftungen vorliegen; unreife Beeren sind ungenießbar.

Mammei-Samen haben antiseptische Wirkung, Aufgüsse aus getrockneten oder frischen Blättern sind fiebersenkend und ein wirksames Mittel gegen Malaria. Das schöne rötliche Holz ist hart und wird hoch geschätzt.

Früchte mit 1 Samen/Stein und weichem Fruchtfleisch

Verbreitung: Die Art ist auf den Karibischen Inseln beheimatet und wird in Lateinamerika weithin angebaut; in den Tropen der Alten Welt ist der Baum auf Java, den Philippinen und in Teilen Afrikas verbreitet, sonst selten.

Anbau und Ernte: Der Mammeiapfel gedeiht im tropischen Tieflandsklima am besten bei reichlichen Niederschlägen. Die anspruchslosen Pflanzen werden durch Sämlinge vermehrt und in Haus- und Obstgärten, auf den Karibischen Inseln auch in Plantagen angebaut. Die Bäume tragen ab einem Alter von 6-10 Jahren, ihre Früchte werden vollreif geerntet; am besten sammelt man sie, gleich nachdem sie vom Baum abgefallen sind, vom Boden auf.

Verwandte Art: Der Afrikanische Mammeiapfel *(Mammea africana* Sab.*)* wird im tropischen Afrika in Gärten und Plantagen angebaut und in gleicher Weise genutzt. Die rundlichen, süßen Früchte des bis 30 m hohen Baumes sind 7-10 cm groß, haben orangefarbene Schalen und in der Regel 3 Samen.

Große Sapote

Pouteria sapota (Jacq.) H.E. Moore & Stearn *(Calocarpum sapota* (Jacq.) Merr.*)*
Familie: Sapotaceae (Breiapfelgewächse)
E: Mamey Sapote; F: Grosse Sapote;
S: Mamey-Zapote, Sapota; P: Cutite

Die Große Sapote ist ein immergrüner, in Trockenzeiten laubwerfender, bis 30 m hoher Baum mit dichter Krone, dessen Rinde, Blätter und junge Früchte einen klebrigen, die Schleimhäute reizenden Milchsaft enthalten. Die Blätter sind kahl, wechselständig, am Ende der Zweige gedrängt, verkehrt-eiförmig, kurz zugespitzt, zum Grund keilförmig verschmälert, oberseits dunkelgrün, unten bräunlich und 10-30 x 4-10 cm groß; ihre Blattstiele sind 2-5 cm lang. Die winzigen, weißen oder blaßgelben, fast sitzenden, einhäusigen Blüten wachsen in Gruppen zu 6-12 über jüngere Äste verteilt an den Narben abgefallener Blätter. Ihr silbrig behaarter, 8-12lappiger Kelch ist bis 4 mm lang; die bis 1 cm lange Kronröhre ist in 5 stumpfe Zipfel zerschlitzt.

Baum der Großen Sapote mit winzigen stammbürtigen Blüten und Früchten.

Früchte mit 1 Samen/Stein und weichem Fruchtfleisch 41

Vollreife Früchte der Großen Sapote.

Frucht: Die runde, ovale bis zugespitzt eiförmige, 1samige Beere ist bis 20 cm lang und 8 cm breit. Ihre 1,5 mm dicke, derbe Schale ähnelt Wildleder; sie ist rauh und von brauner Farbe, zur Vollreife mit leichter Rottönung. Das Fruchtfleisch weist reif eine kräftige orangerote Färbung auf; es ist sehr saftig, von weicher, breiig-faseriger Konsistenz, fruchtigem Geruch und sehr süßem, karamelähnlichem Geschmack. Der spindelförmige, bis 10 x 3 cm große Samen hat eine harte, holzige, glatte, stark glänzende, kastanienbraune Schale und einen für die Breiapfelgewächse charakteristischen breiten, leicht rauhen, hell bräunlichen Längsstreifen (Hilum). Der kurze, kräftige Stiel sitzt mit einer etwa 1,2 cm breiten, runden Scheibe an der Frucht; er ist wie die Fruchtschale braun und rauh.

Verwendung: Die Große Sapote ist ein in Mittelamerika und auf den Karibischen Inseln hoch geschätztes Obst. Das reife, weiche Fleisch vollreifer Früchte wird aus der Schale gelöffelt. Es kann zur Herstellung von Marmelade oder püriert mit Wasser oder Milch als Saft getrunken und in Süßspeisen verarbeitet werden. Auch der Kern des Samens ist eßbar; er wird, gekocht, geröstet und mit Kakao gemischt, bei der Schokoladenherstellung verwendet oder gemahlen als Zutat in Konfekt gegeben. Unreife Früchte enthalten viel Gerbsäure, sind stark adstringierend und ungenießbar.

Verbreitung: Der Baum ist im feuchttropischen Tiefland vom südlichen Mexiko bis Nicaragua beheimatet. Er wird auch auf den Karibischen Inseln und in Süd-amerika kultiviert und seltener in Süd-ostasien, vor allem auf den Philippinen, angebaut.

Anbau und Ernte: Die Große Sapote gedeiht in warmen, niederschlagsreichen tropischen Klimaten vom Meer bis in Lagen um 1000 m. Die Pflanzen werden aus Samen gezogen und mit guten Kultivaren veredelt, seltener vegetativ vermehrt. Die Bäume tragen ab einem Alter von 8-10 Jahren. Marktfrüchte werden unreif vorsichtig von Hand geerntet und reifen rasch nach; im reifen, weichen Zustand lassen sich die druckempfindlichen Beeren nur kurze Zeit lagern.

Verwandte Arten: In Lateinamerika werden mehrere sehr eng verwandte, schwer zu unterscheidende Arten in geringerem Umfang angebaut und in gleicher Weise verwendet.

Nance

Byrsonima crassifolia HBK.
Familie: Malpighiaceae
E: Nance, Golden Spoon; F: Mauriat;
S: Nance, Maricao, Chaparro; P: Murici

Nance ist ein bis 10(-20) m hoher immergrüner Baum oder Strauch mit weiter Krone und jung rotbraun behaarten Ästen. Die wechselständigen, ganzrandigen Blätter sind verkehrt-eiförmig, haben jeweils eine ausgezogene,

Früchte mit 1 Samen/Stein und weichem Fruchtfleisch

stumpfe oder eingekerbte Spitze und einen keilförmigen Grund; ihre Spreiten sind bis 17 x 7 cm groß, ledrig, oberseits kahl, schwach glänzend und dunkelgrün, unterseits hellbraun filzig behaart. Die kräftige Mittelrippe ist hell gelblichgrün, der dicke Blattstiel braun filzig und bis 2 cm lang. Die bis 1,3 cm lang gestielten Blüten wachsen zahlreich in endständigen, aufrechten oder hängenden Trauben von bis zu 20 cm Länge; ihre 5 goldgelben bis orangeroten Kronblätter sind etwa 1 cm lang und 7 mm breit, am Grund stielförmig verjüngt, die oberen, becherförmigen Abschnitte zur Vollblüte zurückgeschlagen.

Frucht: Die bis 1,5 cm lang gestielten Steinfrüchte sind rund und bis zu 2 cm groß; an ihrem Grund überdauert der vergrößerte grüne Kelch aus 5 miteinander verwachsenen, 3eckigen Blättern, auf denen jeweils 2 große, ovale, rötlich grüne Drüsen sitzen. Die Fruchtschale ist dünn, glatt und glänzend, zur Reife je nach Sorte gelb, orange oder rot. Das weißliche, mehlig-saftige, ölreiche Fruchtfleisch schmeckt sauer, süß oder süßlich-käsig und riecht oft unangenehm. Es umschließt einen harten, holzigen, unregelmäßig stumpfkantigen, im Umriß rundlichen Stein mit vielen schwachen Längsrippen, der bis 9 x 11 mm groß ist und 1-3 Kerne enthält.

Verwendung: Die in Lateinamerika sehr beliebten, nahrhaften Früchte werden entweder frisch aus der Hand oder in gezuckertem Wasser eingelegt gegessen. Sie lassen sich gekocht als Dessert zubereiten oder als Zutat zu Suppen und Soßen sowie für Fleisch- und Teigfüllungen (Empanadas) verwenden. Nance-Früchte dienen außerdem zur Herstellung von Säften und alkoholischen Getränken.

Verbreitung: Nance ist in Mexiko und Mittelamerika beheimatet und dort einer

Wenig wohlschmeckend, aber nahrhaft sind die Früchte des Nance-Baumes.

Früchte mit 1 Samen/Stein und weichem Fruchtfleisch

Avocado, Butterfrucht

Persea americana Mill.
Familie: Lauraceae (Lorbeergewächse)
E: Avocado; F: Avocat; S: Avocado, Aguacate; P: Abacate

Avocado ist ein immergrüner, tief und ausladend beasteter Baum von 10(-20) m Wuchshöhe. Seine wechselständigen Blätter sind 1-3 cm lang gestielt, kahl, oberseits dunkelgrün und leicht glänzend, unterseits matt und weißlich- bis bläulichgrün, lanzettlich, eiförmig oder oval, kurz zugespitzt, am Grund keilförmig, 7-40 cm lang und 4-8 cm breit. Die kleinen, kronblattlosen Blüten stehen in seiten- und endständigen, verzweigten Dolden.

Frucht: Die Avocado-Früchte sind von birnenförmiger bis fast rundlicher Gestalt, bis mehr als 30 cm lang und bis 15 cm breit und haben eine grüne, violette oder schwärzliche, glänzende, glatte, runzelige oder rauhe, dünn-ledrige, derbe Schale. Ihr hellgrünes, weißes oder gelbliches Fruchtfleisch ist von butterähnlicher Konsistenz, ohne Geruch und von mild-

Blütenstand des Nance-Baumes.

der häufigsten Obst-, Zier- und Straßenbäume; kultiviert wird die Art außerdem auf den Karibischen Inseln und im tropischen Südamerika.

Anbau und Ernte: Der Baum gedeiht im feucht-warmen Tropenklima bis in Höhen um 1500 m. Die zahlreichen Sorten werden durch Samen vermehrt und in Haus- und Obstgärten, an Straßen, regional auch in größeren Pflanzungen gezogen. Die Früchte finden sich häufig zu niedrigen Preisen frisch oder eingelegt auf den Märkten Mexikos und Mittelamerikas. Sie werden reif geerntet und verderben rasch; mit Wasser bedeckt bleiben sie aber über mehrere Monate verwertbar.

Verwandte Arten: Die Früchte mehrerer Arten der Gattung *Byrsonima* werden in Mittel- und Südamerika gegessen; der Nance sehr ähnlich ist *B. coriacea* (Schwartz)Kunth, eine weit verbreitete Sippe mit dünnen Blättern und bitteren Früchten, die selten auch in den Tropen der Alten Welt vor allem als Zierpflanze angebaut wird.

Fruchtender Avocado-Baum.

Früchte mit 1 Samen/Stein und weichem Fruchtfleisch

Die zahlreichen Sorten der Avocado tragen vielgestaltige Früchte.

nussigem Geschmack; es löst sich leicht sowohl von der Schale als auch von dem 5-7 cm großen, rundlichen oder eiförmigen, harten, hellen Stein.

Verwendung: Avocado ist eine alte Nutzpflanze, die von den Indianern Mittelamerikas seit Jahrtausenden kultiviert wird. Das sehr nahrhafte, protein- und ölreiche Fruchtfleisch (Fettgehalt um 25%) wird roh gegessen. Gekocht schmeckt Avocado bitter, unreife Früchte gelten als giftig. Avocados sollen nach der Ernte 1-2 Wochen lagern, bis die Schale bei leichtem Druck nachgibt. Zum Verzehr ist die Frucht aufzuschneiden oder aufzubrechen und der Stein zu entfernen; das milde Fruchtfleisch wird mit Salz und Pfeffer bestreut, mit Zitrone oder Essig beträufelt oder in anderer Weise gewürzt aus der Schale gelöffelt. Beliebt ist die Herstellung einer pikanten Speise (Guacamole) aus püriertem oder gewürfeltem Fruchtfleisch, das mit Zwiebeln, Knoblauch, Zitrone oder Limone und Pfeffer, Chili oder Tabasco gewürzt wird und als Tunke oder Salat verzehrt wird. In Südostasien und auf Hawaii wird das Fruchtfleisch gezuckert oder mit süßem Fruchtsaft vermischt gegessen, in Amerika wird es gelegentlich in Eiscreme und Milchgetränken verarbeitet. Das Fleisch aufgeschnittener Früchte läuft rasch unansehnlich schwärzlichbraun an, was die Verwertbarkeit nicht mindert und durch Beträufeln mit Zitronensaft vermieden werden kann. Wegen ihres geringen Zuckergehaltes ist Avocado als nahrhafte Frucht für Diabetiker wertvoll.

Aus den reifen Früchten wird ein an den Vitaminen A, B, C und E reiches, haltbares Öl gepreßt, das in Kosmetika Verwendung findet und als Speiseöl benutzt werden kann. Der Stein enthält einen milchigen Saft, der sich beim Austritt an der Luft rot verfärbt und von den Indianern als Tinte und zum Färben von Textilien verwendet wurde. Das schöne rötlichbraune Holz wird unter anderem als Bauholz, für Möbel, Drechselarbeiten und für Schnitzereien verwendet.

Früchte mit 1 Samen/Stein und weichem Fruchtfleisch

Verbreitung: Beheimatet ist der Avocado-Baum in Mittelamerika; seit dem Ende des 18. Jahrhunderts wird er in tropischen, subtropischen und mediterranen Gebieten weltweit angebaut. Außerhalb der warmen Länder ist Avocado als Marktfrucht erst seit wenigen Jahrzehnten populär und hat in Europa rasch große wirtschaftliche Bedeutung erlangt. Hauptanbaugebiete sind die USA, Mexiko, die Karibischen Inseln, Brasilien, Indonesien, Neuseeland, Israel und Südafrika.

Anbau und Ernte: Der anspruchslose Avocado-Baum gedeiht bei Jahresmitteltemperaturen über 13 °C; er ist bis -6 °C frosthart. Es werden zahlreiche Sorten angebaut, die sich in ihrer Ökologie, Fruchtform und -farbe sowie in der Größe der Früchte unterscheiden. Die Vermehrung erfolgt über Samen oder Stecklinge; Veredelung ist üblich. Die Bäume tragen erstmals im Alter von 4-6 Jahren; 6-9 Monate nach der Blüte werden die reifen, aber noch festen Früchte vorsichtig unter Vermeidung von Druck und Verletzungen gepflückt. Ausgewachsene Bäume tragen je nach Sorte jährlich 5-20(-100) kg Früchte. Avocados sind bei 7-19 °C bis zu 1 Monat haltbar; stärkere Kühlung verursacht Kälteschäden.

Verwandte Art: *Persea schiedeana* Nees, die von Südmexiko bis Panama wild wächst und gelegentlich kultiviert wird, zeichnet sich durch behaarte Blätter und Zweige sowie Früchte mit angenehmem Kokos-Aroma und sehr großen Samen aus.

Strandtraube

Coccoloba uvifera (L.)Jacq.
Familie: Polygonaceae
(Knöterichgewächse)
E: Sea Grape; F: Raisin bord de mer; S: Uva de Playa

Die Strandtraube ist ein immergrüner oder in langen Trockenzeiten weitgehend laubwerfender, bis 15 m hoher, tief verzweigter, zweihäusiger Baum mit ausladender Krone und oft horizontalen Ästen.

Die Strandtraube ist ein Baum der Küsten des tropischen Amerika.

Früchte mit 1 Samen/Stein und weichem Fruchtfleisch

Blüten und Früchte der Strandtraube.

Seine Blätter sind derb-lederig, hart, breitherzförmig, kurz gestielt, an der Spitze abgerundet und bis etwa 25 cm breit; vor dem Abfallen färben sie sich goldrot. Die kleinen weißen Blüten wachsen zahlreich in bis zu 30 cm langen, endständigen Trauben; sie sind nicht in Kelch und Krone gegliedert.

Frucht: Die Bäume tragen Nüsse, die von einer fleischigen Blütenhülle (Perianth) umgeben und deshalb einer Steinfrucht sehr ähnlich sind. Sie wachsen zu 20-50 dicht gedrängt an bis zu 40 cm langen, traubigen Fruchtständen. Die bis zu 2 cm großen Einzelfrüchte sind 3-4 mm lang gestielt, rundlich bis birnenförmig, zur Reife violettrot; an ihrem eingedellten Ende bleiben die 3 fleischigverwachsenen Zipfel der Blütenhülle erkennbar. Unter einer dünnen, derben, matten, etwas bereiften Schale liegt das bis 3 mm dicke, saftige, glasig-violette oder -rötliche, eßbare Fruchtfleisch, das süßsauer schmeckt und etwas adstringierend ist. Es umgibt die weißliche, harte, holzige, eiförmige Nuß, die an einem Ende zugespitzt ist und bis 15 mm groß wird.

Verwendung: Die Früchte können aus der Hand oder (ein-)gekocht als Dessertobst gegessen werden. Aus dem saftigen Fruchtfleisch wird Marmelade, Gelee und Saft bereitet. Auf den Karibischen Inseln wird ein wohlschmeckender Wein aus Strandtrauben hergestellt.

Verbreitung: Die Art ist an den Küsten des tropischen und subtropischen Amerika von Florida bis Brasilien und Peru beheimatet. Kultiviert finden sich die Bäume auch im Binnenland. Außerhalb Amerikas wird die Art auf den Philippinen angebaut.

Anbau und Ernte: Die Strandtraube wird vor allem als Zier-, Straßen- und Schattenbaum gezogen; beerntet werden kultivierte und an den Küsten oft in großen Beständen wild wachsende Bäume. Die Pflanzen benötigen heißes Klima und leichte Böden; sie sind relativ trockenresistent und gedeihen auch auf salzigem Grund; ihr Anbau ist auf Tieflagen beschränkt. Zur Ernte sind jeweils die roten Früchte einzeln abzupflücken, da sie innerhalb einer Traube nicht gleichzeitig reifen.

Buni

Antidesma bunius (L.)Spreng.
Familie: Euphorbiaceae
(Wolfsmilchgewächse)
E: Bignay, Chinese Laurel; F: Antidesme;
S: Buni, Biniai

Buni ist ein immergrüner, tief verzweigter, bis 10(-20) m hoher, zweihäusiger Baum mit ausladenden hängenden Ästen. Seine Blätter sind 2zeilig angeordnet, wechselständig, derb-lederig, dunkelgrün,

Früchte mit 1 Samen/Stein und weichem Fruchtfleisch

Buni-Baum mit reifen Fruchttrauben.

schwach glänzend, ganzrandig, lanzettlich zugespitzt, am Grund abgerundet und bis 23 x 8,5 cm groß; die 1 cm langen Blattstiele sind gekrümmt. Die unscheinbaren, etwa 2 mm großen, rötlichen Blüten wachsen in end- und blattachselständigen vielblütigen Trauben, die männlichen Blüten sitzen, weibliche sind kurz gestielt.
Frucht: Die rundlichen Steinfrüchte stehen in dichten hängenden Trauben von bis zu 20 cm Länge. Die Einzelfrüchte messen etwa 1 cm im Durchmesser, sind 5 mm lang gestielt und haben eine dünne, glänzende Schale. Sie reifen in der Traube nicht gleichzeitig, sind erst grün, dann gelblich, zur Reife rot bis schwarzviolett. Das eßbare, saftige, glasige Fruchtfleisch ist bis 3 mm dick und von erfrischendem, saurem bis süßsaurem, wenig aromatischem Geschmack; sein Saft färbt sehr stark; es umschließt einen eiförmigen, zugespitzten, verflachten und rings gekielten, harten, hellbraunen Stein mit warziger Oberfläche von etwa 9 x 7 x 4 mm Größe.
Verwendung: Die sauren Früchte werden im reifen, dunkelroten Zustand frisch als Obst gegessen; gedünstet können als Zutat zu Fisch und anderen Gerichten auch gelbliche, nicht ausgereifte Bunis verwendet werden. Mit Zucker gekocht, werden die pektinreichen Früchte zu Gelee oder Marmelade verarbeitet. Vollreife Früchte liefern einen erfrischenden Saft, der regional zu Wein oder Essig vergoren wird.
Verbreitung: Buni ist eine alte asiatische Kulturpflanze tropischer und subtropischer Gebiete, die vom Himalaja bis nach Nordaustralien, vor allem in Indien, Sri Lanka und Indonesien häufig angebaut wird. Selten wird die Art auch in Amerika kultiviert.
Anbau und Ernte: Der anspruchslose Baum wird in Haus- und Obstgärten gepflanzt. Er gedeiht gut in niederschlagsreichen Gebieten, vom Tiefland bis über 1000 m Höhe. Die Pflanzen werden aus Samen gezogen oder vegetativ vermehrt. Ihre Früchte reifen 5-6 Monate nach der Blüte und werden in Trauben von Hand gepflückt.
Verwandte Arten: *Antidesma dallachyanum* Baill. wird in Australien, *A. ghaesembilla* Gaertn. in Süd- und Ostasien sowie im tropischen Afrika angebaut; in Südostasien dienen lokal weitere Arten als Fruchtbäume, zum Beispiel *A. montanum* Blume.

Buni-Früchte.

Grosella, Baumstachelbeere

Phyllanthus acidus (L.) Skeels
(*Cicca disticha* L.)
Familie: Euphorbiaceae (Wolfsmilch-
gewächse)
E: Otaheite Gooseberry; F: Groselliere
des Antilles; S: Grosella u.v.a.;
P: Groselha

Grosella-Früchte sind sehr sauer.

Grosella ist ein tief verzweigter, ausladend beasteter, in Trockenzeiten laubwerfender Baum bis 10 m Höhe mit hellbrauner Rinde, der dem Bilimbi (*Averrhoa bilimbi*) zum Verwechseln ähnelt. Er besitzt scheinbar große Fiederblätter, bei denen es sich jedoch um bis zu 50 cm lange Sprosse handelt, an denen 2zeilig gegenständig die einfachen Blätter (bis zu 20 Paare) stehen. Diese Sprosse werden wie Blätter abgeworfen und hinterlassen am Stamm auffällige große und dichte Narben, die wiederum an Blattnarben erinnern. Die Blätter sind zugespitzt-eiförmig, ganzrandig, dünn und weich, hellgrün, matt und glatt, bis 8 x 4 cm groß und 2-3 mm lang gestielt. Die Blüten und Früchte entwickeln sich dicht gedrängt in bis zu 12 cm langen, meist aber kürzeren, hängenden Rispen, die dem kräftigen alten Holz entspringen (stammbürtig). Die kleinen, unscheinbaren Blüten sind 4zählig, ein- oder zweigeschlechtlich, grün-rötlich und kurz gestielt.

Frucht: Der Baum trägt im Umriß breitrundliche, stumpf 6-8rippige, gelbgrüne bis weißliche Steinfrüchte, die bis zu 2 cm lang und 2,7 cm breit sind. Ihre Schale ist dünn und durchscheinend, das Fruchtfleisch fest, glasig, saftig und von sehr saurem, etwas adstringierendem, aromatischem Geschmack. Der schwer vom Fleisch zu lösende, gelbbraune, bis 1 cm große Stein ist von rundlicher Gestalt mit Längseinschnürungen und enthält 4-6 Kerne.

Verwendung: Die sehr sauren Grosella-Früchte sind außerordentlich reich an Vitamin C. Im reifen Zustand werden sie mit Zucker roh als Obst gegessen, süßsauer eingelegt oder gekocht als würzige Zutat zu Speisen verwendet. Gezuckerte Früchte liefern einen aromatischen Sirup, ausgepreßter Fruchtsaft wird zu Erfrischungsgetränken verarbeitet. Für die Herstellung von Chutney, Marmelade oder Gelee werden die Früchte mit Zucker gekocht und anschließend entsteint. Kandierte oder getrocknete gesalzene Früchte werden als Gewürz verwendet oder als kleiner Leckerbissen geges-

Grosella mit Blüten und Früchten.

Früchte mit 1 Samen/Stein und weichem Fruchtfleisch 49

sen. Junge Blätter lassen sich als Gemüse dünsten. Die Wurzeln sind giftig, wirken stark abführend und werden für verschiedene medizinelle Zwecke benutzt.
Verbreitung: Als Heimat des Baumes wird Madagaskar vermutet; im tropischen Afrika, in Mittel- und Südamerika und in Asien wird die Art weithin angebaut.
Anbau und Ernte: Die Grosella gedeiht im tropischen und subtropischen Klima und wird als anspruchsloser, trockenresistenter Obstbaum, oft auch als Zierpflanze, in Hausgärten gezogen. Die Vermehrung erfolgt in der Regel durch Samen.
Verwandte Art: *Phyllanthus emblica* L. unterscheidet sich durch sehr schmale, 20 x 3 mm große Blätter, die ebenfalls 2zeilig sehr zahlreich an Kurztrieben stehen, welche wie gefiederte Blätter aussehen. Die fast sitzenden, rundlichen, längsgefurchten, bis 5 cm großen Früchte sind anfangs gelbgrün, dann weißlich und zur Reife ziegelrot. Der Baum wird in den Tropen weltweit seiner sehr sauren, bitteren Früchte wegen angebaut.

Pitanga, Surinamkirsche

Eugenia uniflora L.
(*Eugenia michelii* Lamk)
Familie: Myrtaceae (Myrtengewächse)
E: Surinam Cherry; F: Cerise de Cayenne; S: Cereza de Cayena; P: Ginja

Pitanga ist ein bis 7 m hoher Baum oder Strauch mit ausladenden, langen, oft bogig hängenden Zweigen. Seine Blätter sind gegenständig, zugespitzt-eiförmig, am Grund abgerundet oder leicht herzförmig, ganzrandig, kahl, oberseits matt dunkelgrün, unten hellgrün, bis 7,5 cm lang und 3,3 cm breit; junge Blätter sind rötlich gefärbt. Die etwa 2 cm lang gestielten Blüten wachsen einzeln oder bis zu 4 aus den Blattachseln. Ihre 4 eiförmigen Kelchblätter sind am Grund verwachsen, zur Blüte zurückgeschlagen, 5 mm lang und von grüner Farbe. Die 4 weißen Kronblätter sind zur Vollblüte ausgebreitet, rundlich, bis 0,8 cm lang. Die zahlreichen Staubblätter messen etwa 7 mm.
Frucht: Die lang gestielten Beeren sind unreif von grüner, später gelber und oranger, zur Reife von leuchtend roter bis schwärzlicher Farbe, stark glänzend, etwa 2 cm lang und 3 cm breit, im Umriß rundlich und tief längs eingeschnürt, so daß sich 7-10 breite Rippen ergeben. An beiden Enden sind die Früchte eingebuchtet; an ihrer Spitze bleiben die nach vorn gerichteten Kelchblätter erhalten. Unter einer dünnen festen Schale befindet sich das sehr saftige, reif rote, 0,5-1 cm dicke Fruchtfleisch, das von kirschähnlicher Konsistenz, erfrischend sauer bis süßsaurem, aromatischem, leicht harzig-bitterem Geschmack und unauffälligem Geruch ist. Die Beere enthält 1 rundlichen oder 2-3 verflachtbohnenförmige, aneinandergepreßte, harte Samen, die von einer dünnen Haut umschlossen sind.

Fruchtender Pitanga-Strauch.

Früchte mit 1 Samen/Stein und weichem Fruchtfleisch

Blüten, Früchte und Laub (nur die kleinen Blätter!) der Pitanga.

Verwendung: Die Vitamin-C-reichen Früchte werden als Obst aus der Hand gegessen oder als Zutat zu Fruchtsalaten, Pudding und Kuchen gegeben. Die bittere Geschmackskomponente verliert sich, wenn sie entkernt und gezuckert für einige Stunden im Kühlschrank gelagert werden, wobei viel Saft austritt. In Zucker gekocht, läßt sich aus den Beeren Marmelade oder Gelee herstellen. Süß eingelegte Früchte werden als »Pickles« verzehrt. Die Samen sind sehr bitter und ungenießbar. Die Blätter enthalten ätherische Öle, sie werden medizinell als magenstärkendes Mittel und zum Senken von Fieber verwendet.

Verbreitung: Das Ursprungsgebiet der Art liegt im nördlichen Südamerika (Brasilien, Guyanas), darüber hinaus wird der Baum weltweit in den Tropen und Subtropen kultiviert.

Anbau und Ernte: Pitanga wird in Haus- und Fruchtgärten gezogen, wegen ihrer dekorativen Blüten und Früchte gern als Ziergehölz und für Hecken gepflanzt. Sie bevorzugt relativ trockenes Klima, ist hinsichtlich der Bodenverhältnisse anspruchslos und erträgt leichte Fröste sowie längere Dürrezeiten. Die Vermehrung erfolgt durch Sämlinge. Die Pflanzen fruchten 1-2mal jährlich; die Früchte reifen 3 Wochen nach der Blüte und werden vollreif täglich gepflückt. Ausgewachsene Pflanzen tragen im Jahr 2-10 kg Beeren.

Rosen-Wachsapfel, Rosenapfel

Syzygium jambos (L.) Alston in Trimen
(*Eugenia jambos* L.)
Familie: Myrtaceae (Myrtengewächse)
E: Rose Apple; F: Pomme-rose;
S: Pomarosa; P: Jambo amarelo

Der immergrüne, dicht belaubte, ausladende Strauch oder Baum erreicht bis 12 m Größe. Seine gegenständigen, hängenden Blätter sind lederig, oberseits

Früchte mit 1 Samen/Stein und weichem Fruchtfleisch

dunkelgrün und stark glänzend, unten hellgrün und matt, jung rötlich, schmallanzettlich bis eilanzettlich, am Grund keilförmig, zur Spitze lang ausgezogen und am Rand schwach gekerbt. Die oberseits gefurchten Blattstiele messen bis 1 cm, die Blattspreiten bis 25 x 6 cm. Die duftenden Blüten stehen zu 4-5 in endständigen, kurzen Trugdolden; ihre 4 Kelchlappen sind breit, halbrund und von 0,6 x 1,2 cm Größe; die 4 rundlichen, hell grünlichgelben, stark konkaven Kronblätter messen 2 x 1,5 cm. Auffälligste Blütenbestandteile sind 200-400 bis 4 cm lange, fadenförmige, spreizende, hellgelbe Staubblätter.

Frucht: Der Rosenapfel ist eine 1 cm lang gestielte, rundliche oder eiförmige, zur Reife grünlichgelbe oder hellgelbe Beere von 4-5 cm Größe; am Ende der Frucht bilden die vorwärts gerichteten Kelchblätter eine bleibende Krone. Eine dünne, durchscheinende, glatte und glänzende Schale umhüllt das bis 5 mm dicke, gelblichweiße, feste, mäßig saftige

Rosen-Wachsapfel, Laub und Blüten.

Rosen-Wachsapfel.

Fruchtfleisch, das von mildem, süßlichsaurem Geschmack ist und nach Rosenblüten duftet. In einer weiten zentralen Fruchthöhle liegen 1 rundlicher oder 2 halbrunde (selten 4) braune, harte, bis 2 cm große Samen mit rauher Schale.

Verwendung: Die Früchte werden aus der Hand als Obst gegessen, mit Zucker gekocht als Dessert zubereitet oder kandiert. Zusammen mit aromatischeren Früchten oder mit Limonensaft stellt man aus Rosenäpfeln Konserven, Gelee, Marmelade oder Sirup her. Destillierter Saft ergibt ein hochwertiges Rosenwasser. Die Samen und vegetativen Teile des Baumes sind giftig.

Verbreitung: Der Baum ist im malaiischen Raum heimisch und wird in tropischen Gebieten weltweit kultiviert.

Anbau und Ernte: Der Rosenapfel gedeiht in tropischen und warmen subtropischen Klimaten, in äquatorialen Gebieten bis etwa 2000 m Höhe. Der mäßig trockenresistente, dekorative Baum wird in Hausgärten oder in gemischten Obstgärten gezogen und meist durch Samen vermehrt. Die Pflanzen fruchten ab dem 4. Jahr; ausgewachsene Bäume tragen jährlich wenig mehr als 2 kg Beeren, die reif gepflückt werden, druckempfindlich und rasch zu verbrauchen sind.

Malaysia-Wachsapfel, Malaysiaapfel

Syzygium malaccense (L.) Merr. & Perry
(*Eugenia malaccensis* L.)
Familie: Myrtaceae (Myrtengewächse)
E: Malay Apple; F: Pomme Malac;
S: Pomarosa, Manzana malaya; P: Jambu

Früchte des Malaysia-Wachsapfels.

Der Malaysia-Wachsapfel ist ein immergrüner, tief verzweigter, bis 25 m hoher Baum mit birnenförmiger, dichter Krone und runden oder schwach 4kantigen Stengeln. Seine gegenständigen, ledrigen, oberseits schwach glänzenden und dunkelgrünen, unten helleren Blätter sind eilanzettlich oder lang-elliptisch, zugespitzt, zum Grund verschmälert oder abgerundet, ganzrandig, verstreut drüsig punktiert und 12-40 x 5-20 cm groß; die Blattstiele sind 5-20 mm lang. Die Blüten stehen bis zu 12 in kurzen, dichten Infloreszenzen, die aus alten Ästen entspringen. Die 1-1,5 cm lange, trichterförmige, grüne Kelchröhre endet mit 4 breiten, 3-8 mm langen Zipfeln. Die 4 Kronblätter sind von dunkelroter oder violetter Farbe, selten weiß, gelb oder orange, verlängert-eiförmig, konkav, drüsig punktiert und bis 2 cm lang. Sehr zahlreiche, bis 3,5 cm lange Staubblätter und je 1 bis 4,5 cm langer Griffel, die von gleicher Farbe wie die Kronblätter sind, prägen das Bild der schönen Blüten.

Frucht: Der Malaysia-Wachsapfel ist eine ei-, birnen-, quitten- oder walzenförmige, oft schwach längsgerippte Beere von 5-10 cm Länge und 2,5-7,5 cm Breite, an deren Ende die 4 zusammenneigenden, kaum geschwollenen, bleibenden Kelchzipfel die Griffelöffnung umschließen. Die sehr dünne, glatte, etwas wachsige, glänzende, nicht abziehbare Schale der Frucht ist im reifen Zustand rosa, braunrot oder kräftig rot, oft mit grünlichen und blassen Farben gescheckt oder gestreift, selten gelblichweiß. Das weiße, mäßig saftige Fruchtfleisch ist außen festfleischig, von apfelähnlicher Konsistenz, im Zentrum der Beere schwammig und hat einen süßsauren, wenig aromatischen, etwas apfelähnlichen, erfrischenden Geschmack. In einer zentralen Fruchthöhle findet sich 1 bis 3,5 cm großer rundlicher, brauner, harter Same; selten ist die Frucht 2samig oder steril.

Verwendung: Die Früchte werden zumeist roh mit Schale, aber ohne Samen als Obst gegessen. Gedünstet oder gekocht lassen sie sich als Gemüse zubereiten, mit Zucker, Nelken und anderen Gewürzen zu Desserts verarbeiten sowie für Marmelade oder Gelee nutzen.

Blühender Zweig des Malaysiaapfels.

Früchte mit 1 Samen/Stein und weichem Fruchtfleisch

Rinde, Blätter und Wurzeln werden medizinell unter anderem als Diuretikum, Wund- und Fiebermittel verwendet.
Verbreitung: Der Malaysia-Wachsapfel ist im Malaiischen Archipel heimisch; er wird weltweit in tropischen Gebieten häufig angebaut.
Anbau und Ernte: Der Baum gedeiht in niederschlagsreichem, heißem Tropenklima bis in mittlere Berglagen. Die Pflanzen werden über Sämlinge vermehrt und in Haus- und Obstgärten gezogen. Zahlreiche Sorten lassen sich nach der sehr variablen Beere unterscheiden. Die Bäume tragen saisonal jährlich einmal oder mehrfach sehr reichlich Früchte. Die druckempfindlichen Beeren werden vollreif gepflückt.
Verwandte Arten: siehe unter Wasser-Wachsapfel (S. 161)

Muskatnuß

Myristica fragrans Houtt.
Familie: Myristicaceae
(Muskatnußgewächse)
E: Nutmeg; F: Muscade;
S: Nuez Moscada; P: Noz-Moscada

Muskatnuß ist ein kleiner, immergrüner, tief und ausladend beasteter, zweihäusiger Baum von bis zu 10(-20) m Größe. Seine wechselständigen, kahlen, ganzrandigen Blätter sind elliptisch oder verkehrt-eiförmig; sie enden mit einer ausgezogenen Spitze; der Spreitengrund ist keilförmig in den bis 1,5 cm langen Blattstiel verschmälert. Die Blätter sind oberseits dunkelgrün und stark glänzend, unterseits matt, bis 13 x 6 cm groß. Die weiblichen Blüten wachsen zu 2-3 in blattachselständigen Infloreszenzen, die männlichen in bis zu 20blütigen Rispen. Die kleinen, glockenförmigen Blütenkronen bestehen aus 3 miteinander verwachsenen, im oberen Viertel freien und zurückgeschlagenen, fleischigen, cremeweißen, selten rötlichen Blütenblättern bis 1 cm Länge; Kelche fehlen.
Frucht: Die Muskatnuß ist eine fleischige, 1samige, gedrungen-birnenförmige Balgfrucht von bis zu 9 cm Länge und 7 cm Breite mit einer auffälligen Längsnaht; sie reißt zur Vollreife 2klappig auf. Ihre glatte Schale ist im reifen Zustand gelblich- oder bräunlichgrün. Das etwa 1,5 cm dicke, feste, saftige Fruchtfleisch ist weißlichgelb; es umschließt einen ovalen Samen, der von einem netzförmig zerschlitzten, dick-häutigen, braunen oder leuchtend roten Samenmantel (Mazis) umgeben ist. Der Same hat eine braune, holzige, etwa 2 mm dicke Schale und einen braunen, harten Kern, dessen Nährgewebe von labyrinthischer Struktur ist. Mazis und Same sind stark aromatisch.
Verwendung: Hauptsächliche Verwendung findet der als Muskatnuß bezeichnete Same der reifen Frucht, der meist ohne Schale in den Handel kommt und dessen Kern weltweit eines der bedeutendsten Gewürze darstellt, das sich durch einzigartiges Aroma auszeichnet.

Fruchtender Muskatnuß-Baum.

Früchte mit 1 Samen/Stein und weichem Fruchtfleisch

Die Muskatnuß ist der Same der fleischigen Frucht, der von einem zerschlitzten roten Samenmantel (Mazis, Muskatblüte) umgeben ist.

Gemahlene Muskatnuß wird zum Würzen von Speisen, Soßen, Backwaren, Süßigkeiten und Getränken verwendet. Ebenso läßt sich der Samenmantel, der Mazis oder Muskatblüte genannt wird, als Gewürz verwenden. Mazis wird außerdem kandiert als Süßigkeit gegessen und läßt sich zur Herstellung von Gelee verwenden. Same und Samenmantel sind reich an fetten und ätherischen Ölen sowie Harzen, die in der Lebensmittel-, Pharma- und Kosmetikindustrie eingesetzt werden. In Südostasien wird das saure und adstringierende Fruchtfleisch kandiert, indem man es in Salzwasser einlegt, um die Gerbstoffe zu entziehen, anschließend mehrmals mit Zucker kocht und schließlich trocknet.

Muskatnuß ist verdauungsfördernd und stimulierend, gilt als aphrodisisch und wirkt in großen Mengen berauschend; Überdosen sind toxisch und rufen Krämpfe hervor.

Verbreitung: Der Muskatnußbaum ist auf den Molukken beheimatet; seine Samen wurden bereits im Mittelalter von arabischen Händlern nach Europa exportiert. Zur Kolonialzeit hielten die Holländer bis 1753 das Monopol des Anbaus in Südostasien, bis es von den Briten gebrochen wurde und die Kultur des Baumes sich auf das gesamte tropisches Asien, nach Afrika und Lateinamerika ausweitete. Hauptanbauländer sind Indonesien, Malaysia, Indien und Sri Lanka.

Anbau und Ernte: Die Bäume benötigen feucht-heißes Tropenklima, sie gedeihen

Eine holzige Schale umschließt den als Gewürz dienenden Muskatnuß-Kern.

Früchte mit 1 Samen/Stein und weichem Fruchtfleisch

nur in Lagen unterhalb 500 m. Für gutes Wachstum sind gleichmäßig verteilte Niederschläge von jährlich 2000-3000 mm und gut durchlüftete, humose Böden erforderlich. Die Pflanzen werden meist aus Sämlingen, selten vegetativ vermehrt und vor allem in Plantagen angebaut; größte Teile der Ernte gehen in den Export. Der Muskatnußbaum kann ganzjährig Früchte tragen, die reif, am besten nach dem Aufplatzen, von Hand zu ernten sind. Arillus (Muskatblüte) und Same (Muskatnuß) werden zur Verwendung als Gewürz getrennt getrocknet. Zum Schutz gegen Insektenfraß werden die Samen traditionell in Kalkmilch getaucht.

Verwandte Arten: Die Früchte einer Reihe weiterer Arten der Gattung werden als Muskatersatz genutzt, sind aber minderwertig, beispielsweise *M. malabarica* Lam. (Indien), *M. fatua* Houtt. (Molukken) und *M. scheffleri* Warb. (Borneo).

Chayote, Stachelgurke

Sechium edule (Jacq.) Swartz
(*Chayota edulis* Jacq.)
Familie: Cucurbitaceae (Kürbisgewächse)
E: Choco, Choyote; F: Cristofine, Choyote; S: Chayota, Chinchayote, Cidrayota; P: Chuchú

Die Chayote ist eine kräftige, ausdauernde, einhäusige Schlingpflanze mit Trieben bis über 20 m Länge und einer großen, bis 10 kg schweren Wurzelknolle. Ihre Stengel sind schwach behaart und längsgefurcht; sie tragen verzweigte Ranken. Die 10-25 cm großen Blattspreiten sind rauhhaarig, im Umriß breit-rundlich, am Grund herzförmig, mit 3-7 stumpfen Spitzen oder Lappen und gezähnelten Rändern; die Blattstiele messen 3-25 cm. Die eingeschlechtlichen, 5zähligen Blüten sind 3 mm groß, grünlich oder cremefarben; die männlichen sitzen zu 10-30 in blattachselständigen 6-30 cm langen Trauben, die weiblichen stehen einzeln an kurzen Stielen.

Frucht: Die hängenden Früchte der Chayote sind 1samige, verflachte, im Umriß birnenförmige bis rundliche Beeren, die 7-20 cm lang, 5-8 cm breit und bis zu 1 kg schwer werden. Ihre dünne, feste, glänzende Schale ist glatt oder warzig, runzelig oder längsgefucht, kahl, verstreut borstig oder dicht mit Stacheln besetzt und von grüner, hellgelber bis weißlicher Farbe. Das glasige, weißlichgrüne, sehr saftige, feste Fruchtfleisch hat milden, gurkenähnlichen, oft süßlichen Geschmack. Der große Same ist flachoval, weiß und 3-5 cm lang; er keimt frühzeitig noch an der Mutterpflanze in der Frucht.

Verwendung: Die Chayote ist eine alte Kulturpflanze der Azteken, Mayas und anderer Indianervölker, die als sehr ertragreiches und billiges Gemüse in den Tropen und Subtropen weltweit große Be-

Ranke der Chayote mit Blüte und Frucht.

Früchte mit 1 Samen/Stein und weichem Fruchtfleisch

deutung erlangt hat. Alle Teile der Pflanze sind eßbar. Hauptsächlich werden die Früchte im unreifen Zustand verwendet; sie ergeben geschält und gedünstet, gekocht oder gebacken schmackhaftes, kalorienarmes Gemüse. Gesüßt wird das Fruchtfleisch als Dessert oder in Backwaren verwendet. Die proteinreichen Samen werden in Butter oder Öl geröstet verzehrt; sie haben angenehmen Nußgeschmack.

Die schweren, stärkereichen Wurzelknollen älterer Chayote-Pflanzen lassen sich wie Kartoffeln als Gemüse zubereiten. Außerdem werden die jungen, vitaminreichen Blätter und Triebspitzen gedünstet verzehrt. Das wuchernde Kraut dient als Viehfutter, die Fasern der Stengel werden zu Hüten und Körben verarbeitet.

Verbreitung: Die Art stammt aus Mittelamerika und wird heute weltweit in tropischen und subtropischen Klimaten angebaut.

Anbau und Ernte: Chayote ist eine sehr wüchsige Pflanze, die in den inneren Tropen im Bergland bis in Höhen um 2000 m auf nährstoffreichen Böden gedeiht. Relativ kühle Nachttemperaturen fördern die Fruchtentwicklung, feuchtheißes äquatoriales Tieflandklima ist für die Kultur schlecht geeignet. Verschiedene Sorten unterscheiden sich in Form, Farbe und Größe der Früchte. Die Vermehrung erfolgt in der Regel durch Samen; Bäume, Zäune und Gebäude bilden geeignete Kletterunterlagen. Die Ernte der Beeren beginnt 3-5 Monate nach der Aussaat und kann sich über Jahre erstrecken. Die Früchte sind gekühlt mehr als 1 Monat lagerfähig.

Takako

Polakowskia tacaco Pitt.
Familie: Cucurbitaceae (Kürbisgewächse)
S: Tacaco

Ein mit der Chayote eng verwandtes Kürbisgewächs, das ähnliche, aber viel kleinere Früchte trägt, ist der in Mittelamerika angebaute Takako. Seine verflachten Beeren sind im Umriß breit-spindelförmig, weisen 5 tiefe, enge Längsfurchen

Die Chayote ist weltweit in tropischen Ländern als Fruchtgemüse beliebt.

Früchte mit 1 Samen/Stein und weichem Fruchtfleisch

Takako-Früchte.

auf und tragen am Grund große spitze Warzen; sie messen bis 7 x 4,5 x 3,5 cm. Ihre dünne, dunkel braungrüne Schale ist von vielen kleinen, kommaförmigen, weißlichen, schwachen Warzen gesprenkelt. Das feste, saftige Fruchtfleisch hat eine grünlichweiße Farbe; es schmeckt und riecht nach Gurke. Die Beere enthält einen flachen, breit-spindelförmigen Samen von bis zu 4 x 2,5 x 0,6 cm Größe. Die unreifen Früchte werden als schmackhaftes Gemüse – gern zusammen mit Fleisch – gekocht oder gedünstet.

Pfeffer

Piper nigrum L.
Familie: Piperaceae (Pfeffergewächse)
E: Pepper; F: Poivre; S: Pimienta

Pfeffer ist eine mehrjährige, ein- oder zweihäusige, bis 15 m lange, am Grund verholzte Liane; an geschwollenen Knoten der Sprosse bilden sich Haftwurzeln aus, mit denen sich die Pflanze an Bäumen oder anderen Rankhilfen verankert. Die wechselständigen Blätter sind von ovaler oder breit-lanzettlicher Form, zugespitzt und zu einer Seite des Stiels deutlich breiter als zur anderen. Die Blätter werden bis 19 x 7 cm groß, sind von grüner Farbe, oberseits stark glänzend, unten matt und heller grün. Zu beiden Seiten der Hauptrippe entspringen nahe dem Grund 2 kräftige, zur Blattspitze gebogene Nebenrippen, die durch zahlreiche schwache Querrippen miteinander ver-

Pfeffer wird als Schlingpflanze an Bäumen und anderen Rankhilfen gezogen.

Früchte mit 1 Samen/Stein und weichem Fruchtfleisch

Schwarzer, weißer und grüner Pfeffer.

bunden sind. Die Blattstiele sind um 1,5 cm lang. Die kleinen Blüten stehen dicht gedrängt in bis zu 20 cm langen, gestielten, anfangs aufrechten Ähren, die jeweils gegenüber einem Blattansatz entspringen.

Frucht: Die 1samigen, runden, kleinen Steinfrüchte messen um 5 mm; ihre Schale ist im unreifen Zustand grün, zur Reife rot. Den größten Teil der Frucht nimmt der runde, hellbraune Stein ein. Die Früchte sitzen ungestielt dicht gedrängt zu 50-60 in hängenden Ähren; sie sind von brennendem, aromatischem Geschmack. Ihre Schärfe geht auf das Alkaloid Piperin zurück, das vor allem im Stein angereichert ist. Das Aroma wird durch ätherische Öle sowie Harze der Schale und des Fruchtfleisches hervorgerufen.

Verwendung: Pfeffer wird seit Jahrtausenden zum Würzen von Nahrungsmitteln genutzt, wofür die Früchte in unterschiedlicher Form aufbereitet werden: Schwarzer Pfeffer wird aus ganzen, unreifen, grünen Früchten hergestellt, indem die Ähren gepflückt und in Haufen gelagert werden, bis die Körner fermentieren und schwarz geworden sind; anschließend werden sie in der Sonne oder in Öfen getrocknet. Weißer Pfeffer besteht nur aus den Steinen der Früchte; er ist wenig aromatisch, da ihm die Öle und Harze der Schale und des Fruchtfleisches fehlen. Zur Herstellung von weißem Pfeffer werden ausgereifte Früchte gepflückt, etwa 10 Tage gewässert bis sich die Fruchthülle löst, dann zum vollständigen Entfernen der Schalen gerieben und schließlich getrocknet. Zum Würzen von Speisen werden die trockenen Pfefferfrüchte oder -steine in der Regel zerstoßen oder gemahlen. Grüner Pfeffer aus unreifen frischen Früchten ist nur kurze Zeit haltbar und wird seltener verwendet; eingekocht läßt er sich lange aufbewahren.

Im tropischen Asien werden die Früchte als Verdauungsmittel, gegen Entzündungen, Rheumatismus, Kopfschmerzen und Koliken angewandt; in hohen Dosen, gemischt mit Bambussprossen oder Ingwer, gilt Pfeffer in der Volksmedizin als Abtreibungsmittel.

Verbreitung: Pfeffer ist in Indien heimisch, wo er seit mehr als 3000 Jahren genutzt wird. Von arabischen und chinesischen Händlern ist Pfeffer schon vor Jahrhunderten bis nach Europa exportiert worden, wo er zu einem hoch geschätzten, teuren Gewürz und zum Gegenstand kolonialer Begehrlichkeit wurde. Die Pflanze wird heute in allen feuchttropischen Gebieten angebaut; Hauptproduzenten sind Indien, Indonesien, Malaysia und Brasilien.

Anbau und Ernte: Pfeffer gedeiht im feucht-heißen Tropenklima bis in Höhen um 500 m. Er benötigt humusreiche Böden, einen halbschattigen Standort und gute Wasserversorgung. Die Pflanzen werden durch Stecklinge aus Triebspitzen vermehrt und von Kleinbauern sowie in

Früchte mit 1 Samen/Stein und weichem Fruchtfleisch

großen Pflanzungen gezogen. Als Lianen benötigen sie Rankhilfen und werden deshalb meist in Mischkultur mit baumförmigen Nutzpflanzen kultiviert, die als Kletterunterlagen dienen können. Pfeffer-Pflanzen tragen im Alter von 3 Jahren erste Früchte und können über 15-20 Jahre beerntet werden. Die Ernte erfolgt manuell; je nach Produktionsziel werden entweder ganze Ähren mit unreifen Früchten oder reife, rote Früchte gepflückt. Verschiedene Kultursorten unterscheiden sich im Laub, in der Größe der Früchte und in den Standortanforderungen.

Verwandte Arten: In Asien werden auch die Früchte von *Piper longum* L. (Indien) und *P. retrofractum* Vahl (Südostasien) als Gewürz verwendet, im tropischen Afrika die von *P. guineense* Dchum. & Thonn. Die Blätter des Betel-Pfeffers (*P. betle* L.) sind Bestandteil des Betelbissens (siehe unter Betelnuß, S. 75).

Litchi

Litchi chinensis Sonn.
(*Nephelium litchi* Cambes)
Familie: Sapindaceae
(Seifenbaumgewächse)
E: Lychee; F: Litchi; S: Litchi, Lechia;
P: Lechia

Litchi ist ein immergüner Baum von 10-30 m Höhe mit dichter, dunkler, ausladender Krone. Seine Blätter sind 12-25 cm lang, wechselständig, paarig, seltener unpaarig gefiedert; die 4-8 Fiederblättchen sind lang-eiförmig bis lanzettlich, zugespitzt, 6-10(-15) x 1,7-4 cm groß und 3-8 mm lang gestielt, dünn ledrig, ganzrandig, auf der Oberseite glänzend dunkelgrün, unterseits von graugrüner Farbe. Die reich doldig verzweigten, endständigen, hängenden Blütenstände sind bis 70 cm lang; ihre zahlreichen Blüten haben einen gelblichen oder grünlichen, 4zähligen Kelch; Kronblätter fehlen.

Frucht: Aus den zahlreichen Blüten entwickeln sich nur wenige Früchte, von denen die meisten vor der Reife abfallen. Die rundliche oder ovale Litchi-Frucht wird 2,5-4 cm groß und 15-25 g schwer. Sie hat eine rote, spitzwarzige, dünne, aber spröde, klein gefelderte Schale (Perikarp), die nach der Ernte rasch braun wird. Darunter liegt das eßbare, glasigweiße oder rötliche, feste, sehr saftige, süßsaure, aromatische Fruchtfleisch, das einen glänzenden, schwarzen oder dunkelbraunen, 10-20 x 6-12 mm großen, ungenießbaren Stein umschließt.

Verwendung: Das wohlschmeckende Fleisch der reifen Früchte wird nach dem Entfernen der leicht aufzubrechenden und abzulösenden Schale aus der Hand als Obst gegessen. Entschälte und entkernte, mit Zucker gekochte oder eingelegte Früchte sind beliebte Zutat zu Salaten, Desserts und Backwaren. In Ostasien werden Gelee, Eiscreme und andere Süßigkeiten mit Litchi hergestellt. In China und Indien trocknet man die Früchte in der Sonne oder in Öfen zu Dörrobst, das gern in Tee gegeben wird. Der Saft ergibt ein schmackhaftes Getränk; er wird zu Litchi-Wein vergoren oder als Likör

Laub des Litchi-Baumes.

Früchte mit 1 Samen/Stein und weichem Fruchtfleisch

Litchi-Früchte.

verarbeitet. Eingekochte Litchi-Konserven werden weithin exportiert. Blüten, Früchte, Blätter, Rinde und Wurzeln finden vielfältige medizinelle Verwendungen. Das Holz des Baumes ist sehr beständig.
Verbreitung: Litchi wird in Südchina seit mehr als 1000 Jahren kultiviert. Die Art ist in subtropischen und wechselfeuchten tropischen Regionen Asiens ein beliebter Obstbaum und wird in geringem Umfang auch in Neuseeland, Australien, Lateinamerika sowie in Ost- und Südafrika angebaut.
Anbau und Ernte: Der anspruchsvolle Baum gedeiht auf tiefgründigen, humosen, gut mit Wasser versorgten Böden am besten in subtropischem Klima mit relativ kühlen, trockenen Wintern. Im dauerfeuchten äquatorialen Tiefland fruchten die Bäume nicht. Die Vermehrung erfolgt über Sämlinge oder vegetativ. Die Pflanzen fruchten ab dem 6.-12. Jahr, ausgewachsene Bäume tragen 40-120 kg Früchte. Die zahlreichen Kultursorten unterscheiden sich durch ihre Wuchsform, den Farbton, das Aroma, die Gestalt der Früchte und die Größe der Samen. Geerntet werden ganze reife Fruchtstände; einzeln gepflückte Litchi verderben rasch. Die Früchte sind gekühlt etwa 1 Woche haltbar, danach verlieren sie ihre Farbe und Qualität. Für den Export wird ihre Lagerfähigkeit durch Behandlung mit Schwefel verlängert.

Rambutan

Nephelium lappaceum L.
Familie: Sapindaceae
(Seifenbaumgewächse)
E: Rambutan; F: Ramboutan;
S: Rambutan, Mamón

Rambutan ist ein immergrüner, ein- oder zweihäusiger Baum bis 25 m Höhe mit dichter, ausladender Krone. Seine Blätter sind wechselständig, paarig gefiedert, mit 2-8 meist nicht gegenständigen Blättchen und einer kräftigen rötlichen Spindel. Die Blattfiedern sind oval bis eiförmig, zugespitzt oder abgerundet, 5-20 x 3-11 cm groß, ledrig, gelblich bis dunkelgrün, oberseits kahl oder an der Mittelrippe schwach behaart, unterseits behaart. Die reich verzweigten, behaar-

Fruchtender Rambutan-Baum.

Rambutan-Früchte zeichnen sich durch ihre stachelige rote Schale aus.

ten, aufrechten Blütenstände entwickeln sich am Ende der Äste; ihre zahlreichen winzigen Blüten haben 4-5 freie oder am Grund verwachsene, bis 2 mm lange Kelchblätter; die Krone fehlt oder besteht aus 4 winzigen Blütenblättern von bis zu 1,5 mm Länge.

Frucht: Die runden bis ovalen Rambutan-Früchte wachsen in bis zu 1 m langen, hängenden, verzweigten Fruchtständen. Die Einzelfrüchte sind sehr kurz dick gestielt, bis 7 x 5 cm groß, erst grün, dann gelb und orange, zur Reife kräftig rot bis schwärzlich rot und 15-100 g schwer. Ihre etwa 2 mm dicken, derben, kahlen, leicht zu lösenden Schalen sind dicht mit abstehenden, bis zu 2 cm langen, dünnen, an der Spitze meist leicht hakigen, weichen Stacheln besetzt, die der Frucht ihren Namen verleihen (malaiisch/indonesisch »rambut« = Haar). Unter der Schale findet sich der eßbare, glasig-weiße, manchmal leicht rötliche, saftige Samenmantel, der von angenehm süßsaurem, aromatischem Geschmack und fester, kirschähnlicher Konsistenz ist. Fest an dem Fruchtfleisch haftet ein länglich ovaler, etwa 3 x 1,2 cm großer Same mit bräunlicher oder weißlicher Schale. Dicht neben den vollentwickelten sitzen oft 1-2 verkümmerte, winzige Früchte.

Verwendung: Rambutan zählt zu dem beliebtesten Obst Südostasiens. Seine Früchte werden überwiegend aus der Hand gegessen. Die ungenießbare Schale läßt sich leicht entfernen, wenn sie mit einem Messer aufgeschlitzt wird; sie haftet nicht an dem eßbaren und sehr schmackhaften Fruchtfleisch. Geschälte und entkernte Früchte werden mit Zucker (ein-)gekocht als Dessert gegessen oder zu Marmelade und Gelee verarbeitet. Die Samen haben ein bitter-nussiges Aroma und sind roh schwach giftig; auf den Philippinen werden sie geröstet verzehrt. Wurzelsud wird zum Senken von Fieber verwendet, Breiumschläge aus den Blättern zur Behandlung von Kopfschmerzen. Aus den Samen wird Talg für die Herstellung von Seife und Kerzen gewonnen.

Früchte mit 1 Samen/Stein und weichem Fruchtfleisch

Verbreitung: Die Art ist in den Tieflandsregenwäldern der Malaiischen Halbinsel heimisch und wird in Südostasien weithin kultiviert. In geringerem Umfang wird Rambutan auch in Indien, auf Sri Lanka und den Philippinen, in Nordaustralien, Ostafrika und in Mittel- und Südamerika angebaut.

Anbau und Ernte: Der Baum wird in zahlreichen Kultursorten in Gärten und Plantagen angebaut. Er benötigt dauerfeuchtes, warmes Tropenklima und kann bis in Höhen um 600 m auf tiefgründigen, nährstoffreichen Böden an windgeschützten Standorten kultiviert werden. Die Pflanzen werden aus Samen gezogen, meist mit guten Sorten veredelt und fruchten ab dem 5. Jahr. 3 Monate nach der Blüte werden die Fruchtstände geerntet, deren Früchte unterschiedliche Reifestadien aufweisen; in Mittelamerika pflückt man jeweils nur die reifen, roten Früchte. Rambutan ist ein Saisonobst, das in Südostasien von Dezember bis März auf den Märkten angeboten wird. Für längere Aufbewahrung oder den Export müssen die Früchte feucht und kühl gehalten werden, da sie sonst rasch an Gewicht verlieren und unansehnlich werden.

Verwandte Arten: Die Früchte weiterer Arten der Gattung *Nephelium* werden in Ost- und Südostasien als Obst gegessen, sind jedoch minderwertig, da sie kleiner und die Samenmäntel dünner und weniger süß sind als diejenigen des Rambutan: *Nephelium ramboutan-ake* (Labill.)Leenh. (= *N. mutabile* Blume), *N. cuspidatum* Blume, *N. hypoleucum* Kurz und *N. uncinatum* Radlk. ex Leenh.

Pitomba

Talisia esculenta Radlk.
Familie: Sapindaceae
(Seifenbaumgewächse)
E, S: Pitomba; P: Pitomba, Olho-de-boi

Die Pitomba ist ein bis 15 m hoher immergrüner Baum mit ausladender Krone, dessen Blätter aus 4-8 kurz gestielten, lanzettlichen, zugespitzten, am Grunde keilförmigen, leicht welligen, glänzenden

Pitomba-Früchte mit schmackhaften glasigen Samenmänteln.

Früchte mit 1 Samen/Stein und weichem Fruchtfleisch

Fiederblättchen zusammengesetzt sind, die bis 13 x 6 cm messen. Seine kleinen weißen Blüten wachsen in verzweigten, bis 30 cm langen, endständigen Infloreszenzen.

Frucht: Die runden oder breit-ovalen Früchte stehen dicht gedrängt in hängenden Rispen. Die bis 6 mm lang gestielten Einzelfrüchte sind bis 3 cm groß und enden oft mit einer kleinen dünnen Spitze. Ihre derbe, ledrig-korkige Schale ist 1 mm dick, zur Reife grünlichgelb bis zimtbraun, fein warzig, matt, an der Innenwand beige und glänzend. Der elliptische Same, der den größten Teil der Fruchthöhle einnimmt, hat eine braunrote Schale und 1-2 weiße Kerne. Er ist umgeben von einem eßbaren, bis 5 mm dicken, weichen, sehr saftigen, glasigweißen Samenmantel, der an der Samenschale haftet und von angenehmem, sauer-aromatischem Geschmack ist. Die Früchte der Rispen reifen gleichzeitig.

Verwendung: Die Samenmäntel reifer Früchte werden von den Steinen gelutscht oder zu Saft verarbeitet.

Verbreitung: Pitomba ist in Brasilien, Paraguay und Bolivien beheimatet; die Art wird in diesen Ländern häufig angebaut, ist darüber hinaus aber wenig bekannt.

Anbau und Ernte: Der langsam wachsende Baum wird aus Samen gezogen und in Obst- und Hausgärten angepflanzt; er gedeiht im heißen tropischen Tieflandsklima. Zur Ernte werden ganze Fruchtstände von den Bäumen abgeschnitten und gebündelt auf den Märkten feilgeboten.

Verwandte Art: Der in Asien beheimatete und dort häufig angebaute, bis 40 m hohe Longan-Baum (*Dimocarpus longan* Lour., Syn.: *Euphoria longana* Lamk), der gleichfalls zu den Seifenbaumgewächsen zählt, trägt ähnliche, außen filzige, rostfarbene Früchte, deren Samenmäntel gegessen und in China frisch oder getrocknet als Tee aufgebrüht werden. Seine an Saponin reichen Samen werden als Shampoo verwendet.

Dattel

Phoenix dactylifera L.
Familie: Arecaceae (Palmen)
E: Date; F: Datte; S: Datil; P: Tamara

Die bis 30 m hohe, zweihäusige, selten einhäusige Dattelpalme hat einfache Stämme, die mit überlappenden, ausdauernden, faserigen Blattscheiden bedeckt sind, welche an gepflegten Bäumen jährlich zurückgeschnitten werden. Am Stammgrund finden sich zahlreiche kräftige Wurzelsprosse. Die gefiederten Blätter sind bis 5 m lang, ihr Stiel ist stachelig, die gefalteten Blattfiedern stehen in spitzem Winkel zur Spindel; sie sind 20-40 cm lang und graugrün bis bläulichgrün. Die kleinen weiblichen, windbestäubten Blüten sitzen an rispig verzweigten, strohgelben, bis zu 70 cm langen Ästen blattachselständiger, besenförmiger Infloreszenzen; Blütenstände der männlichen Pflanzen sind nur bis 25 cm lang. Mit der Reife strecken sich die Äste der Fruchtstände bis auf Längen über 1 m.

Reife Dattel-Früchte.

Früchte mit 1 Samen/Stein und weichem Fruchtfleisch

Dattelhain in einer algerischen Oase.

Frucht: Die Dattel ist eine 1samige, ovale oder spindelförmige Beere von orangegelber, rotbrauner oder schwarzbrauner Farbe und bis zu 2,5 x 7,5 cm Größe. Sie ist von einer dünnen, durchscheinenden äußeren Haut umgeben, unter der sich das eßbare, sehr süße, aromatische, nahrhafte, zur Reife weiche, schwach faserige Fruchtfleisch befindet. Der Same ist von einer dünnen Haut umgeben, bis 7 cm lang, 1,5 cm breit, hart und von hellbrauner Farbe; er weist eine tiefe Längsfurche auf.

Verwendung: Die sehr schmackhaften reifen Datteln werden vor allem frisch oder getrocknet gegessen. In Wüstengebieten stelltem sie in der Vergangenheit eine Hauptnahrung dar, bevor billigere Getreideprodukte als Grundnahrungsmittel ausreichend verfügbar waren. Die Früchte enthalten bis zu 70% Zucker und einige Vitamine; sie waren über Wochen die einzige Nahrung der Beduinen auf Wüstenkarawanen. Datteln werden außerdem, in verschiedener Weise zubereitet, gedünstet gegessen, zu Marmelade, in Konfekt, Kuchen und anderen Süßigkeiten verarbeitet, für die Herstellung von Zucker verwendet oder als Paste, Saft, Sirup und Likör aufbereitet. Datteln waren früher Zahlungsmittel in der Arabischen Welt. Eingeweichte Samen dienen als Viehfutter, das Öl der Kerne wird für Seifen und Kosmetika benutzt. Der aus angeschnittenen Triebspitzen gezapfte Pflanzensaft liefert Palmwein und Zucker. Junge Blätter können als Gemüse zubereitet werden, ältere finden zur Herstellung von Körben, Matten, Hütten und als Dachstroh Verwendung. Katholiken fertigen aus Dattelpalmblättern kunstvolle Flechtarbeiten, die auf Palmsonntags-Prozessionen durch die Straßen getragen werden.

Früchte mit 1 Samen/Stein und weichem Fruchtfleisch

Verbreitung: Die Dattelpalme ist seit etwa 5000 Jahren die bedeutendste Kulturpflanze der subtropischen Trockengebiete von Asien, Nord- und Westafrika. Sie wird von den Kanarischen Inseln und dem Senegal bis ins Indus-Tal kultiviert; Hauptanbaugebiete sind die Sahara und der Vordere Orient. Ihre ursprüngliche Herkunft und Wildformen sind unbekannt.

Anbau und Ernte: Die Dattelpalme gedeiht an stark besonnten Standorten auf tiefen, lockeren, ausreichend mit Wasser versorgten Böden; sie kann auch auf salzreichem Grund kultiviert werden. Die Pflanzen tragen nur in Klimaten mit langen, trockenen und heißen Sommern Früchte; die Wintertemperaturen müssen mild sein und dürfen nicht unter -7° C fallen. Regen während der Blütezeit führt zu Fruchtbarkeitsstörungen. Es werden Hunderte Sorten unterschieden; höchste Preise erzielt die nordafrikanische »Deglet Noir« mit gut lagerfähigen, sehr delikaten, dunkel rotbraunen, relativ trockenen Früchten. Die Pflanzen lassen sich aus Samen oder vegetativ aus Wurzelschößlingen vermehren; es werden vor allem weibliche Palmen gezogen, die manuell mit blühenden männlichen Infloreszenzen »künstlich« bestäubt werden. Die Palmen fruchten erstmals im Alter von 4-6 Jahren; sie können bis 200 Jahre alt werden. Die Ernte der druckempfindlichen Früchte erfolgt manuell, indem die Fruchtäste abgeschnitten oder die Datteln gepflückt werden. In Afrika werden hochwertige Datteln an den Ästen verkauft, weniger teure Sorten als lose Einzelfrüchte in Säcken angeboten; im Vorderen Orient kommen Datteln in der Regel zusammengequetscht in großen Blechdosen auf die Märkte. Unter sehr trockenem Klima oder gekühlt sind Datteln bis zu 1 Jahr haltbar.

Pejibaye, Pfirsichpalme

Bactris gasipaes Kundt
Familie: Arecaceae (Palmen)
E: Peach Palm; F: Parepon; S: Pejibaye, Chonta(-duro); P: Pupunha

Pejibaye ist eine bis zu 30 m hohe, ein- oder mehrstämmige, unverzweigte Palme mit schlankem, hellbraunem Stamm, der auf der gesamten Länge oder nur im oberen Bereich breite Ringe abstehender, starrer, schwarzer, nadelförmiger Stacheln von bis zu 12 cm Länge trägt. Die bogig ausladenden, bis 3,5 m langen Blätter bilden eine schopfige Krone, ihre bis 1 m langen Stiele und die Blattspindeln sind stachelig, die Spreiten gefiedert. Die derben Blattfiedern sind schmal-lanzettlich, oberseits dunkelgrün, unten heller und auf den Rippen bestachelt; sie messen bis zu 60 x 3,5 cm. Die Blütenstände entwickeln sich dicht unter dem Blattschopf; sie sind anfangs in ein stacheliges Hüllblatt (Spatha) eingeschlossen; in

Pejibaye-Pflanzung in Costa Rica.

Früchte mit 1 Samen/Stein und weichem Fruchtfleisch

Die nahrhaften und attraktiven bunten Früchte der Pfirsichpalme.

den 20-30 cm langen, gebüschelten Trauben sitzen gemischt die männlichen und weiblichen, gelblichweißen, kleinen Blüten.

Frucht: Die sehr attraktiven, zur Reife leuchtend gelben, roten, orangen oder bunten Steinfrüchte der Pejibaye entwickeln sich in hängenden, bis zu 50 cm langen Trauben mit einem kräftigen, gebogenem Stiel. Die bis zu 12 kg schweren Infloreszenzen können 300 Früchte tragen. Ihre sitzenden Einzelfrüchte sind rundlich-kegelförmig oder breit-eiförmig, schwach 6kantig, zugespitzt und bis 6 cm lang und breit. An ihrem Grund bleiben 3 breite, gut 1 cm lange, teilweise verwachsenen, 2-3lappige, derbe, grüne Kelchblätter bis zur Reife erhalten. Die glänzende Schale ist derb-ledrig und meist fein braun längsrissig. Das dicke, mehlige, schwach faserige, trockene Fruchtfleisch ist von orangegelber Farbe; es umschließt einen schwärzlichbraunen, holzigen, stumpf 3kantigen, fein längsaderigen, 2,5 x 1,5 cm großen Stein von eiförmigem Umriß, der in eine bis 3 mm lange feine Spitze ausgezogen ist. Der Kern des Steins ist weiß, ölreich und von kokosähnlichem Geschmack.

Verwendung: Pejibaye ist eine nahrhafte, im tropischen Amerika sehr beliebte Palmfrucht. Die ganzen Früchte werden 2-3 Stunden – oft mit Fett oder Öl und dann mit eingeritzter Schale – in Salzwasser gekocht, anschließend geschält und das mehlige Fruchtfleisch heiß verzehrt. Es hat einen angenehmen, kräftigen nussigen Geschmack; da es recht trocken ist, wird es entweder zusammen mit heißen Getränken serviert, in Mayonnaise oder Soßen getunkt, mit Öl oder Butter glasiert, als Beilage zu Speisen mit fettreichen Soßen gegessen oder als Fleischfüllung verwendet. Vorgekochte

Früchte mit 1 Samen/Stein und weichem Fruchtfleisch 67

Früchte werden auch geröstet verzehrt. Mit Maismehl, Eiern und Milch gemischt, lassen sich aus gekochtem oder getrocknetem und gemahlenem Pejibaye-Fleisch Backwaren herstellen. Der Stein der Frucht wird entweder verworfen oder seine Schale wird aufgeschlagen, um den kleinen, schmackhaften Kern zu essen. Aus gezuckertem und vergorenem Fruchtfleisch wird ein starkes alkoholisches Getränk destilliert.
Die delikaten Palmherzen werden roh als Salat oder gegart als Gemüse verzehrt. Die Blätter dienen als Dachstroh. Die Stämme sind hart und elastisch; sie sind gut als Baumaterial geeignet und werden von Indianern zu Bögen und Pfeilspitzen verarbeitet.
Verbreitung: Die Pejibaye ist in Amazonien beheimatet und wird in den feuchten Tropen der Neuen Welt, von Südmexiko bis Bolivien, häufig kultiviert. Sehr selten wird die Art auch in anderen Erdteilen angebaut.

Anbau und Ernte: Die Pflanzen gedeihen im feucht-heißen Tropenklima vom Tiefland bis in Lagen um 1200 m; hinsichtlich der Bodenqualität sind sie anspruchslos. Die Vermehrung erfolgt durch Sämlinge oder Schößlinge; bevorzugt werden großfrüchtige und wenig bestachelte Sorten in Obstgärten und Plantagen kultiviert. Die Palme ist schnellwüchsig und trägt im Alter von 3-4 Jahren erstmals Früchte. Die Ernte ist bei stark bewehrten Stämmen schwierig; soweit möglich erfolgt sie mit Hilfe von Stangen und Leitern; die Fruchtstände hoher Palmen müssen über Seile erreicht werden; nur die seltenen stachellosen Individuen können am Stamm erklettert werden. Man schneidet jeweils das ganze Fruchtbüschel ab und läßt es an einem Seil zu Boden oder wirft es auf eine dicke Lage von Bananenblättern. Die Einzelfrüchte werden erst beim Verkauf auf dem Markt von den Trauben gepflückt; sind sie ohne Druckstellen, lassen sie sich an luftigen, trockenen Orten etwa 1 Woche lagern.
Verwandte Arten: Weitere Sippen der in Mittel- und Südamerika sehr artenreichen Gattung *Bactris* liefern eßbare Früchte, die als Nahrungsmittel jedoch nur von lokaler Bedeutung sind.

Tukumá

Astrocaryum aculeatum G.F.W.Meyer
Familie: Arecaceae (Palmen)
E: Star Nut Palm; S: Tucumá, Chambira, Hericungo; P: Tucumã

Tukumá ist eine bis 15 m hohe Palme mit einfachem, durch die Blattnarben breit ringförmig segmentiertem Stamm, der vor allem im oberen Abschnitt nadelförmige, schwarze Stacheln trägt. Die ebenfalls kräftig bestachelten Blätter haben eine 4-5 m lange Spindel und zahlreiche schmale, hängende Blattfiedern.

Stacheliger Stamm der Pejibaye.

Früchte mit 1 Samen/Stein und weichem Fruchtfleisch

Die Steine der Tukumá-Früchte tragen feine, sternförmige Zeichnungen.

Der aufrechte, etwa 1,5 m lange, traubige Blütenkolben breitet sich zwischen den Blättern aus und trägt am Grund seiner Ästchen weibliche, in der Mitte und am Ende männliche Blüten. Das innere Hüllblatt (Spatha) der Infloreszenzen ist 1,2–2,2 m lang und dicht braun oder schwarz bestachelt.

Frucht: Die Palme trägt an aufrechten Fruchtständen sehr zahlreiche rundliche oder eiförmige Steinfrüchte von bis zu 6 x 5 cm Größe, die in einer bis 1 cm langen, schmal-kegelförmigen Spitze enden. Am Grund der Frucht bleibt der braune, im Querschnitt bis 1,2 cm große Blütenbecher aus dem breit 3lappigen Kelch und der vielzipfeligen Krone erhalten. Die derbe, fein warzige, glänzende Schale der Frucht ist zur Reife orangegelb, das darunterliegende, bis 5 mm dicke orange Fruchtfleisch hat eine weiche, mehlige, mehr oder weniger faserige Konsistenz; es ist mäßig saftig, von fruchtigem Geruch und von süßlichem, aprikosenähnlichem Geschmack. Der rundliche Stein ist am Grund in eine breite Spitze ausgezogen und mißt etwa 4 cm; seine harte, holzige, schwarzbraune Schale weist eine schöne Maserung aus feinen Riefen und Runzeln auf, die den Stein in 3 Felder gliedert, von denen jedes eine sternförmige Zeichnung trägt.

Verwendung: Das nahrhafte und sehr Vitamin-A-reiche Fruchtfleisch der Tukumá wird roh gegessen, als Brotaufstrich verwendet und als Füllung von Pfannkuchen und Omeletts benutzt. Aus den polierten Steinen wird in Amazonien Schmuck gefertigt. Die Blätter liefern sehr haltbare Fasern für Hängematten, Taschen, Seile und andere Zwecke.

Verbreitung: Die Art ist in den Guyanas, in Brasilien und im amazonischen Gebiet von Venezuela, Kolumbien und Peru verbreitet.

Anbau und Ernte: Tukumá ist eine Pflanze des tropischen Tieflandes, die auch auf armen Böden gedeiht. In Amazonien bildet sie in Sekundärwäldern individuenreiche Bestände, die ebenso beerntet werden wie die meist einzeln in Siedlungen und im Kulturland gepflanzten Palmen. Die Früchte werden reif gepflückt und sind nur wenige Tage haltbar.

Afrikanische Ölpalme

Elaeis guineensis Jacq.
Familie: Arecaceae (Palmen)
E: Oil Palm; F: Palmier à huile; S: Palma de aceite; P: Cailaué

Die Afrikanische Ölpalme ist eine bis zu 30 m hohe, unverzweigte Palme. Sie trägt 4-7 m lange, am Stiel bestachelte Blätter, die aus bis zu 160 unregelmäßig angeordneten Blattfiederpaaren zusammengesetzt sind, welche sich in mehreren Ebenen ausbreiten und zottig wirken. An den Stämmen bleiben lange Zeit die großen, sparrig abstehenden Blattscheiden erhalten, an denen sich oft Farne und andere Epiphyten ansiedeln. Die getrenntgeschlechtlichen Blütenstände wachsen in den Scheiden lebender Blätter; männliche Infloreszenzen tragen bis zu 140 000 Blüten, die weiblichen bis zu 6000.

Früchte mit 1 Samen/Stein und weichem Fruchtfleisch

Für Ölpalmen-Plantagen werden jährlich umfangreiche Regenwälder gerodet.

Frucht: Die Steinfrüchte der Ölpalme stehen dicht gedrängt in dicken, kurz gestielten, kolbenförmigen Fruchtständen von etwa 70 cm Länge und bis zu 50 kg Gewicht. Die bis 5 x 3 cm großen Einzelfrüchte sind verlängert-eiförmig, schwach 3kantig, auf Flächen, an denen sie gegeneinanderdrücken, verflacht. Unter ihrer glatten, zur Reife roten Schale findet sich mehlig-faseriges, orangegelbes Fruchtfleisch, das einen harten, holzigen, dickschaligen Stein umgibt, der an der Spitze 3 Keimporen aufweist und 1(-2) Samen enthält. Fruchtfleisch und Samen enthalten 60-70% Fett.

Verwendung: Die Afrikanische Ölpalme ist eine der bedeutendsten Ölpflanzen der Welt. Die Fette von Fruchtfleisch und Samen haben unterschiedliche Eigenschaften und werden für verschiedene Zwecke verwendet. Zur Gewinnung von Öl aus dem Fruchtfleisch werden die Fruchtstände rasch nach der Ernte mit Wasserdampf erhitzt, die Einzelfrüchte maschinell abgetrennt und anschließend gequetscht, um das Fleisch von den Steinen zu lösen. Aus dem Fruchtmus wird ein orangerotes Öl gepreßt, dessen Schmelzpunkt zwischen 30 und 37° C liegt. Dieses Fett wird gebleicht als Speiseöl, zur Herstellung von Margarine sowie für zahlreiche industrielle Zwecke verwendet. Das aus den Samen der getrockneten und maschinell aufgeknackten

Fruchtstand der Ölpalme.

Früchte mit 1 Samen/Stein und weichem Fruchtfleisch

Steine gepreßte, schäumende Palmkernöl schmilzt zwischen 20 und 24 °C; es wird ebenfalls als Speisefett verwendet, vor allem aber zu Seifen und Kosmetika verarbeitet. Der aus verletzten Triebspitzen der Palme austretende Saft wird zu Palmwein vergoren.

Verbreitung: Die Afrikanische Ölpalme ist im tropischen Afrika zwischen dem Senegal und Angola beheimatet und wird in großem Umfang in den Tropen Afrikas und Asiens, weniger häufig in Amerika gezogen.

Anbau und Ernte: Die in zahlreichen Sorten kultivierte Palme gedeiht im feucht-heißen tropischen Tieflandsklima. Der Anbau erfolgt in großen Plantagen und wird angesichts günstiger Weltmarktpreise für Palmöl derzeit stark ausgeweitet. Der Neuanlage von Ölpalmen-Pflanzungen fallen vor allem in Südostasien jährlich Tausende Quadratkilometer tropischer Regenwälder zum Opfer. Die Pflanzen werden aus Samen vermehrt; in Kulturen läßt man die Palmen nicht auswachsen, sondern fällt oder verbrennt die Pflanzen, wenn sie etwa 15 m Wuchshöhe erreicht haben. Zur Reife werden ganze Fruchtkolben abgeschlagen und für die weitere industrielle Verarbeitung abtransportiert.

Verwandte Art: Die aus Mittelamerika und dem nördlichen Südamerika stammende Amerikanische Ölpalme (*Elaeis oleifera* (Kunth)Cortes) unterscheidet sich vor allem durch kurze, oft kriechende, weniger als 6 m hohe Stämme sowie regelmäßig in 1 Ebene angeordnete Blattfiedern. Die Art wird im feucht-tropischen Amerika als Ölpflanze angebaut.

Wald-Salak, Kelubi

Salacca conferta Griff.
(*Eleiodoxa conferta* (Griff.)Burret)
Familie: Arecaceae (Palmen)
E: Woodland Salak

Der Wald-Salak ähnelt der Großen Schlangenfrucht (siehe Seite 129); er unterscheidet sich durch kleinere, bis 6 x 5 cm große, sehr saure, 1samige Früchte, deren Pulpe bis 1 cm dick ist.

Verwendung: Die Früchte dieser Salak-Art sind zur Verwendung als Obst zu sauer; sie werden mit Zucker eingelegt als »Pickles« verzehrt und zum Würzen von Speisen benutzt. Gekochtes Fruchtfleisch wird kandiert gegessen.

Verbreitung: Wald-Salak wächst in Südthailand, Westmalaysia, auf Borneo und Sumatra. Beerntet werden vorwiegend wild wachsende Pflanzen, die sich in Sumpfgebieten finden; selten wird die Palme von Kleinbauern angebaut.

Kranji, Tamarindenpflaume, Schwarze Tamarinde

Dialium indum L.
Familie: Fabaceae (Schmetterlingsblütler)
E: Velvet Tamarind, Tamarind Plum

Dialium ist eine artenreiche Gattung, die zu den Schmetterlingsblütlern zählende tropische Bäume umfaßt, deren Hülsen nur 1-2 Samen enthalten. Als Kranji, Tamarindenpflaume oder Schwarze

Früchte des Wald-Salak.

Früchte mit 1 Samen/Stein und weichem Fruchtfleisch

Tamarinde werden mehrere südostasiatische Arten mit eßbaren Hülsen bezeichnet, von denen stellvertretend *Dialium indum* vorgestellt wird, deren Früchte am häufigsten zum Verkauf angeboten werden. Die langsam wachsenden Pflanzen bilden bis 40 m hohe, immergrüne, einhäusige Bäume mit Brettwurzeln und säulenförmigen, oft erst oberhalb 15 m beasteten Stämmen sowie rundlicher Krone. Die gefiederten, wechselständigen Blätter setzen sich aus 5-9 kurz gestielten, lanzettlichen bis eiförmigen, kahlen und ganzrandigen Blättchen von 6-11 x 2,5-5 cm Größe zusammen. Die zweigeschlechtlichen, sehr kleinen Blüten stehen in rispig verzweigten, blattachseloder endständigen, vielblütigen Infloreszenzen; sie haben 5 Kelch- und 2 Staubblätter; Kronblätter fehlen.

Einsamige Hülsenfrüchte des Kranji.

Frucht: Die Hülsen dieser Kranji-Art sind 1samig, leicht asymmetrisch eiförmig oder elliptisch, 1,5-3 x 1-2 cm groß. Ihre Schale ist im reifen Zustand schwarzbraun oder schwarz, samtig kurz behaart, dünn und holzig-spröde. Der braune, unsymmetrische, fast nierenförmige, verflachte Same wird bis 1,5 x 1,2 x 0,5 cm groß; er ist umgeben von mehliger, getrocknet wattiger, zimtfarbener Pulpe, die leicht prickelnden, erfrischend säuerlichen bis süßsauren Geschmack aufweist.

Verwendung: Eßbarer Teil der Kranji-Frucht ist die den Samen umgebende Pulpe. Die Früchte werden frisch oder getrocknet auf Märkten und an Straßenständen als kleine, billige Leckerbissen angeboten. Die spröde Schale läßt sich leicht mit den Fingern aufknacken, um das Fruchtfleisch von den Samen zu lutschen; die Samen werden verworfen. Große wirtschaftliche Bedeutung hat das Holz des Baumes. Es ist ebenso wie dasjenige anderer Arten der Gattung, die durch Abholzung inzwischen mehr oder weniger bestandsgefährdet sind, ein sehr wertvolles, außerordentlich dichtes und hartes, deshalb in Wasser versinkendes Nutzholz.

Verbreitung: Die Art ist in Thailand, auf der Malaiischen Halbinsel, auf Sumatra, Java und Borneo verbreitet.

Anbau und Ernte: Kranji ist ein Gehölz des Tieflandsregenwaldes, das nach Brandrodungen oft als Einzelbaum im Kulturland verbleibt, weil sein hartes Holz schlecht brennt und nur mühsam zu fällen ist. Die häufig auf den Märkten angebotenen Früchte stammen wohl stets von wild wachsenden Bäumen und werden vom Boden aufgesammelt.

Verwandte Arten: Alle Spezies der Gattung tragen eßbare Früchte. Eine weit verbreitete, von Burma bis Vietnam und von Laos bis auf die Malaiische Halbinsel auftretende Art, deren Früchte häufig verkauft und wie diejenigen von *Dialium indum* verzehrt werden, ist *D. cochinchinense* Pierre.

Früchte mit 1 Samen/Stein, Fruchtwand zäh/holzig

Morichepalme

Mauricia flexuosa L.f.
Familie: Arecaceae (Palmen)
E: Ita Palm; F: Moriche; S: Moriche, Aguaje, Buriti; P: Burity do brejo, Miriti

Die bis 25(-35) m hohe, zweihäusige Morichepalme trägt einen Schopf aus ausgebreiteten, fächerförmig zerschlitzten, dunkelgrünen Blättern, die im Umriß rundlich sind und bis 4 m Durchmesser erreichen. Ihr bis zu 60 cm starker Stamm ist durch die Narben abgefallener Blätter geringelt. Die Palme entwickelt jährlich mehrere traubige Blütenstände von bis zu 3 m Länge.

Frucht: Die einzelne Steinfrucht ist oval und 5-7 cm groß; ihrem schwach eingedelltem Ende sitzt eine schwärzliche, dicke Spitze auf, und am Grund finden sich 3-5 3eckige, hart-schuppige, glänzend braune Kelchblätter. Die Schale der Frucht ähnelt einer Schlangenhaut und wird aus dicht sich überlappenden, klei-

Früchte der Moriche-Palme.

nen, rhombischen, gelbbraunen bis rotbraunen, stark glänzenden, harten Schuppen gebildet, jeweils an der Spitze und am Rand schwärzlich gefärbt sind und in der Mitte eine dunkle Längsfurche aufweisen. Das gelbliche bis orange Fruchtfleisch ist bis 5 mm dick, zäh-fleischig, etwas faserig, von säuerlich süßem Geschmack und etwas adstringierend. Der braune, eiförmige, holzige, schwach runzelige Stein mißt etwa 4,4 x 3 cm.

Verwendung: Das ölreiche, sehr nahrhafte und vitaminreiche Fruchtfleisch wird vollreif entweder roh oder blanchiert – nachdem die Früchte etwa 15 Minuten in heißes Wasser gelegt wurden – verzehrt. Die Pulpe wird außerdem zur Herstellung von Erfrischungsgetränken oder Wein verwendet und zur Gewinnung von Speiseöl gepreßt; getrocknet und gemahlen setzt man sie bei der Zubereitung diverser Speisen ein. Die gesamte Pflanze ist vielfältig verwertbar: Die Stämme liefern wertvolles Baumaterial, Blätter dienen als Dachstroh, für Flechtarbeiten und zur Gewinnung von Fasern, der Saft der Palme wird zu Palmwein vergoren, aus dem stärkereichen Mark älterer Stämme wird Brot hergestellt und die Früchte können als hochwertiges Viehfutter verwendet werden.

Fruchtende Morichepalme.

Früchte mit 1 Samen/Stein, Fruchtwand zäh/holzig

Verbreitung: Die Morichepalme ist im Amazonasbecken und im nördlichen Südamerika beheimatet und wird darüber hinaus verstreut im tropischen Amerika angebaut.

Anbau und Ernte: Die Palmen gedeihen im feucht-heißen Tropenklima und benötigen reichliche Wasserversorgung. Sie werden aus Samen vermehrt und tragen ab einem Alter von 5-8 Jahren über mehrere Jahrzehnte Früchte. Genutzt werden sowohl wild wachsende als auch gepflanzte Palmen. Zur Ernte werden die gesamten Fruchtstände abgeschnitten, sobald die Früchte ausgereift sind.

Kokosnuß

Cocos nucifera L.
Familie: Arecaceae (Palmen)
E: Coconut; F: Noix de Coco, S: Coco;
P: Coco da Baía

Die Kokospalme hat einen bis 30 m hohen, schlanken, meist bogig aufsteigenden, einfachen, wulstig geringelten Stamm. Ihre gefiederten Blätter sind bis 5 m lang, mit schmal-lanzettlichen, bis 1 m langen Fiederabschnitten und kräftiger Blattspindel. Die Blütenstände wachsen aufrecht aus den Blattachseln; sie sind von hellgelben Hüllblättern umgeben, 1,2-1,8 m lang, orange oder strohfarben und besenförmig in zahlreiche hängende Ähren verzweigt, die am Grunde weibliche und einige männliche, am Ende männliche Blüten tragen. Gut entwickelte Kokospalmen schieben jährlich zwischen 12 und 15 Blütenstände.

Frucht: Die Kokospalme trägt hängende, schwach stumpf 3kantige, ovale bis eiförmige Steinfrüchte von bis zu 30 x 18 cm Größe und bis zu 2,5 kg Gewicht. Die sogenannte Nuß ist der rundliche Stein der Frucht, der sich im reifen Zustand durch eine harte, holzig-faserige, braune Schale auszeichnet und etwa 20 cm groß ist. Er weist am Grund 3 kreisförmige Keimporen auf, von denen nur eine weichwandig bleibt und vom Keimsproß durchstoßen werden kann. Die Schale umschließt den sehr kleinen Embryo und einen großen Hohlraum, der bis zur Reife

Die Kokospalme ist eine der bedeutendsten Nutzpflanzen der Tropen.

mit einer Nährflüssigkeit, dem Kokoswasser, gefüllt ist, das von angenehm süßlichem Geschmack ist. Aus dem Kokoswasser werden Fette in das erst zur Reife heranwachsende Nährgewebe eingebaut, das zuletzt eine mehr als 1 cm dicke, weiße, nussige Schicht an der Innenseite der Schale bildet, die den eßbaren Teil der Frucht darstellt. Dieses Kokosmark besteht trocken aus 60-70% Fett; es ist anfangs weich und wird erst nach der Ernte und Trocknung fest, wobei das Kokoswasser allmählich verschwindet und einen luftgefüllten Hohlraum zurückläßt, der dem Stein ausgezeichnete Schwimmfähigkeit verleiht. Die »Nuß« ist von dickem, stark faserigem Fruchtfleisch und einer ledrigen, glatten, leicht glänzenden, erst grünen, zur Reife gelblichen oder orangegelben Rinde umgeben. Rinde und Fasermantel werden in der Regel entfernt, bevor die Kokosnüsse auf den Märkten als Nahrungsmittel angeboten werden. Kokosnüsse reifen 9-12 Monate nach der Befruchtung der Blüten.

Verwendung: Die Kokospalme ist eine der bedeutendsten Kulturpflanzen der Erde, deren Früchte sehr vielseitig verwendbar sind. Das nahrhafte, wohlschmeckende Kokosmark wird frisch gegessen oder getrocknet und geraspelt (Kopra) als würzige Zutat zu verschiedenen Speisen, Gebäck und Süßigkeiten genutzt. In Wasser eingeweichtes und anschließend ausgepreßtes Kokosmark ergibt sogenannte Kokosmilch, die in Asien häufig für die Zubereitung von Speisen verwendet wird, oft als Milchpulver, Paste oder gehärtete Creme aufbereitet. Aus dem ölreichen Mark wird ein weltweit genutztes Speisefett gepreßt. Das wohlschmeckende süßliche Kokoswasser junger Früchte stellt ein sehr beliebtes, erfrischendes Getränk dar; es wird direkt aus der an der Spitze aufgeschlagenen ungeschälten Frucht getrunken. In Asien wird es gern beim Kochen von Speisen verwendet.

Alle Teile der Kokospalme sind nutzbar. Aus dem Fasermantel der Früchte wird Garn gewonnen, das zu Seilen, Matten, Netzen, Taschen, Kleidungsstücken und vielen anderen Produkten verarbeitet wird. Das Kokosöl wird für die Körper- und Haarpflege eingesetzt; es dient als Grundsubstanz für medizinische Öle und Seifen. Die holzigen Schalen dienen als Brennmaterial oder werden als Gefäße verwendet. Aus dem Palmsaft, der aus angeschnittenen Blütenständen tropft, werden Palmwein, Arrak, Essig, Zucker und Sirup hergestellt. Blätter und Stamm der Kokspalme dienen als Baumaterial.

Verbreitung: Das Ursprungsgebiet der Art liegt vermutlich in Südostasien oder Polynesien; die Palme wird weltweit in den Tropen angebaut.

Anbau und Ernte: Kokospalmen werden in zahlreichen Sorten sowohl von Kleinbauern in Hausgärten als auch in großen

Die Kokosnuß ist der Stein der Frucht.

Früchte mit 1 Samen/Stein, Fruchtwand zäh/holzig

Plantagen gezogen. Die Pflanzen gedeihen an voll besonnten Standorten in tropischen Klimaten, am besten auf lockeren Böden in Küstennähe; sie sind salzverträglich und stark wärmebedürftig. In den inneren Tropen können sie bis auf 1300 m Meereshöhe angebaut werden. Für gutes Gedeihen ist reichliche Wasserversorgung erforderlich sowie Temperaturen, die nur wenig um 27 °C schwanken. Die Pflanzen werden in Saatbeeten aus Sand vermehrt, indem gewässerte Früchte horizontal auf den Boden gelegt oder eingegraben werden; die Keimung dauert bis zu 14 Wochen. 1 Jahr lang ernährt sich der Keimling vom Nährgewebe des Samens; in dieser Zeit bildet er genügend Blätter, um sich mittels Photosynthese weiterzuentwickeln. Kokospalmen können mehr als 80 Jahre lang Früchte tragen, die grün oder ausgereift von Hand gepflückt werden. In Teilen Afrikas und auf einigen Pazifischen Inseln sammelt man die abgefallenen Früchte vom Boden auf, in Asien werden örtlich dressierte Affen als Pflücker eingesetzt. In jüngerer Zeit werden zunehmend kurzstämmige Sorten (z.B. Golden Dwarf) gepflanzt, die leicht zu beernten sind. Zur Fasergewinnung und zur Herstellung von Kopra müssen die Früchte einige Wochen gelagert werden.

Betelnuß

Areca catechu L.
Familie: Arecaceae (Palmen)
E: Betel Nut

Die 10-30 m hohe Betelpalme hat einen einfachen, schlanken Stamm, der durch ringförmige Blattnarben segmentiert ist. Ihre Blätter sind gefiedert, dunkelgrün, glänzend, 1,5-3 m lang, mit etwa 1 m langer, stammumfassender Scheide. Die Blattfiedern sind bis 80 cm lang und 8 cm breit, längsgefaltet, mit 2 auf der Oberseite flügelförmig hervortretenden Rippen. Die rispig verzweigten, von 2 Hüllblättern umgebenen Blütenkolben tragen an der Basis weibliche, zur Spitze männliche gelbe Blüten.

Frucht: Die Steinfrüchte der Betelpalme sind oval, etwa 6 x 15 cm groß, zunächst grün, zur Reife orange. Unter der äußeren Schale befindet sich eine etwa 1 cm dicke, weißliche Faserschicht (Mesokarp), die den Stein umhüllt. Der etwa 3 x 2,5 cm große Stein hat eine dünne holzige Schale (Endokarp) und längsgeriffeltes, hellbraunes, sehr hartes Nährgewebe. Der als »Betelnuß« bezeichnete Same ist im Inneren zerklüftet (ruminiert) und gemasert. Er ist fettreich und enthält verschiedene toxische Alkaloide, vor allem Arecaidin und Arecolin, das ähnliche Wirkungen wie Nikotin aufweist, sowie Gerbstoffe und den blutroten Farbstoff Arecarot.

Fruchtende Betelpalme.

Früchte mit 1 Samen/Stein, Fruchtwand zäh/holzig

Unreif geerntete Betel-Früchte.

Verwendung: Die Samen der Betelpalme werden in Süd- und Südostasien seit Jahrhunderten in reifem und unreifem Zustand als schwaches Narkotikum von großen Teilen der Bevölkerung regelmäßig konsumiert. Sie haben in vielen Gebieten rituelle und symbolische Bedeutung, beispielsweise als religiöse Ofergabe oder Gast- und Hochzeitsgeschenke. Für den Genuß wird die Schale frischer oder gekochter Steine entfernt und der getrocknete oder geröstete Kern zerkleinert. Er ist Bestandteil des Betelbissens, der sich aus einem Bruchstück des Samens, einem oder mehreren Blättern des Betel-Pfeffers (*Piper betle*) und Kalk zusammensetzt; oft werden Tabak, Gambir und Gewürze (Zimt, Nelken, Kardamom) hinzugefügt. Dieser Betelbissen wird über lange Zeit gekaut, wobei sich die beruhigenden, euphorisierenden und hungerdämpfenden Wirkungen der Alkaloide einstellen; er regt den Speichelfluß an, so daß Konsumenten regelmäßig den durch das Arekarot gefärbten Speichel ausspucken müssen. Verschiedene Aufbereitungsarten ergeben unterschiedliche Produktqualitäten und -eigenschaften. Übermäßiger Genuß kann Lähmungen, Krämpfe und Atemnot bis zum Erstickungstod verursachen. Regional sind zahlreiche medizinelle und rituelle Nutzungen der verschiedenen Teile der Pflanze bekannt.

Verbreitung: Heimisch ist die Betelpalme vermutlich im Malaiischen Archipel, kultiviert wird sie im gesamten tropischen Asien, auf den Pazifischen Inseln und in Ostafrika, Südchina und Taiwan.

Anbau und Ernte: Die Pflanzen benötigen reichliche Wasserversorgung und hohe Temperaturen. Sie werden als Einzelbäume in Hausgärten, aber auch in Plantagen angebaut. Die Vermehrung erfolgt durch Samen, die Pflanzen fruchten ab dem 5. Jahr. Es werden viele Sorten unterschieden, von denen einige beim Kauen unerwünschte Nebenwirkungen hervorrufen.

Verwandte Arten: Die Früchte weiterer *Areca*-Arten werden regional als Betel-Ersatz benutzt, beispielsweise die von *A. concinna* Thwaites (Sri Lanka), *A. glandiformis* Lam. (Molukken) oder *A. pumila* Blume (Malaysia, Indonesien).

Pilinuß

Canarium ovatum Engl.
Familie: Burseraceae
E: Pilinut; F: Pili; S: Nuez Pili

Die Pilinuß ist ein immergrüner, bis 35 m hoher Baum mit dichter Krone. Ihre wechselständigen, am Ende der Zweige

Blüten und Laub der Pilinuß.

Früchte mit 1 Samen/Stein, Fruchtwand zäh/holzig

Die dick-holzigen Steine der Pilinuß enthalten delikate Kerne.

gedrängten Blätter sind unpaarig gefiedert. Die Blattstiele tragen am Grunde 2 herablaufende, 3eckige, schuppige, bis 1,5 cm große Nebenblätter. Blattstiel und -spindel sind bis 23 cm lang. Die 5-9 Fiederblättchen haben bis zu 3 cm lange, an beiden Enden verdickte Stiele; ihre ganzrandigen Spreiten messen bis 17 x 9 cm; sie sind eiförmig oder elliptisch mit lang ausgezogener Spitze und keilförmigem oder gestutztem Grund, am Rand schwach eingebogen und gewellt, mittelgrün, kahl und glänzend. Die Blüten wachsen in gedrungenen, end- oder blattachselständigen Rispen. Die sitzenden, hell gelbbraunen Einzelblüten haben einen 3zipfeligen, bis 7 mm langen Kelch. Die Krone besteht aus 3 freien, eiförmigen, konkaven, fleischigen, zusammenneigenden Blütenblättern, die bis 2 x 1 cm groß und wie die Kelche auf der Unterseite seidig behaart sind.

Frucht: Die Pilinuß ist eine stumpf 3kantige, im Umriß elliptische Steinfrucht von bis zu 8 x 4 cm Größe, mit bleibendem, vergrößertem, trichterförmigem Kelch; grüne Früchte sind oft längsrunzelig, reife haben eine fast glatte, glänzende, bräunlichschwarze, Schale. Ihr Fruchtfleisch ist reif hell grünlichgelb bis braun, fest, faserig, mäßig saftig, adstringierend und bis 4 mm dick. Der braune Stein ist holzig, breit- oder schmal-spindelförmig, stumpf 3kantig und schwach längsgefurcht, sehr dickschalig (bis 4 mm) und bis 7 x 3,5 cm groß. Er enthält 3 Längskammern, von denen 2 sehr schmal und hohl sind; in der großen Kammer entwickelt sich ein spindelförmiger, stumpf 3kantiger Kern, der von brauner Haut umgeben, im Inneren weiß, von nussigfester Konsistenz und sehr angenehmem Geschmack ist.

Verwendung: Die Steine sind mühsam mit Hilfe eines Hammers aufzuschlagen, um die schmackhaften, mild-nussigen, ölreichen Kerne zu gewinnen. Diese werden roh oder besser geröstet verzehrt und in Speisen und Backwaren verarbeitet. Der Fruchtmantel ist gekocht eßbar; er enthält ein Öl, daß für Speisen und zum Betrieb von Öllampen verwendet wird. Die Schalen der Steine sind ein gutes Brennmaterial; junge Blätter werden als Gemüse oder Salat zubereitet. Die verwundete Rinde scheidet ein nutzbares Harz (Manila-Elemi) aus.

Verbreitung: Die Pilinuß ist in Regenwäldern der Philippinen beheimatet und wird in Südostasien in großem Umfang, seltener in anderen Gebieten angebaut.

Anbau und Ernte: Die Bäume gedeihen unter feucht-heißem Tieflandsklima bis in Höhen von 400 m und werden in Plantagen sowie einzeln in Gärten angebaut. Sie sind leicht über Sämlinge zu vermehren. Die Früchte werden gepflückt oder vom Boden aufgesammelt, nachdem sie von selbst abgefallen sind. Die Kerne sind lange lagerfähig.

Verwandte Arten: Die sehr artenreiche Gattung *Canarium*, deren Hauptverbreitung in Südostasien liegt, umfaßt viele nutzbare Sippen, die ihres Holzes oder ihrer Früchte wegen sowie zur Gewinnung von Harzen angebaut werden. Neben der Pilinuß wird die Kanarinuß oder Javamandel (*C. indicum* L., Syn: *C. commune* L.) hoch geschätzt und häufig kultiviert; sie unterscheidet sich durch kleinere, 3-6 x 2-3 cm große Früchte.

Singapurmandel, Indische Mandel

Terminalia catappa L.
Familie: Combretaceae
(Strandmandelgewächse)
E: Indian/Singapore Almond; F: Amande des tropiques; S: Alemendro de India

Die Singapurmandel ist ein immergrüner, in Trockenzeiten laubwerfender Baum bis 25(-40) m Höhe mit markanter, weit ausladender, horizontaler Etagenbeastung. Die hart-ledrigen, glänzenden, unterseits manchmal behaarten, dunkelgrünen Blätter verfärben sich vor dem Abfallen leuchtend orange bis rot. Die Spreiten der Blätter sind breit verkehrteiförmig, kurz zugespitzt und am Grund

Fruchtende Äste der horizontal verzweigten Singapurmandel.

Früchte mit 1 Samen/Stein, Fruchtwand zäh/holzig 79

Früchte der Singapurmandel.

abgerundet oder leicht herzförmig und 10-30 x 5-17 cm groß; sie haben eine kräftige Mittelrippe und 8-12 Paare Seitennerven; ihr Blattstiel ist 5-15 mm lang. Die kleinen Blüten sitzen in blattachselständigen, 8-16 cm langen Trauben.
Frucht: Der Baum trägt ovale oder eiförmige, stark verflachte, an den Rändern etwa 2 mm breit geflügelte Steinfrüchte von 4-8 x 2-5,5 x 2,5 cm Größe. Ihre Fruchthülle ist bis 2 cm dick, faserig-fleischig, grün, zur Reife weinrot und von säuerlichem Geschmack. Der Stein besitzt eine dicke, holzig-korkige Schale, die den weißlichen, nussigen, ölreichen Embryo umschließt, der von mildem Geschmack und angenehmem Aroma ist.
Verwendung: Der Kern des Steines wird roh oder geröstet verzehrt, ist jedoch nur mit Mühe aus der Schale zu befreien. Das gepreßte Öl des Kerns wird als Ersatz für Mandelöl verwendet. Die tanninhaltige Rinde des Baumes wirkt adstringierend; sie wird gegen Ruhr und Durchfall verabreicht und kann als Gerbstoff verwendet werden.
Verbreitung: Die Art ist in Süd- und Südostasien beheimatet und wird im tropischen Tiefland weltweit sehr häufig angebaut.

Anbau und Ernte: Die Pflanze bevorzugt leichte Böden in Küstennähe; sie wird oft als Zier-, Schatten- oder Straßenbaum und zur Nutzung des Holzes gepflanzt. Die Früchte werden reif gepflückt oder vom Boden aufgelesen.
Verwandte Arten: Die Früchte weiterer Spezies der sehr artenreichen Gattung sind eßbar, beispielsweise diejenigen von *Terminalia edulis* Merr. (Indonesien, Philippinen), die pflaumenähnliche, dunkelrote, saure Früchte trägt, oder von *T. kaernbachii* Warburg (Okarinuß, Indonesien, Pazifische Inseln), mit bis zu 11 cm großen, nur wenig verflachten, im reifen Zustand roten Früchten.

Macadamianuß, Queenslandnuß

Macadamia integrifolia Maiden & Betche
(*M. ternifolia* F. Müller)
Familie: Proteaceae (Proteen)
E: Queensland Nut, Macadamia;
S: Macadamia lisa

Blühender Zweig der Macadamia.

Früchte mit 1 Samen/Stein, Fruchtwand zäh/holzig

Macadamia-Früchte.

Macadamia ist ein immergrüner, bis 18 m hoher Baum mit ausladender Krone. Seine Blätter stehen in Wirteln zu 3, die glänzend dunkelgrünen Spreiten sind schmal verkehrt-eiförmig bis lanzettlich, stumpf, 10-30(-50) cm lang und 2-4 cm breit, kahl, ledrig, am Rand gewellt und unregelmäßig grob gezähnt bis fast ganzrandig; die Blattstiele messen 5-15 mm. Die kleinen cremeweißen Blüten wachsen zu 100-500 in blattachselständigen, 10-30 cm langen, hängenden Trauben; die Einzelblüten stehen in Wirteln zu 3-6, sind 3-4 mm lang gestielt und haben eine röhrige, 12 mm lange, 4zipfelige Blütenhülle.

Frucht: Nur aus wenigen Blüten der Infloreszenzen entwickeln sich rundliche Früchte von 1,5-4 cm Durchmesser mit schmal-kegelförmiger Spitze. Ihre glatte, hell grünlichbraune, faserige Schale ist etwa 3 mm dick; sie umschließt in der Regel einen runden Samen und platzt zur Reife auf. Die Samenschale ist schwach runzelig, sonst glatt, hellbraun, holzig und 2-5 mm stark. Der beige, fettreiche Kern hat weich-nussige Konsistenz und milden Geschmack.

Verwendung: Die sehr wohlschmeckenden Macadamia-Kerne werden roh oder geröstet gegessen sowie in Gebäck, Süßigkeiten und Eiskrem verarbeitet. Ihre Popularität hat seit kurzem außerhalb der Tropen stark zugenommen, so daß ein großer Teil der Ernte exportiert wird.

Verbreitung: Der Baum stammt aus dem tropischen nördlichen Australien und wird in jüngerer Zeit in wachsendem Umfang auf Hawaii, in Ostafrika, seltener in Südostasien und im tropischen Amerika angebaut.

Anbau und Ernte: Macadamia-Bäume sind relativ trockenresistente Pflanzen, die in den Tropen und Subtropen vom Tiefland bis in montane Lagen meist in Plantagen angebaut werden. Sämlinge werden in der Regel mit ertragreichen Kultursorten gepfropft. Einzelbäume können jährlich bis zu 50 kg Früchte erzeugen, die nach dem Abfallen vom Erdboden aufgesammelt werden.

Verwandte Art: Eine sehr ähnliche Art mit Früchten gleicher Qualität ist die ebenfalls aus Nordaustralien stammende Australische Macadamia (*M. tetraphylla* L. Johns.); sie unterscheidet sich durch stets gezähnte, bis höchstens 3 mm lang gestielte Blätter, die in Wirteln zu 4 stehen, durch rosa Blüten und rauhe Samenschalen. Hybriden aus beiden Sippen sind in der Natur und im Anbau verbreitet.

Meerträubel, Melinjo

Gnetum gnemon L.
Familie: Gnetaceae
(Meerträubelgewächse)
E: Melinjo; S: Manindio; P: Ituá

Meerträubel ist ein immergrüner, tief und dicht verzweigter, bis 10 m hoher Baum oder Strauch von schlankem Wuchs. Sein Stamm zeichnet sich durch halbmondförmige, als Rippen hervortretende Blattnarben aus. Die gegenständigen Blätter sind dünn, ledrig-derb, dunkelgrün, beider-

Früchte mit 1 Samen/Stein, Fruchtwand zäh/holzig

seits glänzend, ganzrandig, lanzettlich mit ausgezogener Spitze und bis 20 x 8 cm groß. Die sehr kleinen, unscheinbaren Blüten und die Früchte sitzen zu 5-8 in Quirlen in bis zu 10 cm langen, blattachselständigen Trauben.

Frucht: Die Steinfrüchte haben die Größe und Form von Oliven; sie sind zunächst grün, im reifen Zustand gelb bis dunkelrot, glatt, schwach glänzend und bis 3,5 x 1,8 cm groß; ihr hart-ledriger äußerer Mantel ist etwa 1 mm dick. Der eßbare Kern ist unter seiner hellbraunen Samenhaut weiß, strukturlos, von hartnussiger Konsistenz und leicht bitterem Geschmack.

Verwendung: Die an Stärke und Mineralien sowie den Vitaminen A und C reichen Meerträubel-Früchte werden ohne Schale gekocht als Gemüse zubereitet. In Südostasien röstet man die Kerne langsam, um sie anschließend zu mahlen; aus dem so erzeugten Mehl stellt man

Meerträubel-Früchte.

kleine dünne Fladen her, die in der Sonne getrocknet und anschließend in Öl als knusprige »Chips« frittiert werden.
Junge Blätter und Blütenstände lassen sich als Gemüse verwenden. Aus der faserigen Rinde werden hochwertige, seewasserbeständige Seile, Kordeln, Netze und Angelschnüre hergestellt.

Verbreitung: Der Baum ist vom Himalaja über Ost- und Südostasien bis zu den Fidschi-Inseln verbreitet; er wird in Südostasien häufig kultiviert.

Anbau und Ernte: Die Art wächst sowohl im dauerfeuchten Tropenklima als auch in Monsungebieten und wird in verschiedenen großfrüchtigen Kultursorten in Haus- und Fruchtgärten angebaut. Die wärmebedürftigen Pflanzen sind hinsichtlich der Bodenverhältnisse anspruchslos; sie werden aus Sämlingen gezogen und fruchten ab einem Alter von 5-8 Jahren.

Verwandte Arten: Die Früchte zahlreicher anderer Arten der Gattung sind eßbar und werden in Südostasien, im tropischen Amerika und in Afrika genutzt.

Fruchtender Meerträubel-Baum.

Früchte mit 1 Samen/Stein, Fruchtwand zäh/holzig

Tahitinuß

Inocarpus edulis Forst.
Familie: Fabaceae (Schmetterlingsblütler)
E: Otaheite Chestnut; S: Nuez de Tahiti

Der mittelgroße, immergrüne Baum hat einfache, ganzrandige Blätter. Seine gefurchten Blattstiele sind etwa 1,5 cm lang; die dünn-ledrigen, dunkelgrünen, lanzettlichen, zugespitzten und am Grund keilförmigen Blattspreiten messen bis 16 x 5,5 cm. Die sehr kurz gestielten Blüten und Früchte stehen jeweils zu 3 in kurzen Trauben.

Frucht: Die Bäume tragen 1samige Hülsen, die im Umriß nierenförmig und bis 4 x 2,7 cm groß sind; ihre faserig-holzige Schale zerfällt zur Samenreife in 2 ohrenförmige Klappen. Der Same ist oval oder breit-eiförmig und bis 2,8 x 2 cm groß; seine 1 mm dicke, ledrig-holzige, glatte Schale ist außen glänzend braun und mit länglichen weißen Flecken gemustert. Der eßbare weiße Kern ist von einer dünnen, weißlichen, zart dunkelbraun geäderten Haut umgeben; er weist feste Konsistenz und leicht bitter-nussigen Geschmack auf.

Verwendung: Die fett- und stärkereichen Samen werden gekocht oder geröstet wie Maronen zubereitet und ohne Schale gegessen. Zermahlen ergeben die Kerne vermischt mit Kokosfett, Sahne oder geraspelter Kokosnuß einen nahrhaften und wohlschmeckenden Brei. Die Früchte sind ein traditionelles Grundnahrungsmittel der Polynesier. Das Laub des Baumes dient als Viehfutter, aus dem Holz werden Möbel hergestellt.

Verbreitung: Die Tahitinuß stammt von den Pazifischen Inseln, wo sie in großem Umfang angebaut wird; die Art ist als Kulturpflanze nach Südostasien und in das tropische Amerika eingeführt worden.

Anbau und Ernte: Die Bäume gedeihen im dauerfeuchten tropischen Tieflandsklima. Sie lassen sich leicht aus Samen vermehren und tragen etwa ab dem 8. Jahr Früchte, die unreif geerntet werden.

Die Samen der Tahitinuß waren Grundnahrungsmittel der Polynesier.

Früchte mit 1 Samen/Stein, Fruchtwand zäh/holzig

Die warzigen, einsamigen Hülsenfrüchte des Namnam-Baumes.

Namnam, Froschfrucht

Cynometra cauliflora L.
Familie: Fabaceae (Schmetterlingsblütler)
E, F, S, P: Nam-Nam

Namnam ist ein kleiner, immergrüner, tief verzweigter Baum oder Strauch von 5-15 m Höhe, dessen Zweige von einem Blatt zum andern zickzackförmig geknickt sind. Die Blätter sind aus 1 Fiederpaar zusammengesetzt, ihr Stiel ist 2-8 mm lang. Die fast sitzenden Fiederblättchen sind sehr unsymmetrisch, verlängert-eiförmig, stumpf zugespitzt, ganzrandig, kahl, glänzend dunkelgrün, 5-16 cm lang und 1,5-5,5 cm breit. Die unscheinbaren Blüten des Gehölzes wachsen in Gruppen zu 4-5 aus Knoten des Stammes, sie sind bis zu 3 cm lang gestielt. Ihre 4 Kelchblätter sind 2-4 mm lang und von rötlichweißer Farbe, die 5 Kronblätter weiß und 3-4 mm lang.

Frucht: Die Froschfrucht ist eine 1samige, am Stamm der Pflanze hängende, verflacht halbkreis- oder nierenförmige Hülse mit bis zu 8 mm dicker, harter, außen unregelmäßig grob runzeliger, leicht filziger, braungrüner, matter Schale. Die Hülsen enden teilweise in einem kleinen, aufwärts gerichteten Schnabel und sind bis 9 x 6 x 4 cm groß. Sie enthalten einen flach-bohnenförmigen Samen von 3-6 x 2-4 cm Größe mit bräunlicher Schale und einem grünlichweißen Kern von fester Konsistenz. Die Samen schmecken je nach Sorte sauer oder süßlich aromatisch.

Verwendung: Die nahrhaften Samen reifer Namnam können roh gegessen werden, in der Regel verzehrt man sie aber gekocht oder geröstet. In Zuckerwasser gegart oder eingekocht, werden sie als Kompott serviert. In Südostasien dient Namnam zum Würzen von Speisen und ist Bestandteil von scharfen Gewürzsoßen (Sambal). Junge Hülsen sind sehr sauer; sie werden mit Zucker und Gewürzen als »Pickles« eingelegt.

Verbreitung: Namnam ist in Südostasien heimisch und wird darüber hinaus auf den Pazifischen und Karibischen Inseln sowie in Mittelamerika angebaut.

Anbau und Ernte: Die Pflanze gedeiht in tropischen Gebieten, sowohl in immerfeuchten Klimaten als auch in Regionen mit längeren Trockenzeiten. Die langsam wachsenden Bäume werden aus Samen vermehrt und in Obst- und Hausgärten gezogen. Die Hülsen werden meist reif gepflückt, sobald sie braungrün gefärbt sind; sie lassen sich lange lagern.

Affenschwanz-Inga

Inga edulis Mart.
Familie: Fabaceae (Schmetterlingsblütler)
E: Icecream-Bean, F: Pois sucre;
S: Guamo de mico; P: Ingá-Cipó

Von den mehr als 30 Inga-Arten, die in Mittel- und Südamerika heimisch sind und deren Früchte als Nahrungsmittel dienen, stellen wir stellvertretend die an ihren langen zylindrischen Hülsen leicht erkennbare Affenschwanz-Inga vor. Die Art bildet bis zu 25 m hohe Bäume mit weiter Schirmkrone. Ihre wechselständigen Blätter sind aus 4 Paaren von Blattfiedern zusammengesetzt. Die ganzrandigen, elliptischen oder eiförmig-lanzettlichen Fiederblättchen haben kurze, dicke, dicht und kurz behaarte Stiele; ihre Spreiten sind dünn-ledrig, oberseits fein rauh behaart, unten glatt, zugespitzt und am Grund abgerundet; die oberen, größten Fiederblättchen werden bis 19 x 9,5 cm groß. Die Blattspindel ist zwischen den Fiederpaaren zu jeder Seite bis 1 cm breit geflügelt. Die sitzenden Blüten

Fruchtende Affenschwanz-Inga.

wachsen gedrängt in bis zu 7 cm langen Rispen, die aus den Blattachseln oder am Ende der Äste entspringen; Kelch und Krone sind röhrig und bis 5 mm lang; sie werden überragt von einem Büschel langer Staubblätter, die im unteren Teil röhrig verwachsen sind.

Die Früchte der Affenschwanz-Inga werden mehr als 1 m lang.

Mehrsamige Hülsenfrüchte

Frucht: Die hängenden Früchte der Affenschwanz-Inga sind bis mehr als 1 m lange und etwa 4 cm breite, zylindrische, tief längsgefurchte, oft gedrehte und gebogene, fein samtig behaarte, matte, braungrüne Hülsen. Ihre Schale ist hart ledrig und etwa 2 mm dick. Im Inneren finden sich lang-bohnenförmige Samen mit glänzend rotbrauner Schale, die bis 5,5 x 2,5 x 1,2 cm messen, von einer weißen, festen Haut umgeben und in eine weiße, saftig-schwammige, süße, aromatische Pulpe eingebettet sind.

Verwendung: Eßbarer Teil der Frucht ist die süße Pulpe, die meist roh verzehrt wird und einen sehr erfrischenden Geschmack hat. Die Affenschwanz-Inga wird ebenso wie andere kultivierte Inga-Arten vor allem als Schattenbaum an Straßen, in Hausgärten und in Kaffee-Plantagen angebaut.

Verbreitung: Der Baum wird im gesamten feucht-tropischen Amerika bis in Höhen von 1800 m kultiviert.

Verwandte Arten: Ähnliche eßbare Hülsen tragen die wesentlich kleineren Bäume der *I. ingoides* (L.C.Rich.)Willd.; daneben werden als Nahrungsmittel vor allem die flachen, nicht gefurchten Hülsen der *I. feuillei* DC. geschätzt.

Courbaril, Antillen-Johannisbrot

Hymenaea courbaril L.
Familie: Fabaceae (Schmetterlingsblütler)
E: West-Indian Locust, F: Courbaril;
S: Guapinol, Algarrobo de las Antillas, Nazareno; P: Jatobá

Courbaril ist ein bis 40 m hoher Baum mit weiter, schirmförmiger Krone und flaumig braun behaarten jungen Ästen. Seine wechselständigen Blätter haben etwa 2 cm lange, braune Stiele und jeweils 2 sehr kurz gestielte breit-sichelförmige, zugespitzte Fiederblättchen. Die Spreiten der Blättchen sind ganzrandig, derb-ledrig, kahl, oberseits stark glänzend, unten matt; sie messen bis 7,5 x 4 cm. Die Blüten stehen in endständigen, bis 15 cm langen Rispen; sie haben 5 konkave, graugrüne, dickliche, behaarte Kelchblätter von etwa 1,5 cm Länge und 5 hinfällige, elliptische, bis 1,9 cm lange, weiße, drüsige Kronblätter.

Frucht: Die hängenden, großen, dicken Hülsen des Courbaril-Baumes sind schwach gebogen, leicht verflacht und um die Samen etwas geschwollen; sie erreichen Größen bis 16 x 6,5 cm. Ihre Schale ist holzig, bis 1 cm dick, zur Reife außen dunkelbraun und fein rissig-aderig. Jede Hülse enthält 1-6 breit-bohnenförmige oder elliptische, bis 2 cm große Samen mit derber bis harter, glatter, rotbrauner Schale und weißlichem Kern. Die Samen sind eingebettet in eine mehlige, trockene, gelbgrüne bis hellgelbe Pulpe, die reif sehr süßen Geschmack und unangenehmen Geruch aufweist.

Courbaril-Baum mit Früchten.

Antillen-Johannisbrot.

Verwendung: Die Pulpe der Hülsen ist reich an Stärke und Eiweiß und deshalb ein sehr nahrhaftes Lebensmittel. Dieses Mark wird roh gegessen oder getrocknet, um es in Backwaren, Speisen und Suppen zu verarbeiten. Mit Wasser vermischt wird aus der Pulpe ein Saft hergestellt, der frisch getrunken oder zu einem alkoholischen Getränk (Atole) vergoren wird.
Verbreitung: Der Baum ist von den Karibischen Inseln und Südmexiko bis Amazonien verbreitet.
Anbau und Ernte: Courbaril ist eine relativ trockenresistente Pflanze des heißen tropischen Tieflandes. Es werden sowohl gepflanzte als auch wilde Bäume beerntet, die jährlich bis zu 1000 Hülsen mit 10-12 kg eßbarer Pulpe tragen können.

Tamarinde

Tamarindus indica L.
Familie: Fabaceae (Schmetterlingsblütler)
E: Tamarind; F: Tamarin; S: Tamarindo;
P: Tamarindo

Tamarinde ist ein langsam wachsender, stattlicher, immergrüner Baum mit ausladender Krone und hängenden Ästen, der bis 30 m Höhe erreicht. Seine wechselständigen Blätter sind paarig gefiedert, bis 15 cm lang; sie haben 20-40, jung weich bewimperte Fiederblättchen, die eiförmig bis schmal-elliptisch, oberseits dunkelgrün, unten heller und matt sind; sie messen bis 3,5 x 1 cm. Die Blätter falten sich nachts zusammen. Am Ende der Äste entwickeln sich lockere, traubige Infloreszenzen mit 10-15 Blüten; ihre kurz gestielten Einzelblüten haben 4 ungleich große, bis 1,5 cm lange, außen rosa Kelchblätter, die beim Aufblühen abfallen. Die Krone setzt sich aus 3 cremefarbenen und rot oder braun geaderten, sowie 2 pfriemenförmig reduzierten weißen Blütenblättern, 3 Staubblättern und 1 Griffel zusammen.
Frucht: Die Tamarinden-Früchte sind verflachte, gekrümmte Hülsen von unregelmäßiger Form, die um die Samen mehr oder weniger geschwollen sind und bis 15 x 4 cm groß werden. Die Hülse ist im reifen Zustand holzig, zimtbraun, oft grau überlaufen, matt, mit schwacher, feiner Netzstruktur. Unter der Schale findet sich anfangs weißes, weiches Fruchtmark, das sich zur Reife braun verfärbt und zähklebrige Konsistenz annimmt; es ist von erfrischendem, angenehmem, sauer-aromatischem Geschmack und löst sich

Tamarinde mit Frucht und Blüten.

Mehrsamige Hülsenfrüchte

Trockene reife Hülsen der Tamarinde.

beim Trocknen der Früchte von der Außenwand. Die Hülsen enthalten 1-12 zur Reife glänzend schwarzbraune, bohnenförmige oder rhombische, verflachte, harte Samen von bis zu 18 mm Größe, die von einer pergamentähnlichen Haut umhüllt sind.

Verwendung: Das saure Fruchtmark kann aus der aufgebrochenen reifen Hülse aus der Hand gegessen werden. Hauptsächlich dient es als Grundstoff für Getränke und als Speisegewürz. Mit Zucker und Wasser angesetzt oder kurz gekocht, ergibt Tamarinden-Mark einen erfrischenden, schmackhaften Saft. Frisch oder zu Sirup verkocht, ist es ein beliebtes Gewürz zum Säuern und Aromatisieren von Speisen und Gebäck. Das Mark ist Bestandteil verschiedener Gewürzsoßen und »Chutneys« und kann zu Gelee und Marmelade verarbeitet werden. Auch unreife, grüne Früchte werden als Gewürz verwendet. Die Samen sind gekocht oder geröstet eßbar und werden getrocknet und gemahlen in Gebäck gegeben. Blüten und Blätter werden als Zutat zu Currys, Suppen und Salaten sowie als Gemüse gegessen. Früchte, Rinde und Blätter werden in der Volksmedizin für zahlreiche Zwecke verwendet. Tamarinde wird häufig als Zier- und Schattenbaum gepflanzt. Bei verschiedenen Völkern hat der Baum mystische Bedeutung oder gilt als heilig.

Verbreitung: Tamarinde stammt vermutlich aus den Savannen Afrikas und wird in den Tropen weltweit angebaut.

Anbau und Ernte: Tamarinde ist eine Pflanze semiarider Gebiete, gedeiht jedoch auch in den wechselfeuchten Tropen; für die Fruchtentwicklung ist eine Trockenperiode erforderlich. Die anspruchslosen Bäume werden in verschiedenen Kultursorten meist aus Samen gezogen; sie fruchten ab einem Alter von 4-6 Jahren. Tamarinde wird einzeln in Hausgärten und als Straßengehölz oder in Obstbaumhainen und in Plantagen gepflanzt. Die Früchte werden in der Regel erst mehrere Monate nach der Reife von den Bäumen gepflückt, wenn das Mark an Feuchtigkeit verloren hat; sie lassen sich monatelang lagern. Das Mark wird als Sirup, Paste oder in Plastik eingeschweißt gehandelt. Ausgewachsene Bäume tragen jährlich bis zu 300 kg Früchte.

Petebohne

Parkia speciosa Hassk.
Familie: Fabaceae (Schmetterlingsblütler)
E: Pete Bean; F, S: Peté, Petai

Pete ist ein großer, bis 30 m hoher Baum mit ausladender, schirmförmiger Krone, rotbrauner Rinde und flaumig behaarten jungen Ästen. Seine wechselständigen Blätter haben 2-6 cm lange Stiele, sind doppelt gefiedert und bis zu 30 cm lang. Sie haben 14-18 Fiederpaare 1. Ordnung, die 3-9 cm lang sind, und bis zu 38 lineare Fiederblättchen 2. Ordnung von 5-9 x 1,5-2,2 mm Größe. An den

Mehrsamige Hülsenfrüchte

Keulige Blütenstände am Pete-Baum.

Zweigenden entwickeln sich birnen- oder keulenförmige Blütenstände von bis zu 4 cm Durchmesser, die an 20-45 cm langen Stielen hängen. Diese Infloreszenzen sind vielblütig und von heller braungelber Farbe; an ihrem Grund finden sich männliche und sterile Blüten, an der Spitze zwittrige. Kelche und Kronen der sehr kleinen Einzelblüten sind röhrenförmig-fünfzipfelig, ihre 10 Staubblätter am Grund röhrig verwachsen.

Frucht: Aus der kopfigen, hängenden Infloreszenz wächst ein Büschel großer, zur Ernte bräunlichgrüner, glänzender Hülsen, die 12-18 Samen enthalten. Die derben Hülsen sind keilfömig in einen langen Stiel verschmälert, 35-45 cm lang und 3-5 cm breit, flach, mehr oder weniger gedreht und um die Samen zur Reife stark geschwollen. Die breit-eiförmigen bis rundlichen Samen haben dünne weiße Häute und liegen in einer mehligen, orangefarbenen oder gelben Pulpe; sie sind bis 2,5 x 2 cm groß und riechen unangenehm.

Verwendung: Trotz ihres Geruchs, der beim Erhitzen verlorengeht, zählen die Petebohnen in Südostasien zu den beliebtesten Gemüsen. Sie haben einen knoblauchähnlichen Geschmack und werden als würzige Zutat zu Speisen gegeben. Frische junge und reife Samen können roh verzehrt werden, häufiger gibt man sie gekocht oder gedünstet als Beigabe zu Speisen. Getrocknete Samen ergeben ein würziges Mehl, werden enthäutet in Öl gebraten oder nach längerem Einweichen gekocht. Das Mark der Hülsen schmeckt säuerlich-süß und wird wie Tamarinde zum Würzen von Soßen und Suppen benutzt.

Junge Blätter und Blütenköpfe können roh oder gegart als Gemüse verzehrt werden. Die Samen werden medizinell zur Behandlung von Leber- und Nierenleiden, gegen Schwellungen und als Wurmmittel verwendet. Petebohne ist ein

Fruchtstand der Petebohne.

Mehrsamige Hülsenfrüchte

beliebter Schattenbaum in Ortschaften, für Kaffeeplantagen und andere Kulturen.
Verbreitung: Die Art ist in Südostasien beheimatet, wo sie häufig kultiviert wird. Außerhalb Asiens ist der Baum selten anzutreffen.
Anbau und Ernte: Pete gedeiht unter tropischem Klima vom Tiefland bis in Höhen von 1500 m. Die langsam wachsenden Pflanzen werden aus Samen vermehrt. Ausgewachsene Bäume tragen 200-5000 Hülsen im Jahr; geerntet werden ganze Fruchtstände im unreifen oder reifen Zustand.
Verwandte Arten: Neben Pete liefern weitere *Parkia*-Arten eßbare Hülsen, die ebenso verwendet werden, aber von geringerer wirtschaftlicher Bedeutung sind: In Südostasien *P. timoriana* (DC.)Merill, *P. sumatrana* Miquel sowie mehrere wenig verbreitete Arten; im tropischen Afrika *P. biglobosa* (Jacq.)Benth. und *P. filicoides* Welw. ex Oliver.

Leucaena

Leucaena leucocephala De Wit
(*L. glauca* (Willd.)Benth.)
Familie: Fabaceae (Schmetterlingsblütler)
E: Leucaena; F: Macata; S: Leucaena

Die Leucaena ist ein immergrüner Strauch oder Baum von bis zu 20 m Höhe. Ihre wechselständigen, bis 30 cm langen Blätter sind doppelt gefiedert; sie haben 3-10 Fiederpaare 1. Ordnung, welche jeweils 20-40 Fiederblättchen tragen. Die Fiederblättchen sind ungestielt, schmal-eiförmig oder lanzettlich, hellgrün, weich und 8-16 x 1-3 mm groß. Die Blüten wachsen zahlreich in lang gestielten, runden, weißlichen Köpfen von 2-3 cm Durchmesser in endständigen, rispig verzweigten Infloreszenzen. Die sitzenden Einzelblüten haben 2,5 mm lange, grünlichweiße, behaarte, 5zipfelige

Leucaena mit Blüten und Hülsen.

Kelchröhren, jeweils 5 schmale, 5 mm lange, weißliche, behaarte Kronblätter und zahlreiche bis 10 mm lange Staubblätter.
Frucht: Die in Büscheln hängenden, bis 26 x 2 cm großen, flachen Hülsen der Leucaena sind leicht sichelförmig oder gerade linealisch, zugespitzt, am Grund in einen kurzen Stiel verschmälert und um die Samen leicht geschwollen. Die Schale der Hülse ist glatt und dünn, zur Reife braun, trocken und spröde; sie reißt an beiden Seiten auf. Die Früchte enthalten bis zu 22 flache, zugespitzt-eiförmige, reif glänzend braune Samen von 6-10 mm Größe.
Verwendung: Junge grüne Hülsen und Samen werden als billiges und nahrhaftes Gemüse auf Märkten, vor allem in Südostasien verkauft, sonst im wesentli-

chen für den Hausgebrauch geerntet. Sie werden gedünstet als Beilage zu Speisen gereicht und in Suppen gekocht; auch junge Triebe eignen sich als Gemüse.

Das Laub des Baumes dient als Viehfutter für Rinder, Schafe und Ziegen; an Pferde, Maultiere, Esel und Schweine verfüttert, bewirkt es Vergiftungen. Das Holz wird als Brenn- und Baumaterial, als Möbelholz und zur Papierherstellung benutzt. Starke Äste verwendet man als Pfähle; frisch geschlagen bewurzeln sie sich rasch und bilden lebende Zäune. Die sehr schnell wachsende Art wird als Schattenbaum kultiviert; strauchig gezogene Leucaena werden zum Erosionsschutz sowie zur Bodenverbesserung gepflanzt.

Verbreitung: Das Gehölz ist auf den Karibischen Inseln, in Mittelamerika und im nördlichen Südamerika beheimatet; es wird weltweit in den Tropen und Subtropen in großem Umfang kultiviert und verwildert leicht.

Anbau und Ernte: Leucaena gedeiht in den Tropen vom Tiefland bis in Höhen um 1500 m und stellt sehr geringe Ansprüche an die Bodenbeschaffenheit; die Pflanzen lassen sich leicht aus Samen und durch Stecklinge vermehren. Die Bäume wachsen sehr schnell, ihr Anbau wird deshalb für Gebiete mit Futter- und Holzmangel oder Erosionsproblemen propagiert. In Plantagen gezogen, wird Leucaena in den Tropen zunehmend als Lieferant sehr guter Zellulose für die Papierherstellung angebaut. Die Nutzung der ganzjährig zu erntenden Früchte ist sekundär, regional für arme Bevölkerungsgruppen jedoch bedeutsam.

Verwandte Arten: Etliche weitere Arten der Gattung *Leucaena* werden im tropischen Amerika in geringerem Umfang in gleicher Weise genutzt.

Straucherbse

Cajanus cajan (L.) Huth.
(*C. indicus* Spreng.)
Familie: Fabaceae (Schmetterlingsblütler)
E: Pigeon Pea, Red Gram;
F: Pois d'Angole; S: Gandul, Chicharo

Die Straucherbse ist ein tief wurzelnder, verholzter Strauch von 1-4 m Wuchshöhe mit schlaffen, ausladenden Ästen. Seine wechselständigen, drüsig punktierten Blätter sind 3teilig, die Blättchen lanzettlich oder elliptisch, zugespitzt, behaart, kurz gestielt und bis 14 x 6 cm groß. Blätter und Fiederblättchen haben kleine, eiförmige Nebenblättchen. Die 4-12 cm großen Blüten stehen in end- oder blattachselständigen Trauben; ihre Fahne ist gelb, rot oder violett, Flügel und Schiffchen sind gelb.

Frucht: Die behaarten, grünen, dunkelbraunen oder dunkelvioletten Hülsen der Straucherbse sind gerade oder sichelförmig, abgeflacht und geschnäbelt, zwi-

Zweig der Straucherbse.

Mehrsamige Hülsenfrüchte

Sojabohne

Glycine max L.
Familie: Fabaceae (Schmetterlingsblütler)
E: Soybean; F, S, P: Soja

Hülsen der Straucherbse.

Die Sojabohne ist eine aufrechte, 20-200 cm hohe, einjährige Pflanze, die an Stamm, Blättern, Kelch und Hülsen dicht mit 2 mm langen, bräunlichweißen, steifen, abstehenden Haaren besetzt ist. Ihre Blätter sind wechselständig, 3-5fiedrig, die Blattstiele am Grund keulig verdickt und bis 15 cm lang; die etwa 5 mm langen Nebenblätter sind breiteiförmig und tragen eine lang ausgezogene Spitze. Die eiförmigen bis lanzettlichen Fiederblättchen sind am Grund keilförmig oder abgerundet und 3-15 x 2-7 cm groß. Die kleinen Blüten stehen büschelförmig zu 3-8 in sehr kurzen, blattachselständigen Trauben; ihre weißen, blauen oder violetten Kronen sind 6-7 mm lang, die Kelche messen etwa 5 mm.

schen den Samen schräg gefurcht und 6-15 x 4-10 cm groß. Sie enthalten jeweils 2-9 runde oder ovale, rote, braune, weiße oder graue Samen mit weißem Hilum, die bis zu 8 mm groß sind.

Verwendung: Unreife Hülsen werden ebenso wie reife Samen als Gemüse zubereitet oder in Suppen verwendet. In der indischen Küche wird aus getrockneten reifen Erbsen ein eiweißreicher, scharf gewürzter Brei (Dal) gekocht, der Bestandteil fast jeder Mahlzeit ist. Reife Samen werden geröstet gegessen. Das Samenmehl dient in Südasien zum Backen von Broten.
Junge Blätter können roh oder gekocht als Gemüse gegessen und als Viehfutter benutzt werden.

Verbreitung: Die Straucherbse ist in Indien heimisch und wird weltweit in den Tropen und Subtropen angebaut.

Anbau und Ernte: Die anspruchslose, aus Samen vermehrte Kulturpflanze gedeiht in den Subtropen und Tropen in Gebieten mit Trockenperioden. Die Fruchtreife beginnt je nach Sorte 4-12 Monate nach der Aussaat und dauert mehrere Monate an. Die Hülsen werden entweder unreif oder für die Verwendung reifer Samen nach dem Vertrocknen der Fruchtschale gepflückt.

Blühende Soja-Pflanze.

Mehrsamige Hülsenfrüchte

Hülsen und Samen der Sojabohne.

Frucht: Die Pflanzen tragen behaarte, zur Reife gelbbraune, flache, leicht gebogene, hängende, sehr kurz gestielte Hülsen von 3-8 cm Länge und 1 cm Breite; diese enthalten 2-4 rundliche oder ovale, weiße, cremefarbene, braune oder schwärzliche, bittere Samen und sind 6-15 mm groß.

Verwendung: Die Sojabohne ist eine der bedeutendsten Nutzpflanzen der warmen Klimazonen. Ihre Samen sind sehr reich an Eiweiß, Kohlenhydraten und Öl und finden vielfältige Verwendung. Unreife Hülsen werden als nahrhaftes Gemüse zubereitet, die reifen, bitteren Bohnen können erst nach langem Wässern und Kochen gegessen werden. Aus den Samen wird hochwertiges Speiseöl gepreßt, der Preßkuchen getrocknet zu Mehl verarbeitet, das in Suppen, Backwaren und Soßen sowie als Viehfutter verwendet wird. In Wasser eingeweichte und anschließend gemahlene Sojabohnen dienen als Milchersatz, geröstete Samen werden als Kaffeersatz verwendet. Mit Pilzen und Bakterien fermentiertes Sojaeiweiß ergibt Sojakäse (Tempe) und Sojaquark (Tofu), die in der vegetarischen Küche Asiens große Bedeutung haben. Sojabohnen-Keime sind als Salat und Gemüse in Ostasien beliebt. Das Sojaöl wird als technisches Öl und zur Produktion von Seife, Farben, Plastik und anderen Produkten in der Industrie verwendet. Die Samen stellen ein wertvolles Viehfutter dar, das weltweit zur Mast eingesetzt wird.

Verbreitung: Die Sojabohne ist seit mehr als 3000 Jahren in Ostasien in Kultur. Erst im 20. Jahrhundert hat der Anbau weltweites Interesse gefunden und wird heute vor allem in China, Nord- und Südamerika in großem Umfang betrieben.

Anbau und Ernte: Die Sojabohne ist eine subtropische, trockenresistente Pflanze, die unter warmem Klima auf lockeren, nährstoffreichen Böden größte Erträge liefert. Es sind mehr als 1000 Varietäten gezüchtet worden, von denen die meisten Kurztagspflanzen sind. Die Vermehrung erfolgt durch Samen; die Pflanzen reifen etwa 3 Monate nach der Aussaat. Der größte Teil der Welternte stammt aus hoch intensivem Anbau in großflächigen Monokulturen, die mit Mähdreschern beerntet werden.

Helmbohne

Lablab purpureus (L.)Sweet
(*L. niger* Medikus, *L. vulgaris* Savi, *Dolichos lablab* L.)
Familie: Fabaceae (Schmetterlingsblütler)
E: Lablab, Hyacinth Bean; F: Dolique lab-lab; S: Habichuela trepadora

Die Helmbohne ist ein mehrjähriges, meist einjährig kultiviertes, vielgestaltiges, buschiges, schlingendes oder kletterndes Kraut mit bis zu 6 m langen Trieben. Ihre wechselständigen Blätter sind aus 3 breit-eiförmigen, zugespitzten, am Grund abgerundeten, ganzrandigen Fiederblättchen von bis zu 15 cm Größe zusammengesetzt, die meist weich behaart

Mehrsamige Hülsenfrüchte

Die Hülsen der Helmbohne zeichnen sich durch warzige Ränder aus.

sind. Die Blüten entwickeln sich zahlreich in blattachselständigen, bis 30 cm langen, aufrechten Trauben, deren Stiele kahl und oft verflacht sind. Die kurz gestielten Einzelblüten sitzen zu 1-5 an Knoten der Infloreszenz, ihre Kronen sind weiß, rosa, rot oder violett.

Frucht: Helmbohnen-Früchte sind sehr variabel in Größe und Farbe. Die grünen oder gelben, oft violett überlaufenen Hülsen messen 5-20 x 1-5 cm, sind sichel- oder schiffchenförmig, flach oder geschwollen, in einen langen, dünnen, gebogenen Schnabel ausgezogen und zum Grund verschmälert; sie sind leicht an ihren grob warzigen Rändern zu erkennen. Die Früchte enthalten 3-6 weiße, rote, braune, schwarze oder melierte, runde oder ovale Samen mit strichförmigem weißem Hilum.

Verwendung: Unreife grüne Hülsen werden ebenso wie reife Samen als Gemüse zubereitet oder als nahrhafte Zutat in Eintöpfe und Suppen gegeben. Die Früchte enthalten ein giftiges Glycosid, das vor dem Verzehr durch längeres Kochen zerstört werden muß. Ausgereifte und getrocknete Bohnen weicht man vor der Zubereitung mehrere Stunden ein. In Indien werden gespaltene reife Samen der Helmbohne mit Wasser zu einem scharf gewürzten Brei (Dal) verkocht, der zu Reisspeisen gereicht wird. Gemahlene Samen verarbeitet man in Ostasien zu Nudeln. Die knolligen Wurzeln der Pflanze und junge Triebe werden als Gemüse gegessen, das Kraut dient als Viehfutter.

Verbreitung: Die Helmbohne ist vermutlich in Indien beheimatet und wird weltweit in tropischen und subtropischen Gebieten, vor allem in Süd- und Südostasien, in China, in Ägypten und im Sahel angebaut.

Anbau und Ernte: Die sehr zahlreichen Zuchtsorten der Helmbohne, darunter Lang- und Kurztagspflanzen, eignen sich für unterschiedliche Standortverhältnisse und Anbaugebiete. Für die Kultur sind Temperaturen über 20 °C erforderlich; die Pflanzen sind nicht frosthart. Die Helmbohne ist aufgrund ihrer Dürreresistenz eine wichtige Nutzpflanze nieder-

Mehrsamige Hülsenfrüchte

schlagsarmer Gebiete, die auch in Trockenzeiten gedeiht; sie wird aus Samen gezogen; ihre Hülsen reifen 3-4 Monate nach der Aussaat. Unreif geerntete Früchte verderben sehr rasch, wenn sie nicht gekühlt gelagert werden; getrocknete reife Samen bleiben mehr als 1 Jahr verwendungsfähig.

Mung-Bohne

Vigna radiata (L.) R. Wilczeck
(*Phaseolus aureus* Roxb., *P. radiatus* L.)
Familie: Fabaceae (Schmetterlingsblütler)
E: Green Gram, Mung Bean;
F: Amberique, Boubour, Haricot Mungo;
S: Judia de Mungo

Die Mung-Bohne ist eine aufrechte oder windende einjährige Pflanze von 15-90 cm Größe; Stengel und Blätter tragen lange, abstehende, rauhe Haare. Die wechselständigen Blätter sind 3fiederig und bis zu 7 cm lang gestielt; ihre Nebenblätter sind eiförmig und kurz breit zugespitzt. Die kurz gestielten eiförmigen Fiederblättchen sind in eine kurze Spitze ausgezogen und 5-10 x 4-7 cm groß; sie besitzen kleine, schmal-lanzettliche bis pfriemenförmige Nebenblättchen. Die Blüten wachsen in gedrängten, blattachselständigen oder endständigen Trauben; ihre Kronen sind grünlichgelb und etwa 1,3 cm lang.

Frucht: Die geneigten oder hängenden, grünen, grauen oder braunen Hülsen der Mung-Bohne tragen abstehende, rötliche, rauhe Haare; sie sind kaum verflacht und messen 4-10 x 0,4-0,7 cm. Die Hülsen enthalten jeweils 6-15 olivgrüne, selten gelbe oder schwärzliche, rundliche oder unregelmäßig tonnenförmige Samen von bis zu 5 mm Größe mit weißem, strichförmigem oder ovalem, schmal schwarz umrandetem Hilum.

Verwendung: Junge Hülsen und Samen werden gekocht als Gemüse oder in Suppen gegessen. Vor allem in der chinesischen Küche bereitet man Keimlinge, die würzig-nussig schmecken, als Salat und Gemüse zu (oft als Sojabohnen-Keime gehandelt). Getrocknete Samen werden in Indien zu Mehl gemahlen, aus

Blatt, Hülsen und Samen der aus Indien stammenden Mung-Bohne.

dem ein gewürztes Fladenbrot gebacken wird. Das Kraut wird auch als Viehfutter und zur Gründüngung angebaut.
Verbreitung: Die Mung-Bohne stammt aus Indien und wird vor allem im tropischen und subtropischen Asien sowie in Ostafrika und auf den Karibischen Inseln angebaut.
Anbau und Ernte: Die Pflanzen sind trockenresistent und gedeihen am besten auf lockeren, nährstoffreichen Böden in relativ niederschlagsarmen Gebieten bei hohen Temperaturen; in tropischen Gebirgen werden sie bis in Lagen um 2000 m angebaut. Es gibt zahlreiche Kultursorten, darunter Kurz- und Langtagspflanzen. Die reifen Samen der Mung-Bohne werden je nach Sorte 2-4 Monate nach der Aussaat geerntet.
Verwandte Art: In gleicher Weise verwendet wird die vor allem in Indien angebaute Urd-Bohne (*V. mungo* (L.)Hepper), deren Samen fast schwarz sind.

Augen-Bohne, Schlangen-Bohne

Vigna unguiculata (L.) Walp.
(*V. sinensis* (L.)Savi ex Hassk.,
V. catjang (Burm.f.) Walp.)
Familie: Fabaceae (Schmetterlingsblütler)
E: Yard-long Bean, Cowpea;
F: Dolique monguette;
S: Pajarito, Frisol de pinta negra

Die Augen-Bohne ist eine vielgestaltige, einjährige oder ausdauernde, krautige, aufrechte, kriechende oder kletternde Leguminose. Ihre wechselständigen Blätter sind 3fiederig, 3-12 cm lang gestielt, die eiförmig-lanzettlichen Nebenblätter messen 6-20 mm. Die Fiederblättchen sind eiförmig, rhombisch oder lanzettlich, stumpf oder zugespitzt, kahl oder schwach flaumig behaart und bis 13 cm lang. Die 2 mm lang gestielten Blüten

Fruchtende Augen-Bohne.

stehen in blattachselständigen, 15-40 cm langen Trauben; ihre 4 mm langen Kelchröhren enden in spitzen, bewimperten Zipfeln; die weißen, grünlichen, gelben oder violetten Kronen sind 2-3,5 cm groß.
Frucht: Die hängenden (bei der Subspezies *cylindrica* aufrechten), zur Reife gelblichen, 10-16samigen Hülsen der Augen-Bohne sind schmal-zylindrisch, nicht verflacht und um die Samen zur Reife mehr oder weniger stark geschwollen; sie enden in einem kurzen, gebogenen Schnabel. Zur Reife sind die Hülsen etwa 7 mm breit und 4 mm dick, ihre Länge ist je nach Unterart sehr verschieden: Die Subspezies *cylindrica* (= *catjang*) trägt 7,5-13 cm lange Hülsen, die Subspezies *unguiculata* 20-30 cm, die Form *sesquipedalis* schließlich 30-100 cm lange Früchte. Die Samen sind oval, eiförmig oder schwach nierenförmig und etwa 8 x 7 x 2 mm groß; ihre Farbe ist unterschiedlich; das Hilum ist von elliptischer Form.
Verwendung: Unreife, grüne Hülsen der langfrüchtigen, in Südostasien häufig an-

gebauten Unterart *sesquipedalis* (Schlangen-Bohne) werden als Gemüse zubereitet. Von den beiden anderen Unterarten dienen vor allem die unreifen Samen als Nahrungsmittel; sie werden gekocht verzehrt. Die Früchte enthalten toxische Substanzen, die beim Erhitzen zerstört werden, sie sollen deshalb nicht roh gegessen werden.
Die Blätter der Pflanze können als Gemüse gedünstet werden. Die Art wird häufig als Viehfutter und Gründünger angebaut.
Verbreitung: Die Augen-Bohne ist eine sehr alte Kulturpflanze, die vermutlich aus dem tropischen Afrika stammt; sie wird heute weltweit in den Subtropen und Tropen kultiviert.
Anbau und Ernte: Die Pflanzen gedeihen am besten in warm-feuchten Klimaten in Lagen unterhalb 1500 m. Der Anbau erfolgt auf Feldern oder in Gärten, klimmende Formen benötigen Kletterhilfen. Die eiweißreichen Hülsen werden grün oder zur Verwendung der Samen unreif oder reif gepflückt.
Verwandte Arten: Die Früchte vieler weiterer Sippen der artenreichen Gattung *Vigna* werden regional als Nahrungsmittel genutzt. Zu den zahlreichen, teilweise schwer unterscheidbaren Arten tropischer Bohnen, von denen hier nur wenige vorgestellt werden können, zählt auch die in den gemäßigten Breiten im Sommer als Busch- und Stangenbohne angebaute Garten-Bohne (*Phaseolus vulgaris* L.). Die sehr vielgestaltige, in zahllosen Kultursorten weltweit angebaute Art stammt vermutlich aus den Gebirgen des tropischen Südamerika. Neben etlichen weiteren in Asien und Lateinamerika beheimateten *Phaseolus*-Sippen werden unter anderen Arten der Gattungen *Canavalia*, *Cicer*, *Dolichos*, *Kerstingella* und *Voandzeia* in den Tropen als Hülsenfrüchte angebaut.

Flügelbohne, Goabohne

Psophocarpus tetragonolobus DC.
Familie: Fabaceae (Schmetterlingsblütler)
E: Winged Bean, Goa Bean, Mauritius Bean; F: Haricot Dragon, Pois Ailé;
S: Calamismis, Sesquidilla

Die Flügelbohne ist eine ausdauernde, krautige, kahle Schlingpflanze mit 2-5 m langen, gerippten Trieben. An ihren Wurzeln entwickeln sich nahe der Bodenoberfläche horizontal wachsende spindelförmige Knollen. Die Blätter der Pflanze sind 3zählig gefiedert, ihre Stiele 6-15 cm lang, die Spindel 2-5 cm; die lanzettlichen Nebenblätter messen bis 5 mm. Die breit-eiförmigen, ganzrandigen Blättchen sind zugespitzt, am Grund abgerundet oder breit keilförmig, unterseits drüsig und 8-15 x 4-12 cm groß; am Grund der Fiederblättchen finden sich 3-5 mm lange, lanzettliche Nebenblättchen. Die blattachselständigen, bis 15 cm langen,

Flügelbohne.

Mehrsamige Hülsenfrüchte

traubigen Infloreszenzen tragen 2-15 Blüten, die 8-12 mm lang gestielt sind. Der Blütenkelch ist glockenförmig mit 5 rundlichen Zipfeln, etwa 8 mm lang und von grüner oder dunkelvioletter Farbe. Die rote, blaue, hellviolette oder cremefarbene Krone mit breiter, zurückgeschlagener Fahne mißt etwa 3 cm.

Frucht: Die 4kantige, 6-40 cm lange und 1,5-4 cm breite Hülse der Flügelbohne zeichnet sich durch 4 gewellte und gekerbte, dünne Flügel von 5-15 mm Breite aus; sie ist kahl, rauh oder glatt und von hellgrüner Farbe, manchmal violett gefleckt. Die Früchte enthalten 5-20(-40) rundliche, schwarze, braune, gelbe oder weiße Samen von bis zu 1 cm Durchmesser.

Verwendung: Die Flügelbohne ist eine der bedeutendsten Gemüsepflanzen Asiens und Ostafrikas. Fast alle Teile einschließlich der Wurzeln liefern eiweißreiche Nahrung. Hauptsächlich werden die unreifen ganzen Hülsen gekocht oder gedünstet verzehrt. Reife Samen dienen gekocht oder geröstet als Gemüse oder Zutat zu Speisen und lassen sich wie Sojabohnen zur Herstellung von Öl, vegetarischer »Milch« und pflanzlichem »Käse« sowie Tofu verwenden.
Besonders proteinreich sind die knolligen Wurzeln, die ebenso wie die jungen Triebe, Blätter und Blüten als Gemüse zubereitet oder roh gegessen werden.

Verbreitung: Das Herkunftsgebiet der Flügelbohne wird im tropischen Asien oder Ostafrika vermutet, wo sie am häufigsten anzutreffen ist; auch in anderen tropischen Regionen wird die Art kultiviert.

Anbau und Ernte: Die Flügelbohne gedeiht in tropischen Klimaten mit relativ hohen Niederschlägen; vorteilhaft für reichen Fruchtansatz ist eine Trockenzeit zur Fruchtentwicklung. Die Art wird bis in Höhen von 2000 m angebaut, erträgt aber keine Fröste. Die Pflanzen werden aus Samen vermehrt und zumeist einjährig, allein oder in Mischkultur gezogen. Es gibt zahlreiche Kultivare, die sich hinsichtlich vegetativer und generativer Merkmale sowie ökologischer Ansprüche unterscheiden. Unreife Hülsen werden als Gemüse ab 8 Wochen nach der Aussaat geerntet, reife Bohnen nach 16 Wochen; die Pflanzen tragen über mehrere Monate Früchte. Die Hülsen sind bis zu 3 Wochen lagerfähig.

Verwandte Arten: Im tropischen Afrika werden 3 weitere Arten der Gattung als Gemüsepflanzen angebaut: *Psophocarpus scandens* (Endl.) Verdc., *P. grandiflorus* Wilczek (Ostafrika) und *P. palustris* Desv. (Westafrika).

Erdnuß

Arachis hypogaea L.
Familie: Fabaceae (Schmetterlingsblütler)
E: Peanut, Groundnut; F: Cacaoette;
S: Cacahuete, Mani; P: Amendoim

Die Erdnuß-Pflanze ist ein einjähriges, am Grund reich verzweigtes, kriechendes oder aufrechtes, flaumig behaartes Kraut

Blühende Erdnuß-Pflanze.

Mehrsamige Hülsenfrüchte

von bis zu 50 cm Wuchshöhe. Ihre wechselständigen, lang gestielten Blätter sind 2paarig gefiedert, die Blättchen kurz gestielt, elliptisch bis verkehrt-eiförmig, 25-60 x 15-30 mm groß; die großen Nebenblätter sind linealisch. Die sitzenden, durch ihren röhrigen, lang ausgezogenen Blütenboden scheinbar gestielten, hinfälligen selbstbestäubenden Blüten wachsen bodennah in blattachselständigen, 1-6blütigen Trauben; ihr Kelch ist 2lappig, die Oberlippe in 4 Zähne gespalten, die Unterlippe ganzrandig; die gelbe Krone mißt 15-20 mm. Nach der Blüte verlängert sich die Basis des Fruchtknotens zu einem mehrere Zentimeter langen, stielförmigen Fruchtträger und schiebt den fertilen Teil des Fruchtknotens in die Erde, wo dieser Nährstoffe aufnehmen kann.

Frucht: Die unterirdisch reifenden Früchte der Erdnuß sind unregelmäßig zylindrisch, um ihre (1-)2-4 Samen eingeschnürt, leicht gekrümmt und 2-5 x 1-1,5 cm groß; sie öffnen sich nicht. Ihre harte, dünn-holzige Schale ist gelbbraun, netzförmig gerippt und kahl. Die sehr eiweiß- und ölreichen, walzen- bis eiförmigen Samen, deren 2 gelbliche Keimblätter sich leicht voneinander lösen, sind von einer dünnen, papierähnlichen, rotbraunen Schale umgeben und bis 15 x 10 mm groß.

Verwendung: Die sehr nahrhaften Samen der Erdnuß werden roh, geröstet, gekocht oder gedünstet verzehrt, häufig gesalzen oder gezuckert. Sie dienen als nahrhafte Beigabe zu Speisen oder Zutat zu Süßigkeiten. Erdnußkeime werden als Gemüse verwendet. Zu Pasten verarbeitete, leicht geröstete Erdnüsse dienen als Brotaufstrich (Erdnuß-Butter), in Malaysia werden gekochte und fermentierte Samen als Gewürz verwendet. Das aus Erdnüssen warm gepreßte oder extrahierte, milde Öl wird zum Kochen, als Salatöl sowie zur Herstellung von Margarine benutzt; etwa die Hälfte der Weltproduktion geht in die Ölherstellung.

Verbreitung: Beheimatet ist die Erdnuß im südlichen Brasilien, in Paraguay, Bolivien und Argentinien, wo sie seit Jahrtausenden kultiviert wird. Seit dem 16. Jahrhundert weitete sich der Anbau weltweit auf semiaride Gebiete der Tropen und Subtropen aus; Hauptanbauländer sind heute Indien, China und die USA.

Anbau und Ernte: Die Pflanzen benötigen lockeren, nährstoffreichen Boden und warm-trockenes Klima; sie sind empfindlich gegen Nässe. Die meisten Sorten gedeihen bei Mitteltemperaturen zwischen 22 und 27 °C. Die zahlreichen Kultursorten werden in aufrecht wachsende und kriechende, den Wildformen nahestehende Typen gegliedert. Die Erdnuß wird aus Samen gezogen und auf Feldern oft in ausgedehnten Monokulturen angebaut; sie fruchtet innerhalb von 4-5 Monaten. Zur Ernte werden die Pflanzen ausgerissen und die Früchte mit oder ohne Kraut getrocknet.

Die Erdnuß reift am verlängerten Fruchtträger unter der Erde.

Zitrusfrüchte

Zitrone

Citrus limon (L.) Burm.f.
(*Citrus limonum* Risso)
Familie: Rutaceae (Rautengewächse)
E: Lemon; F: Citron; S: Limón; P: Limão

Zitronen sind immergrüne, bis 6 m hohe Bäume mit grünen Zweigen, die in den Blattachseln Dornen tragen können. Die elliptischen oder eiförmigen, am Rand stumpf gezähnelten, ledrigen Blätter sind oberseits dunkelgrün, unten weißlich-grün, jung rötlich; sie erreichen Größen bis 17 x 9 cm. Ihre Spreiten sind am Grund keilförmig verschmälert, zur stumpfen Spitze kurz ausgezogen, beim Zerreiben sehr aromatisch. Die Blattstiele, die zur vegetativen Unterscheidung der *Citrus*-Arten große Bedeutung haben, sind bei der Zitrone etwa 1 cm lang, kräftig und nicht geflügelt. Die Blüten wachsen zu 1-3 aus den Blattachseln, ihre Knospen sind violett, die 4-5 fleischigen, lanzettlichen Kronblätter oberseits weiß, unten rötlich und etwa 2 cm lang.
Frucht: Die Beere der Zitrone (Hesperidium, Fruchtaufbau siehe S. 14 ff.) ist von ovaler Form und endet meist in einer abgesetzten, dick warzen- bis kegelförmigen Spitze; sie wird bis 14 x 8 cm groß. Ihre

Reife Früchte der Zitrone.

Schale ist zur Reife gelb und von feinen Drüsen punktiert; zusammen mit dem weißen Albedo ist die Fruchtrinde bis 1 cm dick. Das saftige, blaßgelbe Fruchtfleisch ist in 8-10 Segmente gegliedert und von aromatischem, sehr saurem Geschmack. Die Samen sind elliptisch oder eiförmig, zugespitzt, weiß und etwa 1 cm groß.
Verwendung: Der Vitamin-C-reiche Saft der Früchte wird mit Wasser und Zucker gemischt kalt oder heiß getrunken, zum Aromatisieren und Säuern von Speisen, Getränken und Süßigkeiten sowie zur Herstellung von Limonaden verwendet. Geriebene frische oder kandierte Schalen dienen als Gewürz für Backwaren und Süßigkeiten. Aus zerschnittenen Früchten samt Schale wird Marmelade hergestellt. Zitronenscheiben werden zum Garnieren von Speisen und Getränken verwendet, der Saft läßt sich außerdem zum Konservieren von Lebensmitteln einsetzen. Heißer Zitronensaft wird zur Vorbeugung und Linderung von Erkältungen getrunken. Der Saft wirkt fiebersenkend, harntreibend und abführend. Das ätherische Öl der Schale ist Bestandteil von Möbelpolituren, Seifen, Shampoos und von Parfum.

Die nektarreiche Zitronen-Blüte.

Verbreitung: Die Zitrone stammt vermutlich aus Nordindien oder Birma; sie wurde von den Arabern im 1. Jahrtausend n. Chr. nach Südeuropa eingeführt. Heute wird die Art weltweit in mediterranen und subtropischen Klimaten kultiviert.

Anbau und Ernte: Zitronen-Bäume sind subtropische Pflanzen, die sich in den Tropen nur im relativ kühlen Bergland anbauen lassen. Sie ertragen leichte Fröste bis -4 °C, sind aber empfindlich gegen starke Temperaturschwankungen. Zahlreiche Kultivare werden durch Samen oder vegetativ aus Stecklingen vermehrt und in Gärten und Plantagen gezogen. Die Bäume tragen mehr als 30 Jahre lang Früchte, die am besten reif gepflückt werden.

Rauhschalige Zitrone

Citrus jambhiri Lush.
Familie: Rutaceae (Rautengewächse)
E: Rough Lemon; S: Limón rugoso

Die Rauhschalige Zitrone ist eine der Gewöhnlichen Zitrone nahestehende Sippe, die vor allem in den Tropen angebaut wird. Die kleinen Bäume oder Sträucher tragen etwa 1 cm lange, blattachselständige Dornen. Ihre elliptischen, bis 11 x 6,5 cm großen, am Rand unregelmäßig schwach gekerbten Blätter haben 1 cm lange, sehr schwach geflügelte Stiele.

Frucht: Die Beeren sind rund oder verkehrt-eiförmig, zum Stiel eingebuchtet und tragen eine dicke, stumpfe, aufgesetzte Spitze; sie sind meist größer als die der gewöhnlichen Zitrone. Ihre zur Reife gelbe Schale ist grob warzig und der weiße Albedo bis 1 cm dick. Die farblosen bis blaßgelben, glasigen Saftschläuche haben typischen Zitronengeschmack und sind meist auf 11 Segmente verteilt, die von derben Häuten umgeben sind. In der Mitte der Frucht findet sich ein bis 1,5 cm dicker schwammiger, oft hohler Zentralstrang. Die halbrunden oder schief-eiförmigen, leicht verflachten Samen haben einen zugespitzten Grund, sind gelblichweiß und bis 13 x 8 mm groß.

Verwendung: Die Früchte werden in gleicher Weise wie die der Gewöhnlichen

Fruchtender Baum der Rauhschaligen Zitrone.

Zitrone verwendet. Die Pflanzen sind gute Pfropfunterlagen für andere *Citrus*-Arten.
Verbreitung: Die Rauhschalige Zitrone stammt vermutlich aus Indien; sie wird in den Tropen und Subtropen, häufig in Südasien und Lateinamerika angebaut.
Verwandte Arten: Weitere der Zitrone nahestehende Sippen mit gelben Beeren sind die Süße Zitrone (*C. limetta* Risso) mit kleinen, runden, gelbgrünen Früchten und die sehr dickschalige Zitronat-Zitrone (*C. medica* L.).

Limone, Limette

Citrus aurantifolia (L.) Swingle
(*C. lima* Lunan)
Familie: Rutaceae (Rautengewächse)
E: Lime; F: Limette, Citron vert;
S: Limón agrio, Lima acida; P: Lima

Eine der am häufigsten in den inneren Tropen angebauten Zitrusfrüchte ist die Limone. Der bis 4 m hohe, reich verzweigte, immergrüne Baum oder Strauch trägt in den Achseln der wechselständigen Blätter kurze, starre, etwa 1 cm lange Dornen. Die Blattstiele der Limone sind ebenso lang oder länger als ihre blattachselständigen Dornen und schmal herzförmig geflügelt. Die Blattspreiten sind ledrig, oberseits glänzend dunkelgrün, unten heller, jung hell purpurn, elliptisch bis eiförmig, zum Grund abgerundet, am Rand schwach stumpf gezähnelt, 4-8 x 2-5 cm groß und beim Zerreiben aromatisch. Die Blüten wachsen einzeln oder in Trauben zu 2-7 aus den Blattachseln. Sie haben einen becherförmigen, 4-6lappigen Kelch und 4-6 weiße, länglich-ovale, spreizende, etwa 2,5 cm lange Kronblätter.

Frucht: Die Limonen-Früchte sind rundliche Beeren von 3-6 cm Größe. Ihre äußere Rinde ist im reifen Zustand grün bis grünlichgelb, dicht fein drüsennarbig, 1,5-3 mm dick, der darunterliegende weiße Albedo dünn. Das aus gelbgrünen, selten orangen Saftschläuchen bestehende Fruchtfleisch ist in 5-15 Segmente gegliedert, die fest aneinander und an der Schale haften. Die oval-eiförmigen, leicht verflachten weißlichen Samen messen etwa 9 x 5 x 3 mm. Die Frucht schmeckt

Die Limone trägt dünnschalige, grüne, fruchtig-saure Beeren.

sehr sauer, besitzt aber ein sehr aromatisches, kräftig fruchtiges, zitronenähnliches Aroma.

Verwendung: Aus dem Vitamin-C-reichen Saft reifer Limonen wird mit Zucker und Eiswasser ein ausgezeichnetes Erfrischungsgetränk hergestellt. Limonensaft wird außerdem zum Aromatisieren von Limonaden, Tee und Alkoholika sowie zum Würzen von Gebäck, Soßen und Speisen benutzt oder über Salate und mildes Obst geträufelt. Ganze reife Früchte werden zu Marmelade, Gelee und Sirup verarbeitet oder mit Gewürzen als »Pickles« eingelegt. Im Vorderen Orient sind getrocknete Limonen zur Herstellung von Tee und als Gewürz beliebt. Das durch Destillation gewonnene ätherische Öl der Frucht dient in der Lebensmittelindustrie zum Aromatisieren von Süßigkeiten und Getränken.

Gehackte Blätter verwendet man in Südostasien als Gewürz. Das Öl der Frucht wird in Kosmetika verarbeitet und zum Behandeln von Insektenstichen auf die Haut aufgetragen. Limonensaft wird vielfältig medizinell eingesetzt, beispielsweise gegen Kopfschmerzen, Husten, Halsschmerzen, Rheumatismus und Arthritis, Herzklopfen und Hämorrhoiden.

Verbreitung: Die Limone ist im indomalaiischen Raum beheimatet und wird weltweit in tropischen und warm-subtropischen Klimaten angebaut.

Anbau und Ernte: Die kälteempfindlichen Pflanzen können in den äquatorialen Tropen bis in Höhen von etwa 1000 m kultiviert werden; sie benötigen weniger Feuchte als andere *Citrus*-Arten. Die zahlreichen Kultursorten werden aus Samen oder Absenkern vermehrt und in Gärten oder Plantagen gezogen. Die Früchte reifen 6 Monate nach der Blüte. Ein Baum kann jährlich weit mehr als 1000 Beeren tragen. Limonen werden reif von Hand gepflückt und können unbehandelt nur wenige Tage gelagert werden, bis die dünne Schale austrocknet und Qualitätsverluste einsetzen.

Papeda

Citrus hystrix DC.
Familie: Rutaceae (Rautengewächse)
E: Leech Lime, Mauritius Papeda;
F: Citron combera

Papeda ist ein bis 12 m hoher, immergrüner Baum mit jung verflacht-kantigen Stengeln, die in den Blattachseln kurze, steife Dornen tragen. Seine wechselständigen Blätter sind breit- bis verlängerteiförmig, stumpf, die Spreiten am Rand fein gekerbt, am Grund abgerundet und bis 6 x 15 cm groß. Die Blattstiele sind sehr breit geflügelt. Die aus den Blattachseln wachsenden Blütenstände tragen 1-5 Blüten mit 4zipfeligen Kelchbechern und meist 4 weißen, cremefarbenen oder rötlichen Kronblättern, die bis 1 cm lang und 0,5 cm breit sind.

Frucht: Die rundlichen Früchte der Papeda werden bis 7 cm groß und sind reif von grüner bis gelbgrüner Farbe. Sie ähneln der Limone, unterscheiden sich jedoch durch eine grob runzelig-beulige Oberfläche sowie durch ihre dicke Fruchtrinde; die Beeren sind abrupt in einen kurzen dicken Hals verschmälert. Das Fruchtfleisch ist in 10-12 Segmente gegliedert, seine Saftschläuche sind gelbgrün, und von saurem, etwas bitterem, fruchtigem Geschmack.

Verwendung: Als Nahrungsmittel werden Papeda-Früchte ebenso wie Limonen genutzt. Ihr Saft, die zerriebene Schale oder ganze zerkochte Beeren werden als Seife und Shampoo verwendet. In Malaysia und Indonesien wird Papeda-Saft oder ein daraus hergestelltes Tonikum (»ubad jamu«) zum Vertreiben

Die warzigen Früchte der Papeda.

häufig zum Verkauf angeboten. Die Art wird in Süd- und Südostasien, von Mauritius und Sri Lanka bis auf die Philippinen angebaut, ihre Herkunft ist nicht bekannt.
Anbau und Ernte: Die Pflanzen werden in Haus- und Obstgärten gezogen; sie gedeihen im feucht-heißen Tropenklima. Geerntet werden reife Früchte, die bis zu 3 Wochen lagerfähig sind.

böser Geister auf den Körper aufgetragen. Der Saft kann als Schutzmittel gegen Landblutegel und zu deren Entfernen auf die Haut aufgetragen werden. Die getrockneten und zerstoßenen Blätter werden als Speisegewürz benutzt.
Verbreitung: Die durch ihre runzelige Oberfläche auffälligen Papeda-Beeren werden auf den Märkten Südostasiens

Mandarine, Clementine, Satsuma, Tangerine

Citrus reticulata Blanco
(*Citrus deliciosa* Ten.)
Familie: Rutaceae (Rautengewächse)
E: Mandarin, Tangerine, Satsuma;
F: Mandarine, Tangerine;
S: Mandarina, Satsuma; P: Tangerina

Die Mandarine ist ein immergrüner, bis 7,5 m hoher Baum mit dünnen, dornigen Ästen. Ihre wechselständigen Blätter sind ledrig, dunkelgrün, breit-lanzettlich oder elliptisch, zugespitzt und zum Grund ver-

Mandarinen haben eine sehr aromatische Fruchtrinde.

schmälert, schwach entfernt stumpf gesägt und glänzend; die Spreiten messen bis 13 x 5 cm. Die etwa 1 cm langen Blattstiele sind sehr schmal geflügelt. Die kleinen weißen Blüten wachsen einzeln oder in wenigblütigen Trauben in den Blattachseln.

Frucht: Die Früchte der Mandarine zeichnen sich durch leicht zu lösende, dünne Schalen aus, die das Fruchtfleisch oft sehr locker umgeben. Sie sind von breitrunder Form, zum Stielansatz wie an der Spitze in der Regel eingedellt und erreichen Durchmesser von 4-10 cm. Die etwa 2,5 mm dicke Schale ist außen zur Reife orangegelb, scheckig grün-orange oder gelblichgrün; Marktfrüchte werden häufig durch Zufuhr von Ethylen »entgrünt«. Beim Schälen entfalten die ätherischen Öle der Fruchtrinde einen angenehmen, starken Geruch von spezifischem Aroma. Das Fruchtfleisch ist hell- bis dunkelorange, sehr saftig, säuerlich süß und aromatisch; es ist in 9-15 Segmente gegliedert, die sich leicht voneinander trennen lassen. Die vielgestaltige (Sammel-)Art umfaßt mehrere, hinsichtlich ihrer Abgrenzung und Taxonomie umstrittene Sippen und intraspezifische Hybriden, die sich in der Schale, der Größe und dem Geschmack der Früchte unterscheiden und als Clementine, Tangerine, Satsuma und Tangelo bezeichnet werden.

Verwendung: Mandarinen werden frisch als Obst aus der Hand gegessen, in Dosen gehandelt und zum Garnieren von Süßspeisen, als Zutat zu Fruchtsalaten und als Belag für Obstkuchen verwendet. Das Öl der Fruchtschale findet in der Kosmetikindustrie Verwendung.

Verbreitung: Beheimatet in Südostasien, ist die Mandarine die in den Tropen der alten Welt am häufigsten angebaute süße Zitrusfrucht; seit der Mitte des 19. Jahrhunderts wird die Art auch im Mittelmeergebiet, in den südlichen USA und in Mittelamerika in großem Umfang kultiviert.

Anbau und Ernte: Die Mandarine gedeiht in tropisch-montanen und subtropischen Gebieten besser als im feuchtheißen äquatorialen Tieflandsklima. Der Anbau von Marktfrüchten erfolgt vor allem in Plantagen. Die zahlreichen Kultursorten werden vegetativ durch Augenstecklinge und Absenker vermehrt. Die Früchte reifen etwa 10 Monate nach der Blüte und werden von Hand gepflückt. Sie sind unbehandelt nur wenige Tage haltbar; Exportfrüchte werden durch chemische Behandlung für längere Lagerzeiten präpariert.

Pomelo, Pampelmuse, Riesenorange

Citrus maxima (Berm.) Merr.
(*C. grandis* (L.) Osbeck)
Familie: Rutaceae (Rautengewächse)
E: Shaddock, Pummelo;
F: Pamplemousse; S: Toronja, Pomelo;
P: Toranja

Pomelo ist ein bis 15 m hoher, tief und ausladend verzweigter, immergrüner Baum mit dornigen oder unbewehrten Ästen; seine jungen Zweige sind kantig und behaart. Die Blattstiele sind bis zu 7 cm breit herzförmig geflügelt. Die ledrigen Blattspreiten sind eiförmig oder elliptisch, ganzrandig oder schwach gekerbt, stumpf zugespitzt und am Grunde abgerundet; sie sind matt grün, unterseits fein behaart und messen bis 20 x 12 cm. Die großen Blüten wachsen einzeln oder bis zu 10 in Trauben aus den Blattachseln und am Ende der Zweige; ihre Stiele und Kelche sind behaart, die 4-5 schmalen, gelblichweißen Kronblätter erreichen Längen bis 3,5 cm.

Zitrusfrüchte

Fruchtender Pomelo-Baum mit typischen birnenförmigen Früchten.

Frucht: Pomelo trägt die größten Früchte aller *Citrus*-Arten, die Durchmesser bis 50 cm und über 1 kg Gewicht erreichen können. Die Beeren sind rundlich oder gedrungen-birnenförmig und von grünlichgelber Farbe; ihre Schale ist 1,5-4 cm dick. Das oft nur mäßig saftige Fruchtfleisch ist in 11-18 Segmente gegliedert, deren Häute sich leicht abziehen lassen. Die sehr großen, rötlichen oder gelben Saftschläuche sind relativ locker miteinander verbunden und von süßem bis saurem, mäßig aromatischem Geschmack, im Unterschied zur verwandten Grapefrucht nicht oder kaum bitter. Die Früchte enthalten wenige kantige, gelbliche Samen.

Verwendung: Pomelo wird in der Regel frisch als Obst gegessen. Hierzu werden die Früchte geschält, in ihre Segmente zerlegt und vor dem Verzehr der Saftschläuche die Häute von den Spälten abgezogen. Seltener werden die Beeren wie Grapefrucht verzehrt. Der Pomelo-Saft wird als Getränk geschätzt. In Südostasien wendet man Sud aus Blättern, Blüten und Rinde gegen Epilepsie, Cholera, Schwellungen und Ekzeme an.

Verbreitung: Pomelo ist vermutlich in Südostasien heimisch und wird weltweit in den Tropen und Subtropen kultiviert; nördlichste Anbaugebiete sind Florida und Israel.

Anbau und Ernte: Im Unterschied zu den meisten anderen *Citrus*-Arten gedeiht Pomelo am besten im tropischen Tieflandsklima bei hohen Temperaturen und reichlichen Niederschlägen; Thailand gilt als günstigste Anbauregion. Der Baum ist anspruchslos hinsichtlich der Bodenverhältnisse und wird in Gärten

Pomelo, die größte Zitrusfrucht.

und Plantagen gezogen. Die Vermehrung der Pflanzen erfolgt durch Sämlinge, die nicht veredelt werden müssen. Zahlreiche Sorten unterscheiden sich in der Form, Größe, im Geschmack und in der Farbe der Frucht. Die Bäume tragen je nach Klima periodisch oder ganzjährig Früchte, die reif von Hand gepflückt werden und wochenlang lagerfähig sind.

Grapefrucht

Citrus paradisi Macf.
Familie: Rutaceae (Rautengewächse)
E: Grapefruit; F: Grapefruit; S: Toronja; P: Toranja

Die Grapefrucht ist vermutlich eine junge *Citrus*-Sippe, die als Hybride aus Pomelo und Apfelsine hervorgegangen ist. Nach anderer Auffassung handelt es sich um eine Unterart des Pomelo, von dem sich die Pflanzen in den vegetativen Teilen durch fehlende Behaarung, kleinere, bis 15 x 7,5 cm große Blätter und meist schmäler geflügelte Blattstiele unterscheiden.

Frucht: Die Grapefrucht ist von runder bis breit-runder Form und mißt im Durchmesser 8-15 cm. Ihre Schale ist grünlichgelb bis orangegelb und bis 1,3 cm dick. Das sehr saftige Fruchtfleisch aus großen weißlichen, gelben, orangen oder blaßroten Schaftschläuchen ist in 11-15 fest miteinander verbundene Segmente gegliedert; sein Geschmack ist sehr aromatisch, je nach Sorte mehr oder weniger sauer und hat eine bittere Komponente. Im Zentrum der Beeren findet sich oft ein großer Hohlraum. Die kantigen, unregelmäßig eiförmigen, an einem Ende zugespitzten Samen sind hell gelblichbräunlich und bis 1,5 x 1 cm groß.

Verwendung: Grapefrucht wird als Obst gegessen, indem die Frucht quer halbiert und das Fruchtfleisch mit einem Messer von den Häuten der Segmente getrennt und ausgelöffelt wird. In großem Umfang wird aus den Früchten Saft gepreßt. Die Beere eignet sich zur Herstellung von Marmelade oder Gelee. Die pektinreiche Schale läßt sich kandieren und liefert ein Öl, das bei der industriellen Herstellung von Erfrischungsgetränken eingesetzt wird. Auch aus den Samen wird ein hochwertiges Öl gepreßt.

Die Reste verarbeiteter Früchte dienen als Viehfutter. Blütenextrakt wird gegen Schlaflosigkeit und als magenstärkendes Mittel eingenommen, Auszüge aus den Blättern sollen antibiotische Wirkung haben.

Verbreitung: Grapefrucht ist in der Mitte des 18. Jahrhunderts im Karibischen Raum entdeckt worden und wird heute weltweit in den Tropen und Subtropen kultiviert. Die nördlichsten Anbaugebiete, die trotz zeitweise kritisch kalter Temperaturen den größten Teil der Exportfrüchte erzeugen, sind Israel und Florida.

Anbau und Ernte: Günstigste Anbaubedingungen für Grapefrucht finden sich in subtropischen Tiefländern bei ausgeglichenen Niederschlagsverhältnissen. Die Vermehrung der Pflanzen erfolgt in der Regel vegetativ, indem Reiser auf Stöcke

Grapefrucht.

anderer *Citrus*-Arten gepfropft werden. Angebaut werden die Bäume in Plantagen oder einzeln in Obst- und Hausgärten. Die Früchte werden von Hand reif gepflückt und lassen sich unbehandelt 1-2 Wochen lagern; Aufbewahrung unter 10 °C führt zu Kälteschäden an der Schale.

Apfelsine, Orange

Citrus sinensis (L.)Osbeck
Familie: Rutaceae (Rautengewächse)
E: Sweet Orange; F: Orange; S: Naranja;
P: Laranja

Orangen-Baum mit Frucht und Blüten.

Die Apfelsine ist ein bis 8(-15) m hoher, tief verzweigter, immergrüner Baum mit ausladender, rundlicher Krone. Ihre jungen Zweige sind kantig und gedreht; sie tragen in den Blattachseln biegsame Dornen. Die 1-3 cm langen Stiele der wechselständigen, aromatischen Blätter sind schmal geflügelt, die Blattspreiten eiförmig oder elliptisch, bis 15 x 10 cm groß, am Grund abgerundet, die Blattränder gewellt oder gekerbt. Die stark duftenden Blüten messen im Querschnitt bis 5 cm; sie wachsen einzeln oder in Trauben bis zu 6 in den Blattachseln; ihre grünen Kelchbecher sind kurz 5lappig, die 5 lang-eiförmigen Kronblätter weiß.

Frucht: Die Beeren der Apfelsine gehören zu den weltweit bekanntesten und beliebtesten Zitrusfrüchten. Sie sind von runder oder breit-ovaler Form, bei einigen Sorten zum Stiel eingedellt. Ihre Schale ist drüsig punktiert, im reifen Zustand von grünlicher, gelber oder oranger Farbe und bis 5 mm dick; der weiße Albedo ist dünn. Das sehr saftige, orange oder rote Fruchtfleisch ist in 10-14 Segmente gegliedert, die untereinander und an der Schale mehr oder weniger fest haften. Apfelsinen der Navel-Sorten haben am Fruchtende einen zweiten, kleinen Kreis von Segmenten. Der Geschmack des reifen Fruchtfleisches ist aromatisch süß oder säuerlich süß. Die Beeren enthalten je Spälte bis zu 4 zugespitzt-eiförmige oder keilförmige weiße Samen mit rauhkantigen ebenen Oberflächen; einige Sorten sind samenlos. Die zahlreichen Kultivare unterscheiden sich in der Fruchtzeit, in der Dicke der Schale, im Geschmack und im Samenreichtum der Beeren; zu den wichtigsten Sortengruppen gehören Navel-, Valencia- und Blut-Orangen. Die Fruchtschale der Apfelsine färbt sich unter dem Einfluß relativ kühler Temperaturen orange, in den heißen Tropen bleiben die Beeren grün oder werden scheckig gelbgrün.

Verwendung: Das Fleisch der Vitamin-C-reichen Früchte wird roh als Obst gegessen, dient als Bestandteil von Fruchtsalaten und Obstkuchen oder wird (teilweise mit der bitteren Schale) zu Marmelade und Gelee verkocht. Ein großer Teil der Ernte wird zu Saft verarbeitet. Fruchtfleisch und Schalen dienen kandiert als Zutat zu Konfekt und Kuchen; geriebene Schale findet zum Würzen von Gebäck und Süßspeisen Verwendung. Das Öl der drüsigen Schalen wird industriell zum Aromatisieren von Süßigkeiten, Lebensmitteln, Getränken sowie in Kosmetika und Reinigungsmitteln verarbeitet. Regional werden Wein und Brandy aus Orangen hergestellt. Aus den Samen gepreßtes Öl läßt sich als Speiseöl und zur Herstellung von Seifen verwenden. Andauernder oder intensiver Kontakt mit den ätherischen Ölen der Schale und Blätter kann Hautkrankheiten und Allergien hervorrufen. Die Blüten erzeugen große Mengen von Nektar, der von Imkern als ergiebige Bienenweide geschätzt wird und einen hellen aromatischen Honig ergibt. Früchte und ätherische Öle der Pflanze werden vielfältig medizinisch eingesetzt.

Bäumchen der Apfelsine und der verwandten bitteren Pomeranze waren im 15. und 16. Jahrhundert an den europäischen Höfen beliebte Zierpflanzen, die in Kübeln oder Glashäusern (Orangerien) gezogen wurden; in warmen Ländern nutzt man sie oft als Alleebäume.

Verbreitung: Das Herkunftsgebiet der seit Jahrtausenden kultivierten Apfelsine wird in Südchina und Indochina vermutet. Die Art wurde bereits in vorchristlicher Zeit im Vorderen Orient angebaut und ist heute weltweit eine der bedeutendsten Nutzpflanzen der warmen Länder.

Anbau und Ernte: Apfelsinen gedeihen in mediterranen, subtropischen und tropisch-montanen Klimaten; im tropischen Bergland können sie bis 2000 m Höhe angebaut werden. Die sortenechte Vermehrung erfolgt durch Veredelung mit Augenstecklingen und Edelreisern, jedoch bewahren auch Sämlinge in der Regel die Eigenschaften der Elternpflanzen. Die Bäume sind frostempfindlich und benötigen in langen Trockenperioden Bewässerung. Der überwiegende Teil des Anbaus erfolgt intensiv in Plantagen, wo die heranreifenden Apfelsinen meist mit Fungiziden behandelt werden. Die Früchte reifen 6-9 Monate nach der Blüte; ihr volles Aroma besitzen sie im reifen Zustand unmittelbar nach dem Pflücken; während der Lagerung verlieren sie an Geschmack. Früh geerntete Apfelsinen reifen nicht nach und bleiben relativ sauer. Unbeschädigte Früchte sind bei niedrigen Temperaturen wochenlang haltbar; Handelsware wird zur Verlängerung der Lagerfähigkeit meist gewachst.

Verwandte Art: Der Apfelsine sehr ähnlich sind die Früchte der Pomeranze (*Citrus aurantium* L.), die sehr bitter schmecken; sie werden meist gemischt mit Apfelsinen zu Marmelade oder Gelee verarbeitet. Pomeranzen unterscheiden sich neben dem Geschmack ihrer Früchte durch stark geflügelte Blattstiele, einen Hohlraum im Zentrum der Frucht und durch spezifischen Geruch von Blättern und Blüten.

Chinesische Kumquat

Fortunella margarita (Lour.)Swingle
Familie: Rutaceae (Rautengewächse)
E: Oval Kumquat; S: Naranjita, Kumquat; P: Kunquat

Die Chinesische Kumquat ist die bekannteste Vertreterin der eng mit den *Citrus*-Arten verwandten Gattung *Fortunella*. Die langsam wachsende Pflanze bildet dichte, immergrüne Sträucher von 2-4 m Höhe. Junge Zweige sind kantig und tragen manchmal Dornen in den Blattachseln. Die wechselständigen, dunkelgrünen, glänzenden Blätter sind von lanzettlicher Form, bis 10 cm lang, am Rand vom Grund bis zur Blattmitte fein gezähnelt; sie sind dicht mit Drüsen besetzt und aromatisch. Die Blattstiele tragen schmale Flügel. Die zwiegeschlechtlichen, süß duftenden, weißen, kleinen Blüten wachsen einzeln oder in Trauben bis 4 in den Blattachseln.

Zitrusfrüchte

Die kleinen Kumquat-Früchte haben süße, eßbare Schalen.

Frucht: Die Beeren der *Fortunella*-Bäumchen entsprechen im Aufbau denen der *Citrus*-Arten, sind jedoch wesentlich kleiner. Die Chinesische Kumquat trägt ovale bis lang-eiförmige, orangefarbene Früchte von 2,5-4,5 x 2-3 cm Größe. Die fleischige, drüsenreiche Schale schmeckt süß, das saftige Fruchtfleisch ist in 3-6 Segmente gegliedert und sauer. Die Beeren entwickeln bis zu 3 relativ große weißliche Samen.

Verwendung: Die Früchte werden mitsamt der süßen Schale roh als Obst gegessen oder in Scheiben geschnitten als dekorative Zutat an Fruchtsalate gegeben. In Asien wird Kumquat kandiert oder mit Zucker eingekocht und als Kompott serviert. Mit Gewürzen süßsauer eingelegte Kumquats sind in China ebenso beliebt wie eine Soße aus Früchten, die zusammen mit Honig, Orangensaft, Salz und Butter zerkocht werden. Die ganze Frucht läßt sich zu schmackhafter Marmelade, Gelee und »Chutneys« verarbeiten. In Australien wird Likör aus Kumquat hergestellt.

Kumquat wird gern als Zierpflanze in Gärten angebaut, kleine Sträucher sind in Europa als Topfpflanzen im Handel. Die Buddhisten Ostasiens verwenden Kumquat-Pflanzen als traditionelle Dekoration für das Neujahrsfest.

Verbreitung: Die Art ist im südlichen China und in Indochina seit Jahrtausenden in Kultur; außerhalb Ostasiens wird ihr Anbau in jüngerer Zeit ausgeweitet.

Anbau und Ernte: Die Kumquat-Arten sind subtropische Pflanzen, die im Unterschied zu den Gehölzen der Gattung *Citrus* bis -15 °C frosthart sind. Sie bevorzugen warme Temperaturen und nährstoffreiche Böden mit ausgeglichener Wasserversorgung. Zur Vermehrung wird Kumquat meist auf andere *Citrus*-Arten gepfropft, da Sämlinge sehr langsam wachsen. Die Früchte werden reif geerntet und sind bei kühlen Temperaturen wochenlang lagerfähig.

Verwandte Arten: Neben der Chinesischen Kumquat werden in Ostasien weitere *Fortunella*-Sippen kultiviert: Die Japanische Kumquat (*Fortunella japonica* (Thunb.)Swingle) mit runden, 2-3 cm großen Früchten, die 4-7 Segmente aufweisen, die Hongkong-K. (*F. hindsii* Swingle), deren rundliche, bis 2 cm große Beeren in 3-4 Segmente gegliedert sind, sowie die Große K. (*F. crassifolia* Swingle) mit bis zu 4,5 cm großen Früchten und meist 7 Segmenten.

Cherimoya

Annona cherimola Mill.
Familie: Annonaceae
(Schuppenapfelgewächse)
E: Cherimoya; F: Chérimole, Anone;
S: Anona blanca, Chirimoya; P: Graveola

Cherimoya ist ein immergrüner, tief verzweigter, einhäusiger Baum oder Strauch von 3-9 m Höhe. Seine jungen Zweige sind zimtbraun flaumig behaart, sie verkahlen später. Die wechselständigen, bis 2 cm lang gestielten Blätter sind eiförmig, kurz zugespitzt, ganzrandig, hellgrün, beiderseits samtig behaart, 7-17 cm lang und 4-9 cm breit. Die Blüten stehen einzeln oder zu 2-3 an blattachselständigen Kurztrieben; sie haben grüne, außen filzige Kelchblätter von 2-4 mm Länge, 3 grüne, fleischige, beiderseits leicht filzige äußere Kronblätter von etwa 3 cm Länge und 3 kleinere, rötliche innere Blütenblätter. Die Blütenachse ist gestreckt, 5-8 cm lang und trägt schraubig angeordnet viele Staubblätter und zahlreiche freie Fruchtblätter.

Frucht: Die Fruchtblätter verwachsen nach der Bestäubung miteinander und bilden eine rundliche, im Längsschnitt herzförmige Sammelbeerenfrucht von bis

Fruchtender Cherimoya-Baum.

zu 20 cm Durchmesser (Fruchtaufbau siehe S. 13 f.). Äußerlich bleiben die Einzelfrüchte an der gefelderten, grünen, ledrig-weichen Schale erkennbar; die Felder können eingedellt oder aufgewölbt sein. Unter der Fruchtschale findet sich im reifen Zustand breiiges, süßsaures Fruchtfleisch von sehr angenehmem Aroma; darin eingebettet sind zahlreiche glänzend schwarze, etwa 1-2 cm lange, verflacht-eiförmige Samen. Da oft nicht alle Fruchtblätter einer Blüte bestäubt werden, sind die Sammelbeerenfrüchte häufig asymmetrisch.

Verwendung: Die köstlichen Früchte werden vollreif gegessen, wenn ihre Schale bereits bei leichtem Druck nachgibt; unreif geerntete Marktfrüchte müssen einige Tage nachreifen. Für den Frischverzehr wird die Frucht halbiert und die weiche, saftige Pulpe aus der Schale gelöffelt; die Samen sind giftig. Cherimoya kann zu Gelee und in Fruchtsalaten oder Eiscreme verarbeitet werden, außerdem wird Saft und Wein aus den Früchten hergestellt. Aus den alkaloidhaltigen Samen wird ein Insektizid gewonnen; in Mittelamerika dienen gemahlene Samen als Mittel gegen Läuse und andere Parasiten. Die Volksmedizin kennt geröstete Samen als starkes Brech- und Abführmittel.

Blühender Zweig der Cherimoya.

Reife Cherimoya-Früchte mit eingedellt-gefelderter Rinde.

Verbreitung: Cherimoya ist in den Anden von Kolumbien bis Bolivien in Höhen zwischen 1000 und 2000 m beheimatet und wird in tropischen Gebirgen sowie in subtropischen und in mediterranen Klimaten weltweit kultiviert. Nördlichste Anbaugebiete sind die Mittelmeerregion (Spanien, Israel) und China.

Anbau und Ernte: Als Pflanze des tropischen Hochlandklimas wird Cherimoya im Unterschied zu den nachfolgenden *Annona*-Arten in vielen Kultursorten bis in relativ kühle Klimate der mediterranen Gebiete vorzugsweise in niederschlagsarmen Regionen kultiviert; im tropischen Tieflandsklima gedeiht sie nicht. Sie ist die einzige auf europäischen Märkten angebotene Schuppenapfel-Frucht. Die Vermehrung erfolgt meist durch Sämlinge, die Aufzucht ist auch aus Stecklingen und Pfropfreisern möglich. Für die Entwicklung großer und gut geformter Früchte ist künstliche Bestäubung vorteilhaft, da männliche und weibliche Blütenorgane an einem Baum nicht gleichzeitig reifen. Die Pflanzen fruchten ab dem Alter von 4-6 Jahren, ausgewachsene Bäume tragen jährlich oft nicht mehr als 30 Früchte. Diese sind sehr druckempfindlich, nur kurze Zeit haltbar, werden unreif gepflückt und müssen vor dem Verzehr einige Tage nachreifen.

Netz-Annone, Rahmapfel, Ochsenherz

Annona reticulata L.
Familie: Annonaceae
(Schuppenapfelgewächse)
E: Custard Apple, Bullock's Heart;
F: Coer de Boeuf, Cachiman; S: Corazon, Anona colorada; P: Coracao do Boi

Die Netz-Annone ist ein bis 10 m hoher, immergrüner oder in Trockenzeiten laubwerfender Baum mit ausladenden Ästen. Seine 2zeilig angeordneten Blätter sind wechselständig, lanzettlich, ganzrandig, zugespitzt, am Grund breit keilförmig,

Sammelbeerenfrüchte/Fruchtverbände

Reife Früchte der Netz-Annone mit weißer, breeiger Pulpe.

ledrig, dunkelgrün, schwach glänzend und kahl. Die Spreiten messen bis 20 x 5 cm; die oberseits gefurchten, etwas gedrehten Blattstiele sind bis 1,5 cm lang. Die Blüten wachsen in hängenden Trauben zu 2-10; sie haben 2 Kreise von jeweils 3 Kronblättern, die 2-3 cm lang sind und sich nicht vollständig öffnen; die Blütenblätter sind außen hellgrün, innen von blaßgelber Farbe mit einem violetten Fleck am Grund.

Frucht: Wie alle Annonen trägt auch diese Art Sammelbeerenfrüchte, die aus zahlreichen verwachsenen Fruchtblättern gebildet werden, was bei der Netz-Annone auf Grund ihrer weniger deutlich gefelderten Fruchtrinde und ihrer homogenen Pulpe schwieriger zu erkennen ist. Die Früchte sind rundlich, apfel- oder herzförmig und zum dicken, bis 10 cm langen, braunen Stiel eingebuchtet; sie erreichen Größen von 8-16 x 8-13 cm. Ihre derbe, bis 1 mm dicke Schale ist leicht grubig-gefeldert, glänzend, reif goldgelb oder orangerot mit grünlichen Partien, oft mit großen schwarzbraunen Flecken; auf den Märkten gehandelte Früchte sind häufig im überreifen, für den Verzehr bevorzugten Zustand und unansehnlich braun. Die Pulpe der Frucht ist reif mehlig oder feinkörnig-breiig, wenig saftig, von weißer Farbe und aromatisch süßsaurem Geschmack; aufgeschnitten läuft sie rasch braun an. Die zahlreichen Samen sind etwas unsymmetrisch verflacht oval, bohnen- oder eiförmig, an den Seiten schwach gekielt und bis 12 x 8 x 5 mm groß; sie haben glänzend braunschwarze Schalen und sind von einer weißen Haut umgeben.

Verwendung: Die schmackhafte Pulpe wird aus der Schale gelöffelt oder in Getränken und Süßspeisen verarbeitet, wenn die Frucht voll- oder überreif ist und bei leichtem Druck nachgibt. In Mittelamerika stellt man aus dem Fruchtsaft Wein her. Die Netz-Annone ist weniger beliebt als die Früchte der anderen beschriebenen Arten der Gattung, weil sie weniger saftig und aromatisch ist. Die Kerne der Samen sind stark giftig, mit Schale verschluckt rufen sie jedoch keine Beschwerden hervor.

Alle vegetativen Teile des Baumes sind giftig; aus den Samen, Blättern und jungen Früchten lassen sich Insektizide herstellen, die Rinde enthält toxische Alkaloide, der Pflanzensaft ruft Hautreizungen und an den Augen starke Entzündungen hervor. Medizinell werden Rinden- und Samenextrakte sowie getrocknete und pulverisierte junge Früchte gegen Durchfall und Ruhr eingesetzt, zerstoßene Blätter zur Behandlung von Geschwüren verwendet.

Verbreitung: Die Netz-Annone ist auf den Karibischen Inseln beheimatet und wird seit Jahrhunderten in Mittel- und Südamerika häufig kultiviert. Seltener wird der Baum auch in der Alten Welt angebaut.

Anbau und Ernte: Die Art gedeiht unter frostfreiem subtropischem und tropischem Klima, am Äquator bis in Höhenlagen um 1500 m. Dauerhaft feuchtheiße Tiefländer der äquatorialen Gebiete sind für die Kultur ungünstig. Die Bäume bevorzugen tiefgründige, gut durchlüftete Böden und relativ ausgeglichene Feuchte. Ihre Vermehrung erfolgt in der Regel aus Samen, Kultursorten werden nicht unterschieden. Die Früchte werden reif mit Stiel gepflückt, sobald sie ihre grüne Farbe weitgehend verloren haben; sie sind nur wenige Tage lagerfähig. Die Bäume tragen ab einem Alter von 4-9 Jahren jährlich bis zu 45 kg Früchte.

Stachel-Annone, Sauersack

Annona muricata L.
Familie: Annonaceae
(Schuppenapfelgewächse)
E: Soursop; F: Corossol; S: Guanábana, Catoche; P: Graviola, Jaca do Pará

Die Stachel-Annone ist ein kleiner, immergrüner, tief verzweigter, bis 10 m hoher Baum mit rostfarben behaarten jungen Zweigen. Ihre wechselständigen, 2zeilig angeordneten Blätter sind derblederig, oberseits glänzend dunkelgrün, unten matt grün, ganzrandig, verkehrteiförmig, mit ausgezogener, stumpfer Spitze und keilförmigem Grund; sie sind bis 20 x 7 cm groß, die Blattstiele bis 1 cm lang. Die zwittrigen Blüten wachsen an kurzen Stielen einzeln oder zu zweit aus dem Stamm und aus kräftigen Ästen; sie besitzen 3 3eckige, 4 mm große Kelchblätter und 2 Kreise aus jeweils 3 dick-fleischigen, gelblichgrünen, bis 5 cm großen, stumpf 3eckigen Kronblättern.

Blüten am Stamm der Stachel-Annone.

114 Sammelbeerenfrüchte/Fruchtverbände

Das Fruchtfleisch der Stachel-Annone ist eßbar, die Samen sind giftig.

Frucht: Die Sammelbeerenfrucht der Stachel-Annone ist leicht verflacht ei-, birnen-, nieren- oder herzförmig, oft gekrümmt; sie erreicht bis 35 x 20 cm Größe und 6 kg Gewicht. Ihre dunkelgrüne, weißlichgrün gesprenkelte, bittere Schale ist rautenförmig gefeldert; jedes Feld trägt einen weichen, bis 1 cm langen, kegelförmigen, gebogenen Stachel. Das Fruchtfleisch ist schneeweiß, zur Vollreife sehr weich, faserig-breiig, saftig und von saurem oder süßsaurem Geschmack mit spezifischem Aroma; der Luft ausgesetzt, wird es rasch braun. Die Früchte enthalten zahlreiche verflacht-ovale oder bohnenförmige, glänzend dunkelbraune oder schwarze Samen von 2 x 1 cm Größe.

Verwendung: Eßbarer Teil der Stachel-Annone ist das reife, sehr weiche Fruchtfleisch; da es recht faserig ist, wird vor allem gepreßter Saft oder von den Samen befreite pürierte Pulpe mit Wasser oder Milch und Zucker verrührt als wohlschmeckendes Erfrischungsgetränk verwendet. Die Frucht wird außerdem zu Marmelade, Gelee und Sirup verarbeitet, ihr Saft Süßspeisen beigegeben, auf den Karibischen Inseln auch zu Wein vergoren. Das Fleisch reifer Früchte kann aus der halbierten Frucht gelöffelt oder kleingeschnitten als Fruchtsalat serviert werden. Gekocht und gezuckert – oft mit Milch oder Sahne vermischt – ist die Pulpe eine beliebte Nachspeise. Unreife Stachel-Annonen werden in Asien als Gemüse zubereitet oder in Suppen gekocht. Die Samen enthalten giftige Alkaloide, ihr Verzehr verursacht Brechreiz.

Frucht der Stachel-Annone.

Der Fruchtsaft ist harntreibend und fiebersenkend. Aus den Blättern wird ein beruhigender, schweißtreibender und fiebersenkender Tee hergestellt. Sud der Wurzeln wird gegen Würmer und Vergiftungen eingesetzt. Aus Blättern, Rinde, Samen und Wurzeln werden Fisch- und Insektengifte gewonnen.
Verbreitung: Die Stachel-Annone ist im Karibischen Raum und im nördlichen Südamerika beheimatet und wird in den Tropen weltweit häufig angebaut.
Anbau und Ernte: Die frostempfindliche Art gedeiht im heißen Tropenklima auf tiefgründigen Böden. Die Pflanzen werden in der Regel aus Samen vermehrt und in Haus- und Obstgärten gezogen. Sie können ganzjährig Früchte tragen, die im ausgewachsenen Zustand zu pflücken sind, bevor sie weich werden; vor dem Verzehr läßt man sie 2-3 Tage nachreifen. Geerntete Früchte sind nicht mehr als 1 Woche lagerfähig, sehr druckempfindlich und deshalb für den Export schlecht geeignet. Die Kultursorten unterscheiden sich vornehmlich durch den Säuregehalt der Pulpe, süßsaure Früchte werden bevorzugt.

Berg-Annone

Annona montana Macf.
Familie: Annonaceae
(Schuppenapfelgewächse)
E: Mountain Soursop; F: Corossol zombi;
S: Guanábana cimarrona, Turagua;
P: Araticum

Die Berg-Annone ist ein bis 15 m hoher, immergrüner Baum mit ausladender Krone und wechselständigen, derb-ledrigen, oberseits stark glänzenden, ganzrandigen Blättern. Die elliptischen, breit-lanzettlichen oder verkehrt-eiförmigen, schwach welligen Blattspreiten erreichen Größen bis 25 x 8,5 cm und tragen auf der Unterseite Haarbüschel in den Achseln der Seitennerven. Die Blätter enden mit einer ausgezogenen, stumpfen Spitze und sind

Die Früchte der Berg-Annone dienen vornehmlich der Saftherstellung.

am Grund in die kräftigen, gebogenen, 1,5 cm langen Stiele verschmälert. Die gelbgrünen Blüten wachsen einzeln oder zu 2 am Stamm und an kräftigen Ästen; sie sind etwa 2 cm lang gestielt und haben 3zipfelige, 4 mm lange Kelchröhren. Ihre Krone setzt sich aus 3 äußeren, dickfleischigen, eiförmigen Blütenblättern von 4-5 x 3-4 cm Größe und 3 sich überdeckenden, kleineren, inneren Kronblättern zusammen.

Frucht: Die Berg-Annone trägt eiförmige, bis 18 x 14 cm große Sammelbeerenfrüchte mit silbrig-grünen Schalen, die rautenförmig gefeldert sind. Die Felder der Fruchtrinde sind dunkelgrün berandet, ergeben ein Schuppenmuster und tragen jeweils einen dunklen, breit-kegelförmigen, 2 mm langen, geraden, fleischigen Stachel. Das Fruchtfleisch ist zur Reife hellgelb, weich-faserig, sehr saftig und von saurem oder süßsaurem, bitterem Geschmack; es umschließt zahlreiche, glänzend hellbraune, flache Samen, die im Umriß lang-eiförmig sind und bis 24 x 12 mm messen.

Verwendung: Die weiche Pulpe reifer Früchte wird ebenso wie die der ähnlichen Stachel-Annone vor allem zur Herstellung von Erfrischungsgetränken verwendet, gilt aber als minderwertig. Die Pflanzen bilden gute Pfropfunterlagen für andere *Annona*-Arten.

Verbreitung: Die Berg-Annone stammt von den Karibischen Inseln; sie wird verstreut im tropischen Amerika, selten auch in Asien und Afrika kultiviert.

Anbau und Ernte: Die Bäume gedeihen im feucht-heißen tropischen Klima bis in Höhen um 1000 m. Sie werden aus Samen gezogen und meist als Einzelbäume in Gärten kultiviert. Ihre Früchte werden unreif vom Baum gepflückt und vor der Verwendung einige Tage gelagert, bis die Pulpe weich ist.

Soncoya

Annona purpurea Sesse & Mocino
(*A. manirote* HBK.)
Familie: Annonaceae
(Schuppenapfelgewächse)
E, F: Soncoya;
S: Soncoya, Cabeza de ilama, Manire

Soncoya ist ein in Trockenzeiten laubwerfender, bis 10 m hoher Baum mit ausladenden, jung rostbraun behaarten Ästen. Seine kurz gestielten, wechselständigen Blätter sind zugespitzt verkehrt-eiförmig bis lanzettlich und bis 30 x 14 cm groß; ihre ganzrandigen, welligen Spreiten sind beiderseits rotbraun behaart. Die duftenden, ungestielten, großen Blüten wachsen einzeln in den Achseln junger Blätter. Sie sind von 2 hinfälligen Hüllblättern umgeben und haben einen 3lappigen Kelch von 1-2 cm Länge. Die Krone besteht aus 3 sehr dickfleischigen, schmaleiförmigen, äußeren Kronblättern von 5 x 2 cm Größe, die unterseits braun behaart, innen gelb und violett gefleckt sind, sowie 3 inneren, dünneren Blütenblättern, die bis 2,5 cm lang, außen cremeweiß und innen violett gefärbt sind.

Frucht: Die sehr kurz und dick gestielten, eiförmigen bis rundlichen Sammelbee-

Fruchtender Soncoya-Baum.

Sammelbeerenfrüchte/Fruchtverbände   117

Die großstacheligen Soncoya-Früchte.

renfrüchte der Soncoya sind 15-20 cm groß. Die Fruchtrinde ist aus harten, dicht rotbraun behaarten, 4kantig-kegelförmigen, bis 2 cm breiten und hohen Stacheln zusammengesetzt. Unter der Stachelschale findet sich das zur Reife saftig-faserige, weiche, kräftig orangefarbene Fruchtfleisch, dessen sehr angenehmer, süß-aromatischer Geschmack an Mango erinnert. Die zahlreichen, dunkelbraunen, harten Samen der Frucht sind verflacht-eiförmig, bis 3 cm groß und jeweils von einer dünnen, weißlichen Haut umgeben.
Verwendung: Die schmackhafte Pulpe der Soncoya wird aus der aufgeschnittenen, reifen Frucht gelöffelt oder püriert mit Wasser, Eis und Zucker zu einem aromatischem Getränk verarbeitet. Die Samen sind giftig.
Verbreitung: Soncoya stammt aus Südmexiko und Mittelamerika und wird trotz der sehr aromatischen Früchte recht selten angebaut; außerhalb seiner Heimat wird der Baum auf den Philippinen kultiviert.

Schuppen-Annone, Rahmapfel, Zimtapfel, Süßsack

Annona squamosa L.
Familie: Annonaceae
(Schuppenapfelgewächse)
E: Sugar Apple, Sweet Sop;
F: Pomme-canelle; S: Anona, Saramulla, Cachiman; P: Fruta do conde, Ata

Die Schuppen-Annone ist ein zur Trockenzeit laubwerfender kleiner Baum oder Strauch mit lichter Krone, der 3-6 m Wuchshöhe erreicht. Ihre wechselständigen, 2zeilig stehenden Blätter haben kurze, behaarte Stiele; die derben, ganzrandigen Blattspreiten sind verlängert-eiförmig oder lanzettlich, 5-17 x 2-5,5 cm groß, oberseits matt grün, unten heller und flaumig behaart, zerrieben aromatisch. Jeweils 1-4 Blüten wachsen auf etwa 2,5 cm langen, geneigten, dünnen Stielen an jungen Zweigen gegenständig zu den Blättern. Ihre 3 äußeren Kronblätter sind verlängert-eiförmig, bis 3 cm lang, fleischig, außen grün, innen blaßgelb, am Grunde purpurn, die 3 inneren sind rudimentär als kleine Schuppen entwickelt oder fehlen.

Schuppen-Annnone, blühender Zweig.

Sammelbeerenfrüchte/Fruchtverbände

Grüne und violette Früchte verschiedener Sorten der Schuppen-Annone.

Frucht: Die Sammelbeerenfrucht der Schuppen-Annone ist von rundlicher Form, zum Stiel eingedellt und mißt 5-10 cm. Für die Art bezeichnend ist die grobschuppige Rinde der Früchte, die sich aus großen, unregelmäßig knopfförmigen, stark gewölbten, fleischigen Feldern zusammensetzt, die im vollreifen Zustand nur locker aneinander haften. Diese derbe, etwa 2 mm dicke Schale ist zur Reife außen meist grün bis gelbgrün und blau bereift; einige Sorten tragen rosa und violette Früchte. Die Pulpe ist cremeweiß, ausgereift sehr weich, von saftig-breiiger, feinkörniger Konsistenz und delikatem, süß-aromatischem Geschmack. Die Früchte entwickeln zahlreiche harte, breit-bohnenförmige oder unregelmäßig länglich-eiförmige, verflachte, glänzend schwarzbraune Samen von etwa 1,5 x 1 x 0,6 cm Größe, die an der Spitze weiß berandet und von beißendem Geschmack sind.

Verwendung: Die Schuppen-Annone ist eine der schmackhaftesten Annonen und zählt zum besten Obst der Tropen. Sie wird in vollreifem, sehr weichem Zustand meist aus der Hand gegessen, indem man die Früchte aufbricht und die Pulpe auslöffelt. Unreife Früchte läßt man einige Tage liegen, bis sie bei leichtem Druck nachgeben. Das breiige Fruchtfleisch wird außerdem zum Aromatisieren von Eiscreme und kalten Milch- und Fruchtgetränken benutzt; Erhitzen zerstört das delikate Aroma. Die Kerne der Samen sind giftig, ihr Saft führt im Kontakt mit den Augen zum Erblinden!
Breiumschläge aus den Blättern werden zur Behandlung von Epilepsie, Wunden und Geschwüren eingesetzt; Blattsud dient in Amerika als Fieber- und Verdauungsmittel sowie für Rheumabäder. Unreife Früchte, Blätter und Rinde des Baumes sind adstringierend und werden zur Behandlung von Durchfall und Ruhr

Sammelbeerenfrüchte/Fruchtverbände

genutzt. Samenpulver wird als Fischgift und Insektizid eingesetzt.
Verbreitung: Die Art stammt aus dem tropischen Amerika und wird weltweit in warmen Klimaten kultiviert, nach Norden bis Florida, Ägypten und Südchina.
Anbau und Ernte: Die Schuppen-Annone ist eine Pflanze der Tropen und Subtropen, die längere Trockenzeiten blattlos überdauern kann, in der Wachstumszeit aber gleichmäßig gute Wasserversorgung benötigt. In äquatorialen Gebieten wird sie bis in Höhen um 1000 m angebaut. Die Bäume werden meist aus Samen vermehrt und überwiegend von Kleinbauern gezogen. Es sind etliche Kulturtypen der Art selektiert worden, die sich in den Fruchtmerkmalen unterscheiden, darunter samenlose Formen und rot- oder violettfrüchtige Sorten. Die Blüten sind nur wenige Stunden für die Bestäubung durch Käfer geöffnet, der Fruchtansatz ist deshalb oft schwach, und die Sammelbeerenfrüchte entwickeln sich häufig unregelmäßig, wenn nur einige der Fruchtblätter bestäubt wurden. Ausgewachsene Bäume tragen unter günstigen Umständen jährlich 20-50 Früchte, die vorsichtig von den Bäumen gepflückt oder abgeschnitten werden, bevor sie weich werden. Reife Früchte sind sehr druckempfindlich und nur kurze Zeit lagerfähig.
Verwandte Arten: In Mittel- und Südamerika werden regional weitere *Annona*-Arten angebaut, die geringe ökonomische Bedeutung haben; einige Sippen der Gattung sind in Afrika beheimatet, beispielsweise *A. senegalensis* Pers.

Biribá

Rollinia mucosa (Jacq.)Baillon
(*R. deliciosa* Safford)
Familie: Annonaceae
(Schuppenapfelgewächse)
E, F: Biribá; S: Biribiá, Cachiman, Anón cimarrón; P: Fruta de condessa

Biribá ist ein bis zu 20 m hoher, in Trockenzeiten laubwerfender Baum mit ausladenden Ästen, die jung ebenso wie die Knospen dicht braun behaart sind. Die wechselständigen, 2zeilig angeordneten, ganzrandigen, elliptischen Blätter

Die Früchte der wenig bekannten Biribá zählen zum besten Tropenobst.

sind dünn-ledrig, bis 35 x 13 cm groß, oberseits dunkelgrün und glänzend, unten heller und dicht anliegend weiß behaart; ihre Spreiten haben kurz ausgezogene Spitzen und sind am Grund breit keilförmig oder abgerundet; die Blattstiele messen bis 2 cm. Die 1-3(-7)blütigen, bis 5 cm langen, behaarten Infloreszenzen wachsen gegenständig zu den Blättern; ihre kurz gestielten, zwittrigen, grünen Einzelblüten haben 3 freie, behaarte, 3eckige, bis 5 mm große Kelchblätter und eine 4 mm lange Kronröhre mit 3 bis zu 2 cm langen und 1 cm breiten »Flügeln« (Kronlappen).

Frucht: Die im Querschnitt rundlichen oder herzförmigen Sammelbeerenfrüchte der Biribá sind bis 15 cm groß und zur Reife gelblichgrün bis bräunlichgelb. Ihre Schale setzt sich aus 50-150 Feldern in Form geschwollener, fleischiger Schuppen zusammen, die jeweils eine gerade oder gebogene, kegelförmige, dicke Spitze tragen. Das Fruchtfleisch ist creme- bis schneeweiß, im reifen Zustand sehr saftig breiig und von delikatem, süßem oder süßsaurem, sehr aromatischem Geschmack. Es umschließt zahlreiche ei- oder trapezförmige, leicht verflachte, bis 2 x 1 cm große Samen, deren harte Schalen glänzend dunkelbraun, am Grund weißlich sind.

Verwendung: Die Früchte der Biribá zählen zu den schmackhaftesten aller Schuppenäpfel. Ihre Pulpe wird ebenso wie die der in Aroma und Konsistenz ähnlichen Schuppen-Annone aus der Schale gelöffelt, wenn die Frucht reif und weich ist. In Brasilien wird Wein aus dem Saft des Fruchtfleisches hergestellt.

Verbreitung: Die Art ist im tropischen Mittel- und Südamerika beheimatet und wird von Florida und den Karibischen Inseln bis Nordargentinien sowie auf den Philippinen angebaut.

Anbau und Ernte: Der Baum gedeiht im Tiefland und im tropischen Bergland bis in Höhen um 1500 m; er benötigt reichliche Wasserversorgung. Marktfrüchte werden unreif gepflückt; sie müssen für den Verzehr gelagert werden, bis ihre Schale bei leichtem Druck nachgibt und die Pulpe sehr weich ist. Die Rinde reifer Früchte verfärbt sich rasch unansehnlich braun.

Morinda

Morinda citrifolia L.
Familie: Rubiaceae (Krappgewächse)
E, F, S: Morinda

Morinda ist ein kleiner, tief verzweigter, immergrüner Baum oder Strauch bis 6 m Höhe mit 4kantigen Ästen. Seine gegenständigen, weichen Blätter sind ganzrandig, oval, zugespitzt, oberseits dunkelgrün und glänzend, unten heller und in den Achseln der Seitennerven schwach be-

Fruchtender Morinda-Zweig.

Sammelbeerenfrüchte/Fruchtverbände

haart; ihre Spreiten sind bis 30 x 15 cm groß, die Blattstiele etwa 1,2 cm lang. Die Blüten stehen gedrängt in endständigen Köpfen. Ihre Blütenbecher sind miteinander verwachsen und schwellen nacheinander rasch zu einem fleischigen Fruchtverband an, so daß unreife Früchte an ihrem Ende noch Knospen und Blüten tragen. Der Kelch der Einzelblüte ist zu einem kurzen Ring reduziert, die weiße, bis 1,5 cm lange Krone ist schmal-röhrenförmig und endet mit 4-6 zurückgeschlagenen, etwa 6 mm langen Zipfeln.

Frucht: Die Früchte sind oval oder eiförmig, meist nicht ebenmäßig entwickelt und bis 15 cm groß. Ihre dünne, zur Reife blaßgrüne oder glasig-weiße Schale ist unregelmäßig gefeldert; jedes Feld geht auf eine Einzelblüte zurück (Fruchtverband) und trägt als großen, bräunlichen Nabel den vergrößerten Ring des Blütenkelches. Auch im Inneren bleiben die verwachsenen Einzelfrüchte erkennbar, die jeweils einen glänzend braunen, harten, verflacht-eiförmigen, etwa 8 x 4 mm großen Samen ausbilden. Die Samen sind von einer dünnen, glasigen Haut umgeben und in wäßrig-weiche, glasigweiße, zur Vollreife unangenehm käsig stinkende Pulpe eingebettet.

Verwendung: Junge Früchte werden in Asien roh gegessen, sind aber wenig schmackhaft. Hauptsächlich wird das Gehölz als Färbe-, Heil- und Zierpflanze angebaut; seine Rinde enthält einen roten Farbstoff, und erhitzte oder verwelkte Blätter sind ein wirksames, äußerlich anzuwendendes Schmerzmittel.

Verbreitung: Morinda stammt aus Süd- und Südostasien; sie wird weltweit häufig in tropischen Gebieten kultiviert und verwildert oft. Die Pflanzen gedeihen im feucht-heißen Tieflandsklima, am besten in Küstennähe.

Brotfrucht

Artocarpus altilis (Park.)Fosberg. (*A. communis* J.R. & G.Forst., *A. incisus* L.f.)
Familie: Moraceae (Maulbeergewächse)
E: Breadfruit; F: Fruit á pain; S: Fruta del pan; P: Fruta pão

Der Brotfrucht-Baum ist ein immergrüner oder in Trockenzeiten laubwerfender, ausladend beasteter, bis 30 m hoher, einhäusiger Baum, der in der Rinde, in den Blättern und in jungen Früchten stark klebrigen Milchsaft (Latex) führt. Seine sehr großen, wechselständigen, derbledrigen, glänzend dunkelgrünen Blätter sind in 5-11 spitze Lappen eingeschnitten, im Umriß eiförmig und zum Grund keilförmig verschmälert; sie messen bis zu 90 x 50 cm und sind ebenso wie die jungen Äste kurz rauh behaart. Die dicken, gelblichen Blattstiele sind bis 3,5 cm lang. Die winzigen, unscheinbaren Blüten wachsen nach Geschlechtern

Brotfrucht-Baum mit Früchten.

Sammelbeerenfrüchte/Fruchtverbände

Reife Brotfrucht der fertilen Sorte mit Brotnüssen (Samen).

getrennt in blattachselständigen, kompakten Blütenständen. Die hängenden männlichen Infloreszenzen sind zylindrisch oder keulenförmig, 5-15 x 3-4 cm groß und tragen gelbe, später braune Blüten. Die grünen weiblichen Blüten sitzen zahlreich in aufrechten, rundlichen oder elliptischen, kopfförmigen Blütenständen von 8-10 x 5-7 cm Größe; sie sind in die Böden (Achsengewebe) dieser Blütenstände eingesenkt.

Frucht: Die Brotfrucht ist ein Fruchtverband (Sorosis), der sich aus dem gesamten weiblichen Blütenstand entwickelt, indem dessen Achsengewebe gemeinsam mit den darin eingesenkten Blüten zu einer runden oder eiförmigen Frucht von bis zu 30 cm Durchmesser und mehr als 1 kg Gewicht heranwächst. Ihre grüne bis gelbgrüne, matte Schale ist in unregelmäßig 4-6seitige Felder gegliedert, die jeweils auf 1 Einzelblüte zurückgehen und sich an weichen, reifen Früchten leicht voneinander lösen. Die zahlreichen Kultursorten lassen sich in 2 Gruppen gliedern, deren Früchte und Blätter auffällig verschieden sind: Fertile, samenentwickelnde Sorten tragen auf jedem Feld der Fruchtrinde einen bis zu 1 cm langen, schmal-kegelförmigen, weichen, grünen Stachel; ihre Blätter sind bis fast zur Mittelrippe eingeschnitten. Die häufiger angebauten samenlosen Typen haben flache, stachellose Felder und weniger tief gelappte Blätter. Aus den vergrößerten Hüllen der Einzelblüten entwickelt sich um eine kräftige zentrale Spindel das Fruchtfleisch. In jungen Brotfrüchten ist dieses stärkereiche, grünliche oder weiße Fleisch fest, mehlig und stark latexhaltig, zur Reife wird es blättrig-faserig, saftig, weich und schließlich matschig. Die Brotfrucht-Bäume fertiler Sorten entwickeln zahlreiche, leicht aus ihren fleischigen Fruchtwänden zu lösende, stumpf 3kantig-eiförmige oder breit-bohnenförmige Samen mit derber, glänzend dunkelbrauner Schale und weißem, nussigem Kern; die Mehrzahl der Fruchtanlagen bleibt jedoch steril. Die Samen erreichen Größen

Sammelbeerenfrüchte/Fruchtverbände

bis zu 3 x 2,5 x 2 cm und keimen oft, bevor die Frucht vom Baum fällt. Die kräftigen, 9-12 cm langen Stiele der Früchte sind zum Ende keulig verdickt, kurz rauhhaarig und grün.

Verwendung: Die schmackhaften Früchte haben als Grundnahrungsmittel in den Tropen große Bedeutung. Samenlose Brotfrüchte erntet man unreif, wenn das Fruchtfleisch noch fest, weiß und mehlig ist. Für den Verzehr werden sie geschält und in Scheiben geschnitten oder gewürfelt, mit Zucker, Salz oder anderen Zutaten gekocht, gebraten, geschmort oder gebacken. Sie lassen sich wie Kartoffeln zubereiten, sind nahrhaft und von angenehm mild-nussigem Geschmack. In Südostasien wird das Fleisch unreifer Früchte mit Gewürzen süßsauer eingelegt. Gekocht, getrocknet und gemahlen, läßt sich die unreife Frucht zu Keksen und Brot verarbeiten. Früchte fertiler Sorten werden wie die samenlosen unreif zubereitet, oder man läßt sie ausreifen und ißt dann nur die schmackhaften Samen (Brotnüsse), die gekocht oder geröstet wie Maronen verwendet werden. Die Früchte der meisten Sorten haben roh abführende Wirkung und sollten nur gekocht verzehrt werden.

Der klebrige Milchsaft des Baumes wird unter anderem zum Abdichten von Booten, als Vogelleim und für die Herstellung von Kaugummi benutzt. Aus der Rinde junger Bäume läßt sich Garn herstellen, das in Malaysia zu Kleidungsstoffen (Tapa) verarbeitet wird. Die Blätter finden vielerlei Verwendung in der Volksmedizin.

Verbreitung: Der Baum ist in Südostasien oder Polynesien beheimatet und wird in den Tropen weltweit etwa zwischen den 17. Breitengraden angebaut.

Anbau und Ernte: Die Pflanzen gedeihen unter feucht-heißem Tropenklima, am günstigsten in äquatorialen, niederschlagsreichen Gebieten unterhalb 600 m auf tiefgründigen, humosen Böden. Es werden mehrere Hundert Kultursorten unterschieden. Fertile Typen vermehrt man in der Regel durch Samen, die sterilen Sorten aus Wurzelsprossen. Der Anbau erfolgt in Haus- und Obstgärten für den Eigenverbrauch und als Marktfrucht; ein Baum trägt jährlich 50-200 Früchte, die je nach Klima und Sorte ganzjährig oder saisonal heranwachsen. Zur Ernte werden sie unreif mit Stiel abgeschnitten; für die Verwendung der Samen wartet man, bis die reifen, weichen Früchte sich von ihren Stielen lösen und vom Baum fallen. Unreif geerntete Früchte können leicht gekühlt etwa 1 Woche aufbewahrt werden, die Samen schimmeln innerhalb weniger Tage.

Jackfrucht

Artocarpus heterophyllus Lam.
(*A. integrifolius* auct. non L.f.)
Familie: Moraceae (Maulbeergewächse)
E: Jackfruit, Jak; F: Jacque; S, P: Jaca

Die stattlichen, bis 30 m hohen, immergrünen, dicht belaubten Jackfrucht-Bäume zählen durch ihre riesigen stammbürtigen Früchte, die größten aller Baum-

Brotfrucht, samenlose Sorte.

Sammelbeerenfrüchte/Fruchtverbände

Reich tragender Jackfrucht-Baum.

früchte, zu den auffälligsten Kulturpflanzen der Tropen. Sie tragen wechselständige, oberseits glänzend dunkelgrüne, unten matt blaßgrüne, kahle oder verkahlende, dünn-ledrige Blätter von verkehrt-eiförmiger bis elliptischer Form und 5-25 x 3,5-12 cm Größe. Der Blattrand ist gewöhnlich ganzrandig, an Jungpflanzen manchmal tief eingeschnitten. Zum Blattgrund sind die Spreiten keilförmig verschmälert, zur Spitze abgerundet oder abrupt kurz und stumpf zugespitzt. Die gefurchten Blattstiele sind 1,5-4 cm lang und spärlich behaart. Die kleinen, unscheinbaren Blüten stehen sehr zahlreich in kompakten Blütenständen, die aus den Blattachseln an belaubten Kurztrieben wachsen, welche dem Stamm und alten Ästen entspringen. Die Einzelblüten sind in den Boden dieser Blütenstände eingesenkt; die männlichen wachsen in lang-keulenförmigen Infloreszenzen von 3-15 x 1-4,5 cm Größe, die weiblichen Blütenstände sind elliptisch bis rundlich und messen 5-10 cm. Die dicken, bis 3,5 cm langen Stiele der Blütenstände sind am Ende zu einem Ring (Anulus) erweitert und tragen ein hinfälliges, 5-8 cm langes, scheidenförmiges Hochblatt. Alle Teile der Pflanze führen einen klebrigen weißen Milchsaft.

Frucht: Jackfrucht ist ein Fruchtverband (Sorosis), der aus dem gesamten weiblichen Blütenstand mit seinen zahlreichen Blüten entsteht. Die Frucht ist birnen- bis walzenförmig, 30-100 cm lang, bis zu 50 cm dick und kann mehr als 25 kg wiegen. Ihre 1 cm dicke, harte, bräunlich-grüne Rinde ist gefeldert, wobei jedes Feld auf eine Einzelblüte zurückgeht und 6kantig-pyramidenförmig zugespitzt ist. Im Inneren der Frucht finden sich bis zu 500 verflacht-elliptische, braune Samen von 2-4 x 1,5-2,5 cm Größe, die von gelben, dicken, je nach Sorte gallertig-weichen oder festfleischigen Fruchthüllen umgeben und rund um die dicke weiße zentrale Fruchtspindel angeordnet sind. Zwischen den voll entwickelten gelben Samenhüllen bilden sterile Fruchtwände weiteres blättriges, gelbliches Fruchtfleisch. Das Fleisch der reifen Jackfrucht ist von fad-süßem, eigenartigem Geschmack und süßlichem, dem Durian ähnlichem Geruch.

Verwendung: Der Jackfrucht-Baum ist eine sehr alte Kulturpflanze der Tropen

Sammelbeerenfrüchte/Fruchtverbände 125

Asiens, deren nahrhafte Früchte große Bedeutung für die Volksernährung haben. Unreife Früchte mit kompaktem, festem Fleisch werden geschält und gewürfelt, um sie als Gemüse zuzubereiten, als Bestandteil von Currys zu verwenden, sauer als »Pickles« einzulegen oder einzukochen. Das blättrige, süße, gelbe Fleisch reifer Früchte wird roh gegessen, als Dessert zubereitet oder eingekocht, zu Marmelade, Gelee, »Chutney« und Sirup verarbeitet, kandiert oder gesalzen verzehrt sowie zum Aromatisieren von Süßigkeiten und Getränken verwendet. Die reifen Samen werden gekocht, geröstet oder getrocknet ohne Schale gegessen oder gemahlen und mit Getreidemehl gemischt zu Backwaren verarbeitet. Zur längeren Aufbewahrung werden in Südostasien Jackfrüchte in Scheiben geschnitten und in der Sonne getrocknet, um sie später in kochendem Salzwasser zuzubereiten.

Das schöne, gelbbraune, beständige Holz des Baumes ist hochwertig und wird für Möbel, Musikinstrumente und Werkzeuge verwendet. Durch Kochen des Holzes wird in Asien ein gelber Farbstoff gewonnen, mit dem unter anderem traditionell die Roben der buddhistischen Mönche in Birma und Thailand gefärbt werden. Blätter, Wurzeln und Milchsaft werden in der Volksmedizin für verschiedene Zwecke, beispielsweise als Fieber- und Wundmittel, eingesetzt.

Verbreitung: Die Art stammt vermutlich aus Südindien und wurde frühzeitig in Asien und Afrika verbreitet, wo sie zu den häufigsten Bäumen der Gärten zählt. In der Neuen Welt wird Jackfrucht selten gepflanzt.

Zerlegte reife Jackfrüchte. Die Fruchtverbände bilden sich jeweils aus einem ganzen weiblichen Blütenstand.

Anbau und Ernte: Der Baum gedeiht auf tiefgründigen, nährstoffreichen Böden unter feucht-warmem tropischem Klima in frostfreien Gebieten bis in Höhen um 2000 m. Er wird meist als Einzelbaum in Gärten angebaut. Die Vermehrung erfolgt in der Regel generativ; etablierte Sorten werden nicht unterschieden. Die Bäume können jährlich mehr als 2000 kg Früchte tragen; es gibt regional verschiedene Hauptfruchtzeiten, einzelne Früchte können ganzjährig heranreifen. Zur Ernte werden die Früchte mitsamt dem Stiel abgeschnitten; sie lassen sich je nach Reifezustand bis zu 6 Wochen lagern.

Champedak

Artocarpus integer (Thunb.)Merr.
(*A. champeden* Spreng.)
Familie: Moraceae (Maulbeergewächse)
E: Champedak, Cempedak;
F, S: Champedac

Champedak ist eine dem Jackfrucht-Baum nahe stehende Art, die sich durch 3 mm lange, braune, steife Haare auf den Zweigen, Blättern und Stielen unterscheidet. Die Blätter des immergrünen, bis 20(-40) m hohen Baumes sind an jungen Trieben oft 3lappig, sonst ganzrandig verkehrt-eiförmig bis elliptisch und bis 25 x 12 cm groß. Männliche Blütenstände wachsen zumeist an den Enden junger Zweige, sind zylindrisch und messen 2-5 x 1 cm. Die weiblichen Blüten und die Früchte entwickeln sich an Kurztrieben, die dem Stamm und starken Ästen entspringen. Die walzenförmigen Früchte ähneln der Jackfrucht, bleiben mit 20-35 x 10-15 cm Größe jedoch kleiner und schmaler; im reifen Zustand sind sie gelb bis goldbraun und riechen stark unangenehm süßlich. Ihre Rinde ist dünner als die der Jackfrucht; das saftige reife Fruchtfleisch des Champedak ist dunkel-

Champedak, Laub und unreife Frucht.

gelb oder orange und von kräftig süß-aromatischem Geschmack.

Verwendung: Junge Früchte werden ohne Schale als Gemüse vorzugsweise in Kokosmilch gekocht oder als Zutat zu Suppen und Currys gegeben. Das Fleisch reifer Früchte verwendet man ebenso wie das der Jackfrucht. In Malaysia wird eine begehrte Delikatesse aus Champedak hergestellt, indem das reife Fleisch in eine Mischung aus Reismehl, Zucker, Milch und Wasser gestippt und anschließend 10 Minuten in Öl gebraten wird. Die nahrhaften Samen werden geröstet oder gekocht ohne Schale gegessen. Champedak wird wegen seines kräftigen Geschmacks oft höher geschätzt als Jackfrucht.

Verbreitung: Der Baum ist im Malaiischen Archipel beheimatet und wird von Birma bis Neu Guinea angebaut. Die Pflanzen gedeihen im feucht-heißen tropischen Tieflandsklima in Gebieten ohne längere Trockenzeit; im Bergland findet sich die Art bis in Lagen um 1000 m.

Sammelbeerenfrüchte/Fruchtverbände

Verwandte Arten: Im tropischen Asien werden weitere *Artocarpus*-Arten angebaut, deren Früchte kleiner als 10 cm bleiben; dazu zählen *A. chaplasha* Roxb. (Nordostindien, Bangla Desh, Birma), *A. nitidus* (Thunb.)Merr. (Südchina, Südostasien) und *A. rigidus* Blume (Süd- und Südostasien).

Ananas

Ananas comosus (L.)Merr.
(*A. sativus* Schult.f.)
Familie: Bromeliaceae
(Bromeliengewächse)
E: Pineapple; F: Ananas; S: Piña;
P: Abacaxi

Ananas ist ein bodenbewohnendes, mehrjähriges Bromeliengewächs von 0,5-1,5 m Wuchshöhe. Seine dicht gedrängten, stammumfassenden, spiralig trichterförmig angeordneten, starren, linealischen, konvexen Blätter sind 50-150 cm lang und 5-8 cm breit, bogig spreizend, fleischig-faserig und am Rand gezähnt oder ganzrandig; sie enden in einer scharfen Spitze. Die Blätter sind von grüner Farbe, manchmal gelb oder rötlich gestreift und bläulich bereift. Auf kurzem blattlosem Stengel wächst aus der Mitte der Blattrosette eine kompakte, walzen- oder eiförmige Infloreszenz, die dicht mit bis zu 200 gesägten, einander über-

Ananas-Pflanze mit jungem Fruchtstand.

lagernden, grünen, gelben oder roten Hochblättern besetzt ist. Jedes Hochblatt umfaßt eine sitzende, unscheinbare Blüte mit 3 kurzen, fleischigen Kelchblättern und 3 röhrig verwachsenen Kronblättern. **Frucht:** Aus dem gesamten Blütenstand entwickelt sich ein Fruchtverband (Sorosis), indem die heranwachsenden Beeren der Einzelblüten mit dem fleischigen Grund der Hochblätter verwachsen und samt der ebenfalls anschwellenden Blütenstandsachse eine kompakte Einheit bilden. Der Fruchtstand wird von einem Schopf aus breit-lanzettlichen Blättern gekrönt, die dicht gedrängt an einer Verlängerung des Blütenstandssprosses stehen. An der Oberfläche des Fruchtverbandes bleiben die Einzelfrüchte als 8eckige, gewölbte Felder erkennbar; sie sind von den überdauernden Kelchbättern umschlossen, die zusammen mit den Hüllblättern eine harte Rinde bilden. Die Früchte sind im reifen Zustand gelblichgrün bis orangegelb, rundlich oder walzenförmig, bis 25 cm lang, 15 cm breit und 1-3 kg schwer. Das feste Fruchtfleisch ist hellgelb bis orangegelb, sehr saftig, aromatisch süßsauer, die Sproßachse meist stark faserig. Selten entwickeln sich in befruchteten Kultur-Ananas verflachte, eiförmige, zugespitzte, runzelige, harte, braune Samen von 3,5 x 2 mm Größe.

Verwendung: Das vitaminreiche, sehr schmackhafte Fleisch der vollreifen Frucht wird nach dem Entfernen der Rinde zumeist roh als Obst oder in Salaten gegessen; die faserige Sproßachse ist zu verwerfen. Ananas kann eingekocht und zu Marmelade, Gelee oder Saft verarbeitet werden; sie ergibt in Scheiben geschnitten und getrocknet ein delikates Dörrobst. Der Saft wird zu Wein und Essig vergoren. Die Frucht enthält ein eiweißzersetzendes Enzym (Bromelain) und kann deshalb nicht in Speisen verwendet werden, die Milch oder Gelatine enthalten; Fleischgerichte werden bei Zusatz von Ananas zarter. Unreife Früchte sind giftig und rufen heftige Durchfälle hervor; auf den Molukken werden sie angeblich als Abtreibungsmittel benutzt. Aus den weißen, feinen Fasern der Blätter werden Netze, Taschen, Hängematten, Papier und Stoffe hergestellt. Der Blattsaft dient zur Behandlung von Verbrennungen. Das Enzym Bromelain wird als verdauungsförderndes Medikament industriell aus den Früchten gewonnen.

Verbreitung: Die Wildformen der Ananas stammen aus dem tropischen Südamerika; die Kultursorten werden weltweit in den Tropen und Subtropen angebaut.

Anbau und Ernte: Die Pflanzen benötigen hohe Temperaturen, sind trockenresistent und können in äquatorialen Gebieten bis in Höhen von 1500 m gezogen werden; je kühler das Klima, desto höher ist der Säuregehalt der Früchte. Ananas wird aus Schößlingen, Sproßteilen, Blattschöpfen und Blättern vermehrt, die sich in Erde leicht bewurzeln. Die Setzlinge blühen nach 10-18 Monaten; da die spontane Blütenbildung unregelmäßig erfolgt, wird in Plantagen mit Ethylen und Wuchsmitteln die gleichzeitige Blüte eingeleitet. Die Früchte reifen etwa 4 Monate nach der Blüte. Zahlreiche Sorten unterscheiden sich im Blattwerk, in der Größe, Farbe und im Aroma der Früchte sowie in den Standortansprüchen. Bestes Aroma haben an der Pflanze ausgereifte Früchte, die aber sehr druckempfindlich und nur kurze Zeit lagerfähig sind.

Verwandte Arten: Verschiedene wildwachsende Ananas-Arten, deren Früchte in geringem Umfang genutzt werden, sind aus Südamerika beschrieben worden.

Große Schlangenfrucht, Salak

Salacca edulis Reinw.
(*Zalacca edulis* Reinw.,
Salacca zalacca (Gaertner)Voss)
Familie: Arecaceae (Palmen)
E: Salak, Snake Fruit; S: Salak

Die bis 5 m hohen, 2häusigen Salak-Palmen wachsen horstförmig oder in dichten Herden; sie entwickeln kurze, gestauchte, unterirdisch verzweigte Stämme. Die Blätter sind gefiedert und 3-7 m lang. Blattscheiden, -stiele und -spindeln tragen halbkreisförmig angeordnete, lange und starke, schwärzliche Dornen. Die Blattfiedern sind bis 70 x 8 cm groß, oberseits glänzend grün, unten weißlich, am Rand stechend bewimpert. Die kolbenförmigen, in Hochblätter gehüllten männlichen Blütenstände werden mehr als 1 m lang, die weiblichen Infloreszenzen bis 30 cm, sie sind blattachselständig und durch die Dornen der Blattstiele geschützt.

Salak-Palme.

Große Schlangenfrucht.

Frucht: Die ei- oder birnenförmigen, zum Grund keilförmig verschmälerten Früchte erreichen Größen von 2,5-10 x 5-8 cm und wachsen zu 15-40 dicht gedrängt in Kolben. Ihre Rinde besteht aus harten, dachziegelig angeordneten, stark glänzenden, braunen bis dunkel rotbraunen, etwas gekielten, messerscharfen Schuppen, die meist in brüchigen Borsten enden und einen festen Panzer bilden, der einer Schlangenhaut ähnelt. Darunter liegt das eßbare, gelblichweiße, festfleischige, mäßig saftige, bis 2 cm dicke Fruchtfleisch, das süß-säuerlichen, aromatischen, ananasähnlichen Geschmack aufweist. Das segmentierte Fruchtfleisch umschließt (1-)3 schwarzbraune Samen, die zu 2 Seiten verflacht, im Umriß oval sind und bis 3,5 x 3 x 2,5 cm messen.
Verwendung: Das schmackhafte Fleisch vollreifer Früchte wird meist roh als Obst gegessen. Es kann zum Würzen von Speisen verwendet oder gekocht und kandiert werden. Unreife Früchte sind sauer und adstringierend; sie werden als »Pickles« eingelegt. Die Frucht wird in Südostasien hoch geschätzt und sehr häufig auf den Märkten gehandelt, jedoch selten exportiert.
Verbreitung: Die Art ist in Sümpfen von Sumatra und Java heimisch und wird in Indien, Birma, Thailand, Malaysia, Indonesien, auf den Philippinen, in Nordaustra-

lien und auf den Pazifischen Inseln angebaut.
Anbau und Ernte: Die schattenliebende Palme gedeiht unter feucht-tropischem Tieflandsklima; ihre zahlreichen Kultursorten werden durch Sämlinge oder vegetativ vermehrt und in Gärten und Plantagen angebaut. Bei guter Wasserversorgung fruchten die Pflanzen ganzjährig. Zur Ernte werden ganze Fruchtkolben abgeschnitten und auf die Märkte transportiert. Reife Schlagenfrüchte gären nach wenigen Tagen; in Zuckerwasser eingelegt sind sie länger haltbar.

Rakum-Salak

Salacca wallichiana C. Martius
Familie: Arecaceae (Palmen)
E: Sala, Rakum Palm

Der Großen Schlangenfrucht sehr ähnlich sind die Palmen des Rakum-Salak. Sie unterscheiden sich durch orangebraune Früchte mit relativ dünnen Schalen, die sich leicht von Hand aufbrechen lassen. Die glänzenden Schuppen der Fruchtrinde enden jeweils mit einer sparrig abstehenden, dünnen, starren, brüchigen Borste von etwa 4 mm Länge. Die Früchte erreichen bis zu 7 cm Größe und enthalten 1-3 Steine; diese sind von fleischig-saftigem, relativ dünnem Fruchtfleisch umhüllt, das kräftig sauer-aromatischen Geschmack aufweist.

Fruchtstand des Rakum-Salak.

Verwendung: Die Früchte des Rakum-Salak werden ebenso wie die Große Schlangenfrucht verwendet; da sie recht sauer sind, benutzt man sie vorwiegend als Zutat zu Speisen.
Verbreitung: Die Art wird häufig in Thailand, außerdem vereinzelt in Birma und auf der Malaiischen Halbinsel angebaut.
Verwandte Arten: Siehe Wald-Salak auf S. 70. Weitere Palmen der etwa 10 Arten umfassenden Gattung *Salacca* liefern in Südostasien eßbare Früchte, haben aber nur lokale Bedeutung als Nahrungsmittel.

Rakum-Salak, Früchte und Blattstiele.

Durian

Durio zibethinus Murr.
Familie: Bombacaceae
(Wollbaumgewächse)
E: Doorian; F, S, P: Durian

Durian ist ein bis 40 m hoher, immergrüner, dunkel belaubter Baum mit ausladenden Ästen. Seine wechselständigen Blätter sind von lanzettlicher Form, zuge-

Blühender Zweig des in Asien hoch geschätzten Durian-Baumes.

spitzt und ganzrandig, 20-30 x 7-15 cm, ledrig und glänzend, oberseits kahl, unten mit goldfarbenen haarigen Schuppen besetzt. Die Blüten sitzen in Knäueln zu 3-30 an kurzen, dichotom verzweigten, hängenden Ästchen, die aus dem Stamm und aus starken Ästen entspringen. Ihr Kelch ist glockenförmig 5lappig, die 3 Kronblätter sind spatelförmig, weiß, rosa oder goldbraun und 5-7 cm lang. Blütenstand und Kelche sind mit glänzenden Schuppen bedeckt. Die Blüten öffnen sich nur nachts und werden vermutlich von Fledermäusen bestäubt.

Reife Durian-Früchte verströmen einen penetranten Geruch.

Früchte mit 2-10 Samen

Die große Kapselfrucht des Durian.

Frucht: Die 5klappige Kapselfrucht des Durian ist eiförmig oder rundlich, oft asymmetrisch entwickelt und leicht gekrümmt, 15-30 cm lang und bis 8 kg schwer. Sie hängt an 10-20 cm langen Stielen. Die außen grünen Fruchtklappen sind dickschalig derb-faserig; ihre Oberfläche ist dicht mit pyramidenförmigen, 3-7kantigen Stacheln besetzt. In den 5 Kammern der Frucht liegt jeweils ein 2-6 cm großer, glänzender, blaßgelber bis rotbrauner Same, der von einem dicken, cremefarbenen bis dunkelgelben Samenmantel von puddingähnlicher Konsistenz umgeben ist. Dieser eßbare Arillus ist von käsig-nussigem, süßem Geschmack und unvergleichbarem Aroma. Die reife Frucht stinkt penetrant eigenartig süßlich-faulig.

Verwendung: Durian-Früchte zählen trotz des widerlichen Geruches, der ihre Lagerung in geschlossenen Räumen verbietet, zu dem am höchsten geschätzten Obst Südostasiens. Die rohen Samenmäntel reifer Durian gelten als Delikatesse; für ihren Verzehr werden die Früchte an den Nähten aufgebrochen, die Pulpe samt Samen aus den Kammern genommen und aus der Hand gegessen. In Indonesien wird aus dem Arillus eine mit Minze gewürzte Soße gekocht, die man zu Reis ißt. Die Malaien konservieren die Fruchtmasse bei reicher Ernte durch Kochen unter Zusatz von Zucker oder Salz. In Dosen eingemacht, wird Durian-Pulpe auch außerhalb der Saison vermarktet und bis in den Vorderen Orient und nach Europa exportiert. Durian-Püree wird in Eiscreme verarbeitet. In Thailand kocht man aus Durian und Kürbis eine feste, haltbare Paste, die zum Würzen von Speisen beliebt ist. Ganze, unreife Früchte können als Gemüse zubereitet werden. Die schwach giftigen Samen werden geröstet oder gekocht verzehrt.
Viele Quellen berichten über die außerordentliche Wertschätzung der Frucht. Die Könige von Birma sollen im 16. Jahrhundert einen Stab von Läufern unterhalten haben, die ihnen die verderblichen Früchte, deren Anbau nur im äußersten Süden des Landes möglich ist, über große Entfernungen schnell herbeischafften. Blätter, Früchte, Rinde und Wurzeln des Baumes finden in der Volksmedizin gegen Fieber und Gelbsucht Verwendung. Die Frucht gilt in Asien als Aphrodisiakum.

Verbreitung: Durian ist ein Baum der tropischen Regenwälder Südostasiens, der häufig auf der Malaiischen Halbinsel und in Indonesien, seltener in Südindien, auf Sri Lanka, im südlichen Thailand, in Indochina und auf den südlichen Philippinen angebaut wird. Die Art wird auch in Ostafrika, sehr selten in Mittel- und Südamerika kultiviert.

Anbau und Ernte: Durian gedeiht im feuchttropischen Tieflandsklima bis in Höhen von 800 m. Die Bäume werden in zahlreichen Sorten zumeist von Kleinbauern in Fruchtgärten aus Samen gezogen und tragen ab dem Alter von 7-15 Jahren. Die Früchte werden kurz vor der Reife gepflückt oder nachdem sie vom Baum gefallen sind sofort aufgelesen. Sie sind sehr begrenzt transportfähig und nur wenige Tage haltbar.

Verwandte Arten: Zu der in Südostasien artenreichen Gattung *Durio* zählen weitere schwer zu unterscheidende Spezies mit eßbaren, ebenfalls stark riechenden Früchten, die vor allem auf Borneo in kleinem Umfang kultiviert werden, beispielsweise *D. oxleyanus* Griff und *D. dulcis* Becc.

Rambai

Baccaurea motleyana Muell. Arg.
Familie: Euphorbiaceae
(Wolfsmilchgewächse)
E, F, S: Rambai

Rambai ist ein 15-25 m hoher, immergrüner, zweihäusiger Baum mit buschiger Krone und silbrig behaarten jungen Zweigen. Seine Blätter sind wechselständig, verkehrt-eiförmig bis lanzettlich, ganzrandig, kurz stumpf zugespitzt, dunkelgrün glänzend, bis 35 x 17 cm groß und unterseits vor allem auf den Rippen braun behaart; ihr Stiel ist 3-10 cm lang. Die kronblattlosen grünlichgelben Blüten tragen 4-5 freie, zusammenneigende Kelchblätter und sind im Durchmesser etwa 1 cm groß; sie stehen in hängenden, schwach behaarten Trauben, die am Stamm und an alten Ästen wachsen; die männlichen Infloreszenzen sind 7-20 cm, die weiblichen 25-60 cm lang.

Frucht: Die ovalen oder rundlichen, 2-4,5 cm großen Früchte wachsen dicht gedrängt in 30-60 cm langen, hängenden Trauben; sie haben im reifen Zustand eine matt bräunlichgelbe oder lachsfarbene, ledrig-fleischige, saftige, fein flaumig behaarte Rinde, die etwa 5 mm dick ist. In 2-3 Fruchtkammern, die durch dünne weißliche Häute voneinander getrennt sind, liegt jeweils 1 flachbohnenförmiger oder breit-ovaler, bis 1,3 cm großer, brauner Same, der von

Blatt, Blüten und Früchte des Rambai mit eßbaren Samenmänteln.

glasiger, 2-5 mm dicker, saftiger, süßer oder saurer Pulpe umhüllt ist.
Verwendung: Das am Samen haftende saftige Fleisch wird – falls nicht zu sauer – frisch als Obst verzehrt, sonst mit Zucker gekocht als Zutat zu Speisen verwendet oder als Marmelade zubereitet. In Malaysia werden ganze Früchte als »Pickles« süßsauer eingelegt. Sie lassen sich außerdem zu Saft und Wein verarbeiten. Der Verzehr großer Mengen roher Früchte verursacht Magenbeschwerden.
Verbreitung: Rambai ist in Tieflandsregenwäldern auf Sumatra, Java und Borneo beheimatet und wird in Südostasien weithin angebaut.
Anbau und Ernte: Der Baum gedeiht im feucht-heißen Tropenklima bis 750 m Höhe. Er wird vegetativ vermehrt und in gemischten Obstgärten oder als Schattenbaum gezogen. Die Früchte werden im frühen Reifestadium geerntet.

Tupa, Kapundung

Baccaurea dulcis (Jacq.)Muell. Arg.
Familie: Euphorbiaceae (Wolfsmilchgewächse)
E: Ketupa; S: Chupa

Tupa ist ein immergrüner, bis 15 m hoher, einhäusiger Baum. Seine wechselständigen oder sprialig angeordneten Blätter sind elliptisch bis verkehrt-eiförmig, ganzrandig, kurz stumpf zugespitzt, ledrig, glänzend, kahl; die Spreiten messen bis 18 x 13 cm, die Blattstiele sind 1-5 cm lang. Seine kronblattlosen, gelblichen Blüten stehen in traubigen, meist stammbürtigen Infloreszenzen von bis zu 14 cm Länge.
Frucht: Die in Trauben dicht gedrängten Früchte sind von rundlicher Form und messen 3,5-4 cm im Durchmesser; ihre dicken Stiele sind bis 1,5 cm lang. Die ledrig-fleischige, saftige Fruchtwand ist

Früchte der Tupa, eine der zahlreichen eßbaren Baccaurea-Arten.

außen glatt, matt, gelbbraun oder leicht orange. Das Innere der Frucht wird durch häutige Wände in 3 Kammern gegliedert, in denen jeweils ein etwa 2,5 x 1,3 x 0,4 cm großer, rotviolett-häutiger Same liegt. Jeder Same ist von etwa 5 mm dicker, weißer, saftig-gallertiger Pulpe umgeben, die leicht bitter süß-sauer schmeckt und von einer dünnen durchsichtigen Haut umschlossen ist.
Verwendung: Eßbare Teile der Frucht sind die Samenmäntel, die ebenso wie diejenige des Rambai verwendet werden.
Verbreitung: Die Art ist im südlichen Sumatra beheimatet und wird in Indonesien und Malaysia angebaut.
Verwandte Arten: Neben den beiden beschriebenen Sippen werden von den 80 schwer zu unterscheidenden Arten der Gattung *B. ramiflora* Lour. (= *B. sapida* (Roxb.)Muell. Arg; Tempui). und *B. racemosa* (Reinw. ex Blume) Muell. in Südostasien (Birma bis Borneo) als Obstbäume gezogen.

Langsat, Lansi, Duku

Lansium domesticum Correa
Familie: Meliaceae (Zedrachgewächse)
E, F: Langsat; S: Lanzon

Langsat ist ein immergrüner Baum mit kurzem, kräftigem Stamm, der bis 15(-30) m hoch wird und harzigen Milchsaft führt. Seine gegenständigen Blätter sind unpaarig gefiedert und 30-50 cm lang. Die 5-9 wechselständigen Fiederblättchen sind 5-12 mm lang gestielt, eiförmig oder verlängert-elliptisch, ganzrandig, am Grund unsymmetrisch verschmälert, kurz zugespitzt, 9-20 x 5-10 cm groß, ledrig, oberseits glänzend dunkelgrün und kahl, unterseits heller, matt und kahl oder dicht behaart. Die kleinen Blüten wachsen zahlreich in unverzweigten oder verzweigten, bis

Langsat-Früchte sind im tropischen Asien ein beliebtes Obst.

30 cm langen, anfangs aufrechten, später hängenden Infloreszenzen, die einzeln oder gebüschelt dem Stamm und kräftigen Ästen entspringen. Die zwittrigen, sitzenden oder kurz gestielten Blüten haben einen fleischigen, schüsselförmigen, 5lappigen, grüngelben Kelch und dickliche, 3 x 5 mm lange, weiße oder gelbe Kronblätter.
Frucht: Die rundlichen oder eiförmigen, 2,5-7 cm großen Früchte stehen dicht gedrängt in hängenden Trauben. Ihre gelblichbraune, außen samtige, zäh-faserige, oft Milchsaft führende Schale ist papierdünn oder bis 6 mm dick. Im Inneren ist die Frucht in 5-6 Kammern gegliedert, die mit dicken, fest-gallertigen, saftigen, glasig-weißen Samenmäntel gefüllt sind. Diese Arilli schmecken sehr angenehm süßsauer-aromatisch und lassen sich nach dem Schälen der Frucht leicht voneinander trennen. Nur 1-3 der Samenmäntel umschließen je einen breit-bohnenförmigen bis rundlichen, grünen, bitteren Samen von bis zu 2,5 x 2 x 1,3 cm Größe mit unregelmäßig wulstigem Rand.
Verwendung: Die sehr schmackhaften, aromatischen Samenmäntel der reifen Früchte werden aus der Hand als Obst

gegessen. Die oft derbe Fruchthülle läßt sich leicht abziehen, bei dünnschaligen Früchten platzt sie bei leichtem Druck und gibt die Samenmäntel frei. Früchte, deren Schalen viel klebrige Latex enthalten, werden vor dem Öffnen kurz abgebrüht. Das Fruchtfleisch kann mit Zucker eingekocht oder zu Gelee und Saft verarbeitet werden. Schalen und Samen sind ungenießbar und schwach giftig.

Aus der Rinde und den Fruchtschalen wird ein Pfeilgift gewonnen. Rindensud wird in der Volksmedizin Südostasiens gegen Durchfall und Malaria eingesetzt; die alkaloidhaltigen Samen dienen pulverisiert als Mittel gegen Fieber und Würmer. Getrocknete Samenschalen werden in Indonesien zum Vertreiben von Insekten verbrannt.

Verbreitung: Die Art stammt aus Südthailand und Westmalaysia und wird in Südindien, Sri Lanka und Südostasien häufig angebaut; außerhalb Asiens ist der Baum wenig bekannt.

Anbau und Ernte: Langsat ist eine Pflanze der feucht-heißen Tropen, die weder kühle Temperaturen noch längere Trockenzeiten erträgt. Die Bäume werden aus Samen vermehrt und in Obst- oder Hausgärten gezogen; sie wachsen sehr langsam und fruchten erst nach etwa 10 Jahren. Es lassen sich zahlreiche Sorten unterscheiden, die in 2 Haupttypen zusammengefaßt werden, welche nicht eindeutig voneinander zu trennen sind: Als Langsat werden in Südostasien Sorten bezeichnet, die dünnschalige, stark latexhaltige, eiförmige und relativ saure Früchte tragen. Unter der Bezeichnung Duku faßt man die Sorten zusammen, deren Früchte rundlich, groß, dickschalig, latexarm und relativ süß sind. Zur Ernte werden in der Regel ganze Fruchtstände von den Bäumen geschnitten. Die Früchte sind bei tropischen Temperaturen 3-4 Tage lagerfähig, gekühlt können sie etwa 2 Wochen aufbewahrt werden.

Santol

Sandoricum koetjape (Burm.f.)Merr.
(*S. indicum* Cav.)
Familie: Meliaceae (Zedrachgewächse)
E: Santol, Kechapi; F: Faux Mangoustan; S: Santol

Santol ist ein bis 40 m hoher, tief verzweigter, immergrüner, Latex führender Baum. Seine gegenständigen, bis 9 cm

Reife Santol-Beeren haben fruchtig sauren Geschmack. Eßbar sind die innere Fruchtwand und die Samenmäntel.

Früchte mit 2-10 Samen

lang gestielten Blätter setzen sich aus 3 Fiederblättchen zusammen, deren Spreiten elliptisch oder verlängert-eiförmig, kurz zugespitzt, am Grund abgerundet, oberseits glänzend grün, auf der Unterseite heller und matt sind. Das endständige Fiederblättchen ist 6-25 x 3-16 cm groß, die beiden seitlichen bleiben kleiner. Die blattachselständigen, locker rispig verzweigten Blütenstände werden bis zu 25 cm lang. Sie tragen zweigeschlechtliche, gelblichgrüne Blüten mit becherförmigen, 5lappigen Kelchen und 5 breitlanzettlichen Kronblättern von 1 cm Länge.

Frucht: Die Santol-Frucht ist eine breitrundliche oder apfelförmige, schwach unregelmäßig längsgeriefte Beere von bis zu 7 x 8 cm Größe. Ihre Oberfläche ist goldgelb oder gescheckt gelblich- bis rötlichbraun und weich flaumig; die etwa 1 cm dicke, derbe Rinde ist außen zäh, innen weich, saftig, klebrig-milchig, beige bis fleischfarben und von süßsaurem Geschmack. Im Inneren der Frucht liegen in (2-)4-5 sternförmig angeordneten Kammern bohnenförmige, strohbraune, schwach längsgeriefte, hartschalige Samen von bis zu 4 x 2 x 1,5 cm Größe. Sie sind von 5 mm dicken, breiig-saftigen Samenmänteln umgeben, die nicht an der Fruchtwand haften, aber schwer von den Samen zu lösen sind. Ihr Geschmack ist sehr aromatisch, je nach Sorte sauer, süßsauer oder süß. Aufgeschnittene Früchte laufen an der Luft rasch braun an.

Verwendung: Eßbare Teile der Beere sind die innere Fruchtwand und die Samenmäntel, die bei süßen Sorten mit oder ohne Zucker roh als Obst verzehrt werden. Entkernte Früchte werden mit Zucker eingekocht und als Dessert serviert oder zu Marmelade, Gelee und gewürzt zu »Chutney« verarbeitet. Das Fruchtfleisch saurer Santol-Sorten wird frisch, getrocknet oder zu Sirup verkocht zum Würzen von Speisen benutzt. Aus reifen Beeren stellt man Saft und Wein her. In Südostasien werden die Früchte auch kandiert.

Blattsud wird als Fiebermittel verwendet, pulverisierte Rinde ist eine wirksame Medizin gegen Würmer, und die Wurzeln haben krampflösende Eigenschaften.

Verbreitung: Santol ist auf der Malaiischen Halbinsel, in Thailand und Indochina beheimatet; dort wie im übrigen tropischen Asien und auf den Pazifischen Inseln wird er häufig kultiviert. Selten wird die Art in Lateinamerika angebaut.

Anbau und Ernte: Der Baum gedeiht im feucht-heißen, dauerfeuchten tropischen Tiefland und wird in Obstgärten, auf den Philippinen auch in Plantagen, angebaut. Die Pflanzen werden aus Samen gezogen, sie blühen und fruchten nach 5-7 Jahren. Qualitativ sehr unterschiedliche Sorten werden kultiviert; gelbe Früchte sind süß, rotbraune haben sehr sauren Geschmack. Die Beeren werden gepflückt, sobald sie sich gelb oder braun verfärben; sie sind ohne Kühlung etwa 1 Woche haltbar.

Mangostane, Manggis

Garcinia mangostana L.
Familie: Guttiferae (Hartheugewächse)
E: Mangosteen; F: Mangostan;
S: Mangostan, Manggis; P: Mangostão

Mangostane ist ein bis zu 25 m hoher immergrüner Baum mit dunkler, pyramidenförmiger Krone. Die Pflanze enthält einen gelben Milchsaft, der bei Verletzungen austritt. Die Äste wachsen jeweils aus den Achseln der gegenständigen Blätter, so daß der Baum symmetrisch verzweigt ist. Seine Blätter sind kurz gestielt, eiförmig bis breit-lanzettlich, mit

Früchte mit 2-10 Samen

Blühender Mangostane-Zweig.

ausgezogener Spitze, ganzrandig, dickledrig, glänzend, oben olivgrün, unterseits gelblichgrün, mit blasser, kräftiger Mittelrippe; die Blattspreiten sind 15-25 x 7-13 cm groß. Die kurz dick gestielten, 5 cm großen Blüten wachsen einzeln oder in Paaren an den Enden der Zweige; sie haben 4 Kelchblätter sowie 4 dickfleischige, außen gelbgrüne, innen orangerote Kronblätter.

Frucht: Die Mangostane-Früchte sind runde Beeren von 5-8 cm Durchmesser. Sie haben eine derbe, zäh-ledrige, saftige, bis 1,5 cm dicke Schale von zunächst grüner, zur Vollreife dunkel purpurbrauner Farbe. Auffälliges Merkmal der Frucht sind die 4 dicken, breit-rundlichen, gewölbten, sich überlappenden Kelchblätter, die um den Stiel bis zur Reife erhalten bleiben; die beiden größeren sind etwa 2,5 cm groß, die 2 kleineren 1,5 cm. Am Ende der Frucht stellen die bleibenden, sternförmigen, braunen Griffelnarben ein weiteres Charakteristikum dar. Von dem derben Fruchtmantel umschlossen, findet sich ein Kranz aus bis zu 8 bohnenförmigen, hellbraunen und bis 3 x 2 x 1 cm großen Samen, die jeweils von einem dicken, weichen, saftigen, schneeweißen Samenmantel (Arillus) umgeben sind, der delikat süßsauer-aromatisch schmeckt; oft finden sich Arilli ohne Samen, selten gibt es völlig samen-

Reife Mangostane-Früchte mit delikaten weißen Samenmänteln.

Früchte mit 2-10 Samen

lose Früchte. Die Samenmäntel haften nicht an der Schale, sind aber nur schwer von den Samen zu lösen.
Verwendung: Mangostane zählt zum schmackhaftesten und beliebtesten Obst der Tropen. Die Samenmäntel reifer Früchte werden am besten roh aus der Hand oder als Dessert verzehrt, wofür man die Fruchtwand rings quer einschneidet und aufklappt. Die Beeren sind nur kurze Zeit haltbar, nach der Ernte schimmeln sie im Inneren rasch. Zur Konservierung können die Samenmäntel mit Zucker (ein-)gekocht werden, büßen dabei aber Aroma ein. Mangostane wird auch zu Marmelade oder Gelee verarbeitet, wofür sich am besten Früchte mit hohem Säuregehalt eignen.
Die Samen sind gekocht oder geröstet eßbar. Die dicke Fruchtschale ist ungenießbar; ihr Saft dient als schwarzer Farbstoff. Die tanninreiche Fruchthülle und die Borke des Baumes werden zum Gerben von Leder und medizinell gegen Ruhr genutzt. Das dunkelbraune, sehr harte und schwere Holz ist von guter Qualität.
Verbreitung: Die Art ist in Südostasien beheimatet und wird in niederschlagsreichen Gebieten von Indien bis Australien angebaut, zunehmend auch im tropischen Amerika und in Afrika.
Anbau und Ernte: Mangostane ist ein anspruchsvolles Gehölz feuchter tropischer Tiefländer. Die Bäume werden in Obst- und Hausgärten angebaut; sie können aus Samen gezogen oder durch Stecklinge vermehrt werden.
Die Pflanzen fruchten in der Regel ab dem 15. Jahr, unter günstigen Umständen 2-3mal jährlich. Die Früchte werden nach dem Einsetzen der violetten Färbung von Hand gepflückt und sind nur etwa 10 Tage haltbar; die Ernte erstreckt sich über 3 Monate.

Mundu

Garcinia xanthochymus Hook.f.
(*G. tinctoria* (Choisy)W.F.Wight)
Familie: Guttiferae (Hartheugewächse)
E, S: Mundu

Mundu ist ein bis 13 m hoher, oft bis zum Grund verzweigter, immergrüner, zweihäusiger Baum oder Strauch mit weit ausladenden, teilweise hängenden, kahlen Ästen. Die gegenständigen Blätter sind eilanzettlich, ganzrandig, zugespitzt, am Grund abgerundet und bis 33 x 14 cm groß. Die Spreiten sind dickledrig, dunkelgrün, oberseits glänzend, unterseits heller und matt, die dicken Blattstiele bis 3 cm lang. Die kurz gestielten Blüten wachsen in blattachselständigen Büscheln; sie haben 5 kleine Kelchblätter und 5 doppelt so große, weiße Kronblätter, die sich nicht öffnen; ihr Durchmesser beträgt etwa 1 cm.
Frucht: Die Mundu-Frucht ist eine schiefrundliche Beere, die in einen gebogenen, kegelförmigen Schnabel ausgezogen ist und mit einem kleinen Kranz aus 5 gespreizten Griffeln endet; sie wird bis 9 x 8 cm groß. Am Grund der Frucht bleiben die 5 halbrunden, sich überlappenden, vergrößerten Kelchblätter erhalten.

Mundu-Zweig mit Früchten.

Reife Mundu-Früchte.

Die derbe, glänzende, glatte Schale der Beere ist zur Reife gelb. Das saftige, weiche Fruchtfleisch ist kräftig orangegelb bis schwefelgelb und hat einen angenehmen, aromatisch-sauren, zitroneähnlichen Geschmack. Die Beeren enthalten 1-5 braune, harte, verflacht-bohnenförmige Samen, die in stumpfen, gebogenen Spitzchen enden und bis 3,5 x 2 cm groß sind.

Verwendung: Das schmackhafte, Vitamin-C-reiche Fruchtfleisch wird mit Zucker bestreut roh gegessen oder zu Marmelade, Gelee und Saft verarbeitet. Es dient außerdem als Ersatz für Tamarinde zum Säuern und Würzen von Speisen.

Verbreitung: Die Art wird in Indien und auf Sri Lanka, vereinzelt in Südostasien und selten in den Tropen der Neuen Welt angebaut.

Anbau und Ernte: Die Frucht wird in der Regel zum häuslichen Verbrauch in Haus- und Obstgärten gezogen. Mundu gedeiht unter feucht-warmem Tropenklima. Die Beeren werden reif gepflückt und sind nur kurze Zeit lagerfähig.

Verwandte Arten: Vermutlich zur selben Art zu stellen ist die in Südostasien kultivierte *Garcinia dulcis* (Roxb.) Kurz., die sich durch schlankeren Wuchs, behaarte, 4kantige Stengel, sehr kurze Blattstiele, fein behaarte Blattunterseiten und blaßgelbes Fruchtfleisch unterscheiden soll.

Die in den Tropen der Alten Welt sehr artenreiche Gattung *Garcinia* umfaßt viele Sippen mit eßbaren Früchten, die zumeist nur lokal angebaut werden, beispielsweise *G. atroviridis* Griff. ex T. Anderson von der Malaiischen Halbinsel, mit rundlichen, tief längsgefurchten, orangegelben, sehr sauren Früchten und *G. prainiana* King aus Thailand und Malaysia, die breit-rundliche, glatte, kräftig orangefarbene, sehr aromatische Beeren trägt.

Kepel

Stelechocarpus burahol (Blume) Hook f. & Thomson
Familie: Annonaceae
(Schuppenapfelgewächse)
E, F, S: Kepel

Kepel ist ein immergrüner, bis 25 m hoher Baum mit eiförmig-lanzettlichen oder lang-ovalen, ganzrandigen, zugespitzten, dunkelgrünen, kahlen, glänzenden, dünnledrigen Blättern. Seine Blattspreiten sind bis 27 x 9 cm groß, die Blattstiele bis 1,5 cm lang. Die eingeschlechtlichen, grünlichweißen oder rötlichen, kurz gestielten Blüten wachsen bis zu 16 in Büscheln aus Knoten des Stammes.

Frucht: Die Kepel-Früchte sind stammbürtige, runde oder breit-eiförmige Beeren. Sie weisen eine schwache Längsnaht

Früchte am Stamm des Kepel-Baumes.

Früchte mit 2-10 Samen 141

Unreife Kepel-Früchte. Kepel ist der Baum der javanischen Sultane.

auf, sind in einen kurzen Hals verschmälert, bis 6 x 4,5 cm groß und bis 8 cm lang gestielt. Ihre etwa 1 mm dicke, braune Schale ist ledrig und rauh. Das zur Reife hellorange, saftige, aromatische Fruchtfleisch umschließt 4-6 ovale, verflachte, ungeordnet quer in der Beere liegende, etwa 1,5 x 3 cm große, braune Samen.

Verwendung: Die schmackhafte Pulpe reifer Früchte wird roh als Obst gegessen. Der Fruchtsaft wirkt desodorierend und verbreitet auf dem Körper Veilchengeruch. Der Verzehr der Beeren verursacht vorübergehende Sterilität bei Frauen. In seiner Heimat auf Java ist der Baum traditionell der Sultansfamilie von Yogyakarta vorbehalten, um seine Früchte als Obst, Kosmetikum und Mittel zur Empfängnisverhütung zu verwenden. Noch heute gilt Kepel unter der Bevölkerung Zentraljavas als Pflanze des Adels und wird in den Gärten des Kratonpalastes gezogen.

Verbreitung: Kepel ist ein seltener, auf Java heimischer Baum, der in Südostasien und Nordaustralien, als Rarität auch in Florida und Mittelamerika angebaut wird.

Anbau und Ernte: Die Pflanzen gedeihen im tropischen Tieflandsklima und werden über Sämlinge vermehrt. Ausgewachsene Bäume können jährlich mehr als 1000 Beeren tragen. Sie sind reif für den Verzehr, wenn ihre Schale unter der braunen, rauhen Oberfläche nicht mehr grün, sondern gelb oder hellbraun gefärbt ist. Die Früchte lassen sich ungekühlt 2-3 Wochen lagern.

Breiapfel

Manilkara zapota (L.) v. Royen
(*Achras zapota* L.)
Familie: Sapotaceae (Breiapfelgewächse)
E: Sapodilla, Naseberry, Chiku;
F: Sapotille; S: Chicozapote, Nispero, Zapota; P: Sapoti

Der Breiapfel ist ein immergrüner, tief verzweigter, ausladender, bis 20 m hoher Baum, dessen Rinde, Blätter und unreife Früchte weißen, klebrigen Milchsaft enthalten. Seine Blätter sind wechselständig,

Früchte mit 2-10 Samen

Blühender Zweig des Breiapfels.

ganzrandig, derb-ledrig, glatt, kahl, glänzend dunkelgrün, breit-lanzettlich, abgerundet oder stumpf zugespitzt und bis 13 x 5 cm groß. Ihre Blattstiele sind bis 3 cm lang. Die Blüten wachsen an 1-2 cm langen Stielen in den Blattachseln. Ihre Kelchblätter stehen jeweils zu 3 in 2 Kreisen; sie sind am Grund verwachsen und dicht braun behaart. Die grünlichweißen, glockenförmigen Kronröhren (Durchmesser etwa 1,5 cm) sind bis zur Mitte in 6 Zipfel eingeschnitten.

Frucht: Die bis 3 cm lang gestielten Beeren sind rundlich oder oval-eiförmig und von 5-10 x 4-6 cm Größe. Sie haben eine dünne, aber derbe, rauhe, matte, braune Schale; um den Stiel bleiben die kleinen braunen, der Frucht anliegenden Kelchblätter erhalten. Das Fruchtfleisch ist zur Reife glasig-gelbbraun, breiig-weich, sehr saftig, durch kleine Steinzellen körnig, von der Konsistenz einer weichen Birne; es ist durch schmale Längsschlitze schwach segmentiert und von sehr süßem, karamelähnlichem Geschmack. Um die Mitte der Frucht sind bis zu 12 Samen sternförmig angeordnet, selten sind die Früchte samenlos. Die Samen sind abgeflacht, im Umriß eiförmig, an der Spitze hakig und etwa 1 cm groß; sie haben eine harte, holzige, glänzend schwarze oder dunkelbraune Schale und ein weißes Hilum; ihr Kern ist weißlich braun, von fest nussiger Konsistenz und leicht bitterem Geschmack.

Verwendung: Das süße, aber wenig aromatische Fleisch reifer, weicher Früchte wird ohne die Schale roh als Obst und als Zutat zu Fruchtsalaten gegessen oder zu Marmelade verarbeitet. Es läßt sich aus der quer halbierten Beere löffeln. Breiäpfel können gedünstet oder mit Limonensaft und Ingwer zu einem Sirup verkocht werden. Das Fleisch dient außerdem als Zutat für diverse Süßspeisen, in Indien beispielsweise für Halvas. Zur Konservierung werden in Scheiben geschnittene Breiäpfel eingekocht, kandiert oder nach kurzem Erhitzen vakuumverpackt. Unreife Früchte sind adstringierend und ebenso wie die schwach giftigen Samen ungenießbar.

Der gummi- und harzreiche Milchsaft der Pflanze (Chicle), der aus verletzter Rinde und verwundeten unreifen Früchten aus-

Breiapfel, Laub und Frucht.

Reife, weiche Breiäpfel sind von sehr süßem Geschmack.

tritt, ist Grundstoff für Kaugummi und wurde bereits von den Azteken in dieser Weise verwendet; er wird heute meist durch synthetisch hergestellte Substanzen ersetzt. Tee der Rinde ist ein Mittel gegen Fieber und Diarrhöe.

Verbreitung: Der Breiapfel ist in Südmexiko und Mittelamerika beheimatet und wird heute weltweit in warmen Ländern häufig angebaut.

Anbau und Ernte: Der Breiapfel gedeiht unter tropischem und subtropischem Klima bis in Höhen von 2000 m; ausgewachsene Bäume ertragen leichten Frost. Die anspruchslosen Pflanzen sind trockenresistent, tragen jedoch am besten in niederschlagsreichen Gebieten auf tiefgründigen Böden. Sie werden in der Regel aus Samen gezogen; für rasche Anzucht läßt sich die Art auf verschiedene Unterlagen pfropfen. Die zahlreichen Kultursorten unterscheiden sich vor allem im Habitus und in der Form sowie im Geschmack der Früchte. Die druckempfindlichen Früchte werden reif mit Stielen gepflückt und sind etwa 1 Woche lagerfähig.

Sternapfel, Caimito

Chrysophyllum cainito L.
Familie: Sapotaceae (Breiapfelgewächse)
E: Star Apple; F: Caimite; S: Caimito;
P: Caimitié

Der Sternapfel ist ein bis 15(-30) m hoher, immergrüner Baum mit braun behaarten, verkahlenden Zweigen; seine Rinde scheidet bei Verwundungen weiße Latex aus. Die wechselständigen, ledrigen Blätter sind elliptisch oder verkehrt-eiförmig, kurz zugespitzt und ganzrandig, oberseits glänzend kräftig grün, auf der Unterseite verkahlend silbrig bis goldbraun behaart; ihre Spreiten sind bis 16 x 6 cm groß. Die kleinen, unscheinbaren Blüten wachsen gebüschelt in den Blattachseln; sie haben 5-6 runde oder ovale Kelchblätter und eine grünliche, gelbe oder weißlichviolette, 5zipfelige, etwa 4 mm lange, röhrenförmige Krone.

Frucht: Die Sternapfel-Früchte sind runde oder breit-eiförmige, kurz gestielte Beeren von bis zu 10 cm Durchmesser. Ihre dünne, derbe, glatte, glänzende Außenschale ist zur Reife je nach Sorte violett-

Beeren und Laub einer grünfrüchtigen Sorte des Sternapfels.

braun oder grün. Sie umschließt eine innere dicke, zäh-fleischige Rinde, die bitteren Milchsaft enthält und bei violetten Beeren dunkelviolett und 6-12 mm dick, bei grünen Früchten weißlichgrün und 3-5 mm stark ist. Unter dieser Rinde liegt eine Schicht aus sehr saftigem, glasig-weißem Fruchtfleisch, das von süßem Geschmack ist. Diese Pulpe umschließt insgesamt bis zu 11 sternförmig um das Zentrum der Beere angeordnete, hartschalige, glänzende, schwarzbraune, einseitig verflachte, ovale oder halbrunde Samen, die in gallertigen Fruchtkammern liegen. Die Samen messen bis 2,4 x 1,4 x 1 cm und weisen an ihrer hohen Längsseite ein breites helles Hilum auf; die schmalen Ränder sind gekerbt gekielt.

Verwendung: Die Pulpe vollreifer Beeren wird frisch aus der aufgeschnittenen Frucht gelöffelt oder mit anderem Obst in Desserts und Säften verarbeitet. Außenhaut und Rinde sind ungenießbar; ihr Milchsaft darf beim Aufschneiden nicht auf das zum Verzehr bestimmte Fruchtfleisch gelangen. Der leicht bittere Kern des Samens ist eßbar und wird als Mandel-Ersatz verwendet. Unreife Früchte sind bitter, adstringierend und ungenießbar.

Verbreitung: Die Art ist auf den Karibischen Inseln und in Mittelamerika beheimatet und wird von Mexiko bis Nordargentinien, seltener auch in Süd- und Südostasien, Nordaustralien sowie in Afrika angebaut.

Anbau und Ernte: Der Sternapfel gedeiht im tropischen Tieflandsklima, ist relativ trockenresistent und anspruchslos hinsichtlich der Bodenbeschaffenheit. Die Pflanzen werden aus Samen gezogen, die Sämlinge oft mit hochwertigen Sorten veredelt. Man unterscheidet nach der Farbe der Frucht 2 Sortengruppen: Grüne Beeren sind sehr süß, aber relativ fad, violette saurer und stärker aromatisch. Die Früchte werden vollreif vom Baum gepflückt und sind wenige Tage, gekühlt bis zu 3 Wochen haltbar.

Lukuma

Pouteria lucuma O. Ktze.
(*Lucuma obovata* HBK.)
Familie: Sapotaceae (Breiapfelgewächse)
E: Lucuma, Lucmo; S: Lucuma, Rucma

Lukuma ist ein bis 15 m hoher, immergrüner Baum mit dichter, runder Krone und jung samtig behaarten Ästen; die Pflanze führt Milchsaft. Die Blätter stehen dicht gedrängt an den Enden der Äste; ihre bis 25 cm langen Spreiten sind dünn-ledrig, ganzrandig, breit verkehrt-eiförmig oder elliptisch, stumpf, am Grund verschmälert, oberseits dunkelgrün und glänzend, unten heller und kahl oder braun behaart. Die Blüten wachsen zu 1-3 in den Blattachseln. Ihre gelblich-grünen Kronen sind röhrenförmig, 5-7lappig und 1,3 cm breit.

Fruchtender Lukuma-Zweig.

Frucht: Lukuma-Früchte sind hängende, tomatenförmige, milchsafthaltige Beeren von bis zu 10 cm Durchmesser; ihr Ende kann ausgezogen oder eingebuchtet sein. Am Grund der Früchte bleibt der grüne, zurückgeschlagene Kelch erhalten, der sich aus 4 schmal-3eckigen, bis 1 cm langen und 4 schmal-lanzettlichen, kürzeren Kelchblättern zusammensetzt. Die Fruchtstiele sind bis zu 6 cm lang. Die Fruchtschale ist im reifen Zustand bräunlichgrün, matt oder schwach glänzend und etwa 1 mm dick. Das Fruchtfleisch ist fest, mehlig und wenig saftig, von gelblicher Farbe und sehr süßem Geschmack. Um eine zentrale Spindel sind 1-5 bohnenförmige oder breit-ovale Samen angeordnet, die zu einer Seite abgeflacht, zur anderen gekielt sind und glatte, glänzend dunkelbraune Schalen mit hellem Hilum haben.

Verwendung: Die Früchte werden reif geerntet, einige Tage gelagert und dann roh als Obst gegessen oder mit Zucker zu Sirup verkocht, der zu Süßspeisen und Eiscreme gegeben wird. Getrocknete und pulverisierte Pulpe wird als Gewürz verwendet.

Verbreitung: Lukuma ist in den Anden Ekuadors, Perus und Chiles beheimatet und wird darüber hinaus in den Gebirgen Mittel- und Südamerikas, selten auch auf den Karibischen Inseln angebaut.

Anbau und Ernte: Die Pflanzen gedeihen auf nährstoffreichen Böden in kühlen Lagen tropischer Gebirge; sie werden in Höhen zwischen 1000 und 3000 m angebaut, Früchte des Tieflandes sind minderwertig. Lukuma wird aus Samen vermehrt und fruchtet ab dem 5. Jahr fast ganzjährig; die Beeren werden reif geerntet.

Lukuma-Früchte.

Kaki-Bäume können jährlich bis 100 kg Früchte tragen.

Kaki

Diospyros kaki L.f.
Familie: Ebenaceae (Ebenholzgewächse)
E: Kaki Plum, Oriental Persimmon;
F: Kaki; S: Caqui

Kaki ist ein bis zu 15 m hoher, laubwerfender, ein- oder zweihäusiger Baum mit rundlicher, lockerer Krone. Die wechselständigen, ledrigen Blätter sind elliptisch bis eiförmig, kurz stumpf ausgezogen, bis 25 x 10 cm groß, oberseits glänzend dunkelgrün, unten silbrigbraun behaart und vor dem Laubfall gelb bis orangerot verfärbt. Die Blattstiele messen etwa 2,5 cm und sind braun behaart. Die 4zähligen, blattachselständigen, hängenden Blüten sind eingeschlechtlich, ihre Kelch- und Kronblätter in der unteren Hälfte röhrig verwachsen. Die weiblichen Blüten wachsen einzeln; sie haben große Kelche mit breiten zurückgeschlagenen Zipfeln, deren Durchmesser bis 3 cm beträgt und die größer als die hell grünlichgelben, glockenförmigen Kronen sind. Die bis 1 cm großen männlichen Blüten stehen jeweils zu 3; ihr Kelch ist nur halb so lang wie die Krone.

Frucht: Der Kaki-Baum trägt hängende, breit-rundliche, um 8 cm große Beeren, die an den Enden eingedellt und oft schwach 4kantig sind. Ihr vergrößerter, breit 4zipfeliger Kelch bleibt am Grund der Frucht erhalten. Die Fruchtschale ist dünn, glatt und glänzend, zur Reife gelb,

Gerbsäurefreie, vollreife Kaki-Früchte können sehr schmackhaft sein.

Früchte mit 2-10 Samen

orange oder rot. Das saftige, anfangs feste, reif weiche, gelbe, orangefarbene oder rotbraune Fruchtfleisch ist vor der Vollreife roh ungenießbar, bitter, stark gerbsäurehaltig und adstringierend. Im ausgereiften, weichen Zustand geht die Gerbsäure teilweise oder vollständig verloren; die Früchte sind dann von süßem Geschmack und fruchtigem Aroma. Die Beeren vieler Kultursorten sind steril, fertile enthalten 4-8 lang-eiförmige, an einer Seite abgeflachte, braune Samen von 2 cm Größe.

Verwendung: Voll ausgereifte, gerbsäurefreie Früchte werden geschält oder aus der Schale gelöffelt als Obst verzehrt, nach Geschmack gezuckert, mit Limonensaft beträufelt oder mit Eiscreme serviert. Das Fruchtfleisch kann darüber hinaus als Zutat zu Fruchtsalaten, zu Joghurt und anderen Milchspeisen, als Füllung für Pfannkuchen, Beigabe zu Backwaren oder als Grundlage für Marmelade, Gelee und »Chutney« verwendet werden. Der Fruchtsaft guter Sorten ergibt ein schmackhaftes Getränk und dient in Asien zur Herstellung von Wein und Likör. Beliebt sind kandierte Kaki, wofür sich auch adstringierende Früchte eignen. In Südostasien wird der Brei zerkochter Beeren in Form kleiner Fladen getrocknet. Gerbsäurehaltige Kaki-Beeren verlieren ihren bitteren Geschmack, wenn sie aufgekocht und über Nacht im Kochwasser belassen werden. Unreif geerntete Exportfrüchte bleiben meist adstringierend und sind stets von minderem Geschmack. Geröstete Samen dienen als Kaffee-Ersatz.

Der Gerbstoff unreifer Früchte wird zur Bearbeitung von Leder benutzt. Sud aus getrockneten Fruchtstielen und Kelchen ist in der chinesischen Medizin ein geschätztes Mittel gegen Husten und Atemnot. Das hell gemusterte, im Grundton schwarze, harte Holz dient in Asien für Schnitz- und Einlegearbeiten.

Verbreitung: Der Kaki-Baum ist im Himalaja und in den Gebirgen von Birma, Thailand, Indochina, China, Korea und Japan beheimatet; er wird weltweit in den Subtropen und im tropischen Bergland oberhalb 1000 m angebaut.

Anbau und Ernte: Kaki ist eine gering frostharte, subtropische Gebirgspflanze, die nicht im tropischen Tiefland gedeiht. Es wurden mehr als 1000 Sorten selektiert (dazu gehört die in Israel gezüchtete Sharon-Frucht), die sich in der Größe, der Farbe, vor allem aber im Geschmack und Gerbsäuregehalt der Früchte unterscheiden. Die Pflanzen werden aus Sämlingen oder Wurzelsprossen gezogen und häufig veredelt. Nach 3-4 Jahren können die Bäume, die in Obstgärten und Plantagen gepflanzt werden, jährlich bis zu 100 kg Früchte tragen. Die Beeren werden am besten vollreif samt Kelch von den Bäumen abgeschnitten; frühzeitg geerntet, können sie ihr Aroma nicht vollständig entfalten. Gekühlt sind die Früchte mehrere Wochen haltbar.

Mabolo

Diospyros blancoi A.DC.
(*D. discolor* Willd.)
Familie: Ebenaceae (Ebenholzgewächse)
E: Mabolo, Velvet Apple; S: Mabolo

Mabolo ist ein weniger bekannter Verwandter des Kaki, der stattliche, bis 30 m hohe, immergrüne, zweihäusige Bäume mit dichter Krone und ausladenden, teilweise hängenden Ästen bildet. Seine wechselständigen, derb-ledrigen, ganzrandigen, jung silbrig behaarten Blätter sind elliptisch bis verkehrt-eiförmig, zugespitzt, am Grund abgerundet, oberseits glänzend dunkelgrün, unterseits hellgrün und bis 22 x 10 cm groß. Die bis 1,2 cm

Früchte mit 2-10 Samen

Mabolo ist an samtig behaarten braunen Fruchtschalen kenntlich.

großen, sitzenden Blüten entwickeln sich an Kurztrieben in kleinen Büscheln; sie haben 4 dicke, behaarte Kelchblätter und eine röhrige, 4zipfelige, cremeweiße, flaumige Krone.

Frucht: Die sehr kurz gestielten Beeren sind breit-rundlich und bis 7 x 10 cm groß. An ihrem Grund bleibt der vergrößerte, 4blättrige, im unteren Drittel verwachsene, braungrüne, dicht behaarte Kelch erhalten. Die ledrige, 1 mm dicke Schale der Frucht ist zur Reife hell rötlichbraun oder violett und dicht kurz behaart. Das gelblichweiße, feste, mehlige, mäßig saftige Fleisch vollreifer Beeren weist einen süßen, fruchtigen, apfelähnlichen Geschmack und deutlichen Fäulnisgeruch auf. Die Früchte sind entweder steril oder enthalten 4-8 flache, keilförmige, bis 4 x 2,5 cm große, braune Samen.

Verwendung: Die Mabolo-Beeren sind reich an Kalzium, Eisen und Vitamin C und trotz ihres unangenehmen Geruches im vollreifen Zustand sehr schmackhaft. Sie werden geschält als Obst verzehrt, vorzugsweise nachdem sie einige Stunden im Kühlschrank gelagert wurden, wobei der Geruch weitgehend verschwindet. In Scheiben geschnitten und in Fett gedünstet, lassen sie sich als Gemüse zubereiten. Beim Kochen mit Zucker wird das Fruchtfleisch faserig und zäh. Unreife Früchte sind ungenießbar. Das harte, schwarze Holz des Baumes wird für Schnitzereien verwendet.

Verbreitung: Die Art stammt von den Philippinen, wo der Baum sehr häufig kultiviert wird. Mabolo wird weltweit in den Tropen angebaut, außerhalb Südostasiens jedoch selten.

Anbau und Ernte: Der Baum gedeiht im heißen tropischen Tieflandsklima, erträgt Trockenzeiten und ist hinsichtlich der Bodenverhältnisse anspruchslos. Die Pflanzen werden aus Samen vermehrt und oft mit Reisern samenloser, hochwertiger Sorten veredelt. Geerntet werden vollreife Früchte, am besten nachdem sie von selbst vom Baum gefallen sind; sie können nur wenige Tage aufbewahrt werden.

Schwarze Sapote

Diospyros digyna Jacq.
(*D. obtusifolia* Humb. & Bompl. ex Willd.)
Ebenaceae (Ebenholzgewächse)
E: Black Sapote, Black Persimmon;
S: Zapote negro

Fruchtende Schwarze Sapote.

Die Schwarze Sapote ist ein immergrüner, ausladender, bis 25 m hoher Baum mit schwärzlicher Rinde. Seine wechselständigen Blätter sind elliptisch oder verkehrt-eiförmig, zugespitzt, am Grund breit keilförmig oder abgerundet, ganzrandig, dunkelgrün, derb-ledrig, oberseits schwach glänzend, unten matt; ihre kräftigen Blattstiele sind etwa 1,5 cm lang, die Spreiten messen bis 30 x 15 cm. Die ein- und zweigeschlechtlichen, bis 1,5 cm großen Blüten wachsen einzeln oder in Gruppen von 3-7 in den Blattachseln junger Äste; sie haben röhrenförmige, breitzipfelige weiße Kronen und grüne, bleibende Kelche.

Frucht: Die Frucht der Schwarzen Sapote ist eine kurz gestielte, breit-rundliche, tomatenförmige Beere von bis zu 10 x 13 cm Größe. An ihrem Grund bleibt der für die Gattung *Diospyros* bezeichnende, 4-6zipfelige, verwachsene, derbe, wellige, braungrüne Kelch erhalten, dessen Durchmesser 4-5 cm beträgt. Die dünne,

Reife Schwarze Sapoten mit schwarzbraunem, weichem Fruchtfleisch.

derbe, glatte, glänzende Schale der reifen Frucht ist dunkelgrün mit braunen Sprenkeln, das Fruchtfleisch schwarzbraun, weich-saftig, von einer Konsistenz wie dicker Sirup und von mildem, süßlichnussigem Geschmack. Eingebettet in die Pulpe finden sich um eine zentrale weiche Spindel bis zu 10 verflacht-elliptische, glänzend rotbraune, harte Samen; sie sind bis 28 x 18 x 8 mm groß und weisen an einem Ende eine kurze gebogene Spitze sowie ringsum eine Naht auf; manche Bäume tragen samenlose Früchte.

Verwendung: Die rohe Pulpe vollreifer, weicher Früchte wird entweder direkt aus der Schale gelöffelt oder in Milch oder Saft von Zitrusfrüchten als Dessert serviert; das weiche, süßliche Fruchtfleisch kann ohne weitere Zubereitung wie Marmelade als Brotaufstrich verwendet werden. Verquirlt mit Milch, Wasser, Fruchtsäften oder Alkoholika, wird die Schwarze Sapote – meist mit Gewürzen – zu verschiedenen Getränken verarbeitet; aus fermentierten Früchten wird Likör hergestellt. Die Pulpe dient außerdem als Zutat von Süßspeisen. Unreife Früchte sind stark adstringierend, bitter und ungenießbar.

Verbreitung: Die Schwarze Sapote ist in ihrer Heimat in Mexiko und Guatemala eine populäre Marktfrucht; sie wird darüber hinaus auf den Karibischen Inseln, in Mittelamerika, auf den Philippinen und in Indonesien, selten in anderen tropischen Ländern angebaut.

Anbau und Ernte: Der Baum gedeiht in frostfreien subtropischen und tropischen Klimaten und wird in Mexiko bis in Höhen um 2000 m kultiviert; er benötigt gute Wasserversorgung und nährstoffreiche, tiefgründige Böden. Die Pflanzen werden in der Regel durch Sämlinge vermehrt und fruchten ab dem 5. oder 6. Jahr. Die Beeren werden reif gepflückt; Marktfrüchte zum sofortigen Verbrauch sind oft unansehnlich braun bis schwärzlich.

Verwandte Arten: Die Früchte etlicher weiterer *Diospyros*-Arten werden gegessen, haben aber nur lokale Bedeutung. Mehrere asiatische Sippen liefern das für Schnitzereien geschätzte schwarze Ebenholz.

Akipflaume

Blighia sapida Koenig
Familie: Sapindaceae
(Seifenbaumgewächse)
E: Akee; F: Akée; S: Seso vegetal, Huevo vegetal; P: Castanha de Africa

Aki ist ein bis 25 m hoher, immergrüner Baum mit kurzem Stamm und weiter Krone. Seine wechselständigen Blätter sind 3-6paarig gefiedert. Die ganzrandigen, oberseits glänzenden Fiederblättchen sind breit-lanzettlich oder verkehrt-eiförmig, kurz zugespitzt, am Grund breit keilförmig oder gestutzt; ihre ledrigen Spreiten messen bis 30 x 16 cm, die dicken Stiele der Fiederblättchen sind etwa 6 mm lang. Die kleinen, teilweise zwittrigen Blüten stehen in bis 18 cm langen Trauben; sie haben einen 5zipfeligen, bräunlichen Kelch von 3 mm Länge und 5 weiße, schmale, etwa 5 mm lange Kronblätter.

Frucht: Die Akipflaume ist eine breit-birnenförmige, stumpf 3kantige Kapsel von bis zu 13 cm Länge, die in einen kurzen Hals verschmälert und am Ende eingebuchtet ist. Ihre leuchtend rote, an geschlossenen Früchten glatte, glänzende Rinde reißt zur Vollreife 3klappig auf. Die ledrig-fleischigen, bis 3 mm dicken Klappen tragen auf ihren hellen, dicht silbrig behaarten Innenflächen jeweils eine Längsleiste, die die Fruchthöhle in

Früchte mit 2-10 Samen 151

Geschlossene und geöffnete Kapselfrucht der Akipflaume.

3 Kammern gliedert. Sie spreizen an der geöffneten Kapsel weit auseinander und geben 3 blaß orangegelbe, hirnähnlich faltige, außen feste, innen cremige, etwa 4 x 3 cm große Samenmäntel frei, die am Boden der Frucht haften. Auf jedem dieser eiförmigen oder breit-zylindrischen Samenmäntel sitzt ein glänzend schwarzer, verflacht-rundlicher, hartschaliger Same von 2 x 1,5 cm Größe.

Aki-Baum mit Blüten und Früchten.

Verwendung: Eßbar sind allein die gelblichen Samenmäntel der reifen, geöffneten Kapsel, die einen sehr delikaten, kräftig nussigen Geschmack haben. Sie sind roh genießbar, werden aber meist in Salzwasser oder Milch kurz gekocht und anschließend in Butter oder Öl gebraten oder als würzige Zutat zu Fisch- und Fleischspeisen, Suppen und Soßen gegeben. Nur vollreife, säuberlich von der Rinde, von allem rötlichen Gewebe und von den Samen abgetrennte Samenmäntel dürfen gegessen werden, nachdem die Frucht sich von selbst geöffnet hat. Unreife Samenmäntel sind ebenso wie die Samen toxisch und haben Todesfälle verursacht. Sie enthalten das Gift Hypoglycin, das unter Lichteinfall nach dem Öffnen der Kapsel weitgehend zerfällt. Auch vor dem Verzehr der Fruchtrinde wird gewarnt.

Verbreitung: Der Aki-Baum stammt aus dem tropischen Westafrika und ist dort eine häufige Nutzpflanze. Mit den Sklaventransporten kam die Art auf die Kari-

bischen Inseln, wo sie regional häufig kultiviert wird. Selten wird der Baum in Südamerika und Asien gepflanzt.
Anbau und Ernte: Aki gedeiht im niederschlagsreichen Tropenklima mit kurzen Trockenzeiten. Der Baum wird aus Samen gezogen und in der Regel von Kleinbauern in Haus- und Obstgärten angebaut. Die roten Kapseln werden reif im geschlossenen Zustand von den Bäumen gepflückt und solange gelagert, bis sie sich von selbst öffnen; sie sind danach nur kurze Zeit verwertbar.

Karambole, Sternfrucht

Averrhoa carambola L.
Familie: Oxalidaceae
(Sauerkleegewächse)
E: Carambola; F: Carambole;
S, P: Carambola

Die Karambole ist ein bis 12 m hoher, immergrüner, in langen Trockenzeiten laubwerfender Baum mit kurzem Stamm und ausladenden Ästen. Seine wechselständigen, bis zu 20 cm langen Blätter sind unpaarig gefiedert, die 7-11 Fiederblättchen paarweise fast gegenständig, ganzrandig, oval-eiförmig, mit kurz ausgezogenen Spitzen, oberseits glatt und glänzend, unten matt und bis 8 x 3,7 cm

Karambole-Baum mit Früchten.

groß. Die Blüten wachsen in reich verzweigten, blattachselständigen roten Blütenständen. Kelch und Krone sind 5zählig und von violetter oder roter Farbe. Die Kelchblätter sind am Grund verwachsen und 4-5 mm lang, die freien, zur Vollblüte zurückgeschlagenen Kronblätter messen 7-10 mm. Nur ein kleiner Teil der Blüten entwickelt sich zur Frucht.
Frucht: Die fleischigen, reif grünlichgelben bis orangegelben Beeren sind bis fast zur Mitte längs eingeschnürt, so daß sich 5 oder 6 3eckige Flügel und ein markanter sternförmiger Querschnitt ergeben. Die Fruchte sind bis 15 x 9 cm groß; ihre dünne, durchscheinende Außenschale ist glatt und wachsig-glänzend, das Fruchtfleisch fest und saftig, glasig-gelb bis gelborange, zur Fruchtmitte weißlich. Die Beeren sind entweder samenlos oder enthalten flache, zugespitzt-eiförmige oder leicht gekrümmt elliptische, bis 12 x 7 mm große, braune Samen. Sternfrüchte sind von saurem bis süßsaurem, erfrischendem Geschmack.

Stammblütigkeit der Karambole.

Verwendung: Die Beeren werden im rohen Zustand mit oder ohne Zucker aus der Hand oder in Fruchtsalaten gegessen. In Asien werden sie gegart und gesalzen oder gezuckert als Gemüse oder Dessert zubereitet und häufig als Zutat zu gekochten Speisen gegeben. In Scheiben geschnittene Beeren werden kandiert oder mit Zucker eingekocht und in Dosen gehandelt. Unreife Früchte können eingelegt oder mit Zucker und Gewürzen zu Gelee oder »Chutney« verarbeitet werden. Sternfruchtsaft wird als Erfrischungsgetränk oder gemischt mit anderen Obstsäften getrunken. Die Früchte werden häufig nach Europa und Nordamerika exportiert, wo sie vor allem zur Garnierung von Speisen und Getränken dienen. Die sauren Blüten werden in Salaten gegessen. Früchte, Blätter und Wurzeln werden medizinell bei Fieber, Kopfschmerzen, Diarrhöe, Windpocken und anderen Krankheiten eingesetzt.

Verbreitung: Karambole ist in Südostasien beheimatet und wird weltweit in den Tropen und in frostfreien subtropischen Gebieten angebaut.

Anbau und Ernte: Die Bäume gedeihen in den Tropen bis in Höhen von 1200 m auf nährstoffreichen Böden. Sie werden in Hausgärten und Plantagen gezogen; Kultursorten werden nach sauren und süßen Typen klassifiziert. Die Anzucht erfolgt in der Regel durch Sämlinge, die oft veredelt werden. Je nach Klima tragen die Bäume jährlich 2-3mal Früchte. Für den Handel werden sie frühzeitig gepflückt, für den Hausgebrauch läßt man die Beeren ausreifen. Früh geerntete Früchte sind bis zu 4 Wochen ohne Kühlung haltbar.

Bilimbi

Averrhoa bilimbi L.
Familie: Oxalidaceae
(Sauerkleegewächse)
E, F: Bilimbi; S: Vinagrillo, Mimbro, Bilimbi; P: Limão de caiena

Bilimbi ist ein bis 10 m hoher, immergrüner, tief und ausladend verzweigter Baum mit zimtbrauner Rinde. Seine gegenständigen, bis zu 60 cm langen Blätter sind unpaarig gefiedert; sie besitzen

Reife Sternfrüchte weisen erfrischend sauren Geschmack auf.

Früchte mit 2-10 Samen

Blütenrispen und Früchte am Stamm eines Bilimbi-Baumes.

bis mehr als 30 lanzettliche, ganzrandige, lang zugespitzte, am Grund abgerundete, wechselständige oder fast gegenständige Fiederblättchen von bis zu 12 x 3,5 cm Größe. Die Blättchen sind oberseits dunkelgrün, glatt und matt, unten heller grün und kurz flaumhaarig. Die Blattstiele sind bis 5 cm lang, am Grund keulig verdickt und kurz weich behaart. Die Blüten wachsen in bis zu 20 cm langen, meist kürzeren, flaumig behaarten Rispen, die aus dem Stamm und aus kräftigen Ästen entspringen. Die Einzelblüten sind bis zu 2 cm lang gestielt; sie haben einen rötlich überlaufenen grünen, 5zipfeligen Kelch. Die 5 freien, im oberen Teil zurückgeschlagen, bis 1,8 cm langen Kronblätter sind auf der Oberseite am Grund von rötlichweißer, an der Spitze und unterseits von kräftig roter Farbe.

Frucht: Die Bilimbi-Beeren wachsen büschelig in kurzen, stammbürtigen Rispen. Sie sind bis 10 x 3,5 cm groß, länglich-oval oder zylindrisch, an der Spitze leicht verdickt und stumpf 5kantig; am Grund der Früchte bleibt der Blütenkelch erhalten. Ihre dünne Schale ist gelblichgrün, zur Vollreife weißlich, schwach warzig und glänzend. Das weißliche Fruchtfleisch ist anfangs von fester Konsistenz, zur Vollreife weich, saftig und von sehr saurem Geschmack. Es umschließt bis zu 10 flach-eiförmige, hellbraune, glatte Samen von bis zu 8 x 5 mm Größe.

Verwendung: Die sehr sauren Bilimbi-Beeren werden nur selten roh gegessen,

Bilimbi-Beeren sind von sehr saurem Geschmack.

sondern mit Zucker gekocht oder kandiert verzehrt sowie zu »Chutney«, Marmelade und Sirup verarbeitet. Sie dienen als würzige Zutat zu Reis, Fisch, Currys oder anderen Gerichten. Bilimbi-Saft ergibt mit Eiswasser und Zucker ein schmackhaftes Getränk. Für einige Stunden in Salzwasser eingelegte Früchte sind weniger sauer.

Aus den Blättern bereiteter Brei wird zur Behandlung von Wunden, Schwellungen, Rheuma und Ekzemen verwendet; Blatt- oder Blütenaufgüsse sowie Fruchtsirup werden gegen Husten eingenommen.

Verbreitung: Der Baum wird häufig in Lateinamerika und im tropischen Asien, seltener in Ostafrika und Australien angebaut; seine Herkunft ist nicht bekannt.

Anbau und Ernte: Bilimbi ist eine wärmeliebende Tropenpflanze, die in niederschlagsreichen Klimaten mit kurzen Trockenzeiten an voll besonnten Standorten gedeiht. Die Bäume werden aus Samen vermehrt und in Obst- und Hausgärten gepflanzt. Die druckempfindlichen Früchte werden reif gepflückt; sie lassen sich nur kurze Zeit lagern.

Ketambilla, Ceylonstachelbeere

Dovyalis hebecarpa (Gardner) Warb.
(*Arberia gardneri* Clos.)
Familie: Flacourtiaceae
E: Ceylon Gooseberry; F: Grosseille de Ceylon; S: Grosella de Ceilan

Die Ketambilla ist ein reich verzweigter, immergrüner, zweihäusiger Strauch oder kleiner Baum bis 6 m Höhe mit langen, meist dornigen Ästen. Die wechselständigen, weichen Blätter haben rosa behaarte Nebenblätter, sind oberseits dunkelgrün und fast kahl, unten hellgrün und locker behaart, breit-lanzettlich bis eiförmig, ganzrandig oder schwach gezähnt,

Fruchtender Zweig der Ketambilla.

zugespitzt, am Grund keilförmig und bis 7 x 3 cm groß. Die Blattstiele messen etwa 1 cm und sind braun behaart. Die kurz gestielten, blattachselständigen, kronenlosen Blüten haben 5-7 behaarte Kelchblätter; die männlichen wachsen zahlreich in Gruppen, die weiblichen stehen einzeln oder zu wenigen.

Frucht: Die Sträucher tragen breit-rundliche, etwa 1 cm lang gestielte, stamm-

Ketambilla-Früchte.

bürtige, hängende Beeren von bis zu 1,5 x 2,5 cm Größe. Die 1 mm dicke, derbe Schale der Früchte ist himbeerrot mit orangegelben Pünktchen bis dunkelviolett, matt und fein samtig. Um den Stielansatz bleiben die bis 6,5 mm langen, lanzettlichen, aufwärts gebogenen Kelchblätter als auffällige grüne Krone erhalten, die am Grund verwachsen und von einem dicklichen Ring umgeben sind. Das Fruchtfleisch ist sehr saftig, glasig, von gleicher Farbe wie die Schale und sauer-aromatischem Geschmack, der dem von Stachelbeeren ähnelt. In der Pulpe liegen wenige 3kantige, gelbliche, bittere Samen, die bis 6 x 5 mm groß sind.

Verwendung: Die sauren Früchte werden aus der Hand, vor allem aber gezuckert als Obst und Dessert gegessen. Sie ergeben schmackhaften Fruchtsaft, Gelee und Marmelade.

Verbreitung: Die Art stammt aus Südasien und wird auf den Philippinen, in Florida, auf den Karibischen Inseln, in Mittelamerika sowie in geringem Umfang in anderen tropischen Gebieten angebaut.

Anbau und Ernte: Die Pflanzen wachsen im feucht-warmen Tieflandsklima bis 800 m Höhe und sind dürreempfindlich. Sie werden durch Samen oder Stecklinge vermehrt und benötigen während der Fruchtentwicklung gute Wasserversorgung. Die Sträucher können ganzjährig sehr üppig fruchten; ihre druckempfindlichen Beeren werden ausgereift von Hand gepflückt und lassen sich nur kurze Zeit aufbewahren.

Verwandte Arten: *Dovyalis abyssinica* Warb. mit süßen, nach Aprikosen schmeckenden, orangegelben Früchten, und die gelbfrüchtige, sehr saure Kafferpflaume (*D. caffra* Warb.) sind afrikanische Arten der Gattung, die in gleicher Weise genutzt werden.

Madagaskarpflaume, Batokopflaume

Flacourtia indica (Durm.f.)Merr.
(incl. *F. ramontchi* L'Hérit.)
Familie: Flacourtiaceae
E: Governor's Plum, Madagascar Plum;
S: Ciruela del Gobernador;
P: Ameixa de Madagascar

Die Madagaskarpflaume ist ein immergrüner oder in Trockenzeiten laubwerfender, einhäusiger, bis 15 m hoher Baum oder Strauch mit dichter Krone. Ihre Äste sind häufig dornig. Die wechselständigen Blätter sind verkehrt-eiförmig oder elliptisch, mit kurzer oder ausgezogener Spitze und keilförmigem Grund, am Rand unregelmäßig grob gekerbt, oberseits glänzend, unten matt. Die Spreiten messen bis 10 x 4,5 cm, die Blattstiele sind bis 5 mm lang. Die ein- und zweigeschlechtlichen Blüten sind etwa 5 mm groß und wachsen einzeln oder zu wenigen in kurzen Trauben; sie haben 4-6 gelbliche, behaarte Kelchblätter, Kronblätter fehlen.

Reich fruchtende Madagaskarpflaume.

Früchte und Laub der Madagaskarpflaume.

Frucht: Die Frucht ist eine runde Beere von bis zu 2,5 cm Durchmesser, die mit einer kleinen kronenförmigen Spitze endet, die aus den verwachsenen, aufrechten Giffeln gebildet wird. Die Schale ist dünn, derb, glatt und glänzend, zur Reife dunkel bräunlichviolett. Das sehr saftige, feste, glasige Fruchtfleisch ist hell rötlichbraun, sauer bis süß mit Kirscharoma. Sternförmig um das Zentrum der Beere angeordnet finden sich 5-10 flache, elliptische, eiförmige oder unregelmäßig stumpfkantige, beige Samen von bis zu 8 mm Größe.

Verwendung: Die Früchte guter, süßer Sorten sind sehr schmackhaft und werden roh aus der Hand samt Schale und Samen gegessen. Sie ergeben ebenso wie die häufigeren sauren Beeren köstliche Marmelade und Gelee, können in Süßspeisen verarbeitet und getrocknet als Dörrobst verzehrt werden. Unreife Früchte sind adstringierend und ungenießbar.

Verbreitung: Die Heimat des Baumes vermutet man in Indien; die Art wird weltweit in den Tropen kultiviert, zählt aber nirgendwo zu den häufigen Obstgehölzen.

Anbau und Ernte: Die Pflanzen gedeihen in warmen Tieflagen der Tropen und ertragen ausgedehnte Trockenzeiten. Sie stellen an die Bodenqualität keine hohen Anforderungen und vermehren sich leicht über Sämlinge. Der Anbau erfolgt in Haus- und Obstgärten, vorwiegend für den Eigenbedarf. Die Bäume fruchten einmal jährlich sehr reichlich; ihre Beeren werden vollreif gepflückt und sind nur kurze Zeit lagerfähig.

Verwandte Arten: Einige weitere, zumeist schwer unterscheidbare Arten der Gattung *Flacourtia* tragen eßbare Früchte. Sie haben weißliches, saures und oft adstringierendes Fleisch und werden vor allem zu Marmelade oder Gelee verarbeitet. Dazu zählen *F. inermis* Roxb., *F. rukam* Zoll. & Moritzi und *F. jangomas* (Lour.)Raeuschel, die in den Tropen der Alten Welt beheimatet sind und selten auch in Lateinamerika gepflanzt werden.

Barbadoskirsche, Azerola

Malpighia glabra L.
(*Malpighia punicifolia* L.)
Familie: Malpighiaceae
E: Barbados Cherry; F: Cerise antillaise;
S: Acerola, Cereza de las Antillas;
P: Cerejeira

Die Barbadoskirsche ist ein kleiner, ausladend verzweigter, immergrüner Baum oder Strauch von 2-6 m Höhe mit fein behaarten Ästen. Ihre gegenständigen, dunkelgrünen Blätter sind zugespitzt oder abgerundet eiförmig bis lanzettlich, am Grund keilförmig, ganzrandig, schwach gewellt, oberseits glänzend, jung silbrig behaart und 2-7 x 1-4 cm groß. Die zweigeschlechtlichen Blüten wachsen büschelig an dünnen Stielen aus den Blattachseln. Ihre 5 lanzettlichen Kelchblätter sind etwa 2,5 mm lang und an der Spitze behaart, sie tragen jeweils 1 Paar großer sitzender Drüsen, die über die Breite der Kelchblätter hinausragen und deren untere Teile überdecken. Die 5 Kronblätter sind rosa oder rot, breit löffelförmig und bis 5 mm lang.

Frucht: Die im reifen Zustand leuchtend orangeroten bis dunkelroten, 2 x 2,5 cm großen Barbadoskirschen sind rundlich-apfelförmig, am Grund und an der Spitze tief eingedellt, unregelmäßig beulig und undeutlich stumpf längsgerippt. Am Grund der Frucht bleiben bis zur Reife die Kelchblätter, an der Spitze die fadenförmigen Griffel erhalten. Die rote Schale der Kirsche ist dünn, aber fest, durchscheinend, glatt und glänzend. Das reif sehr saftige Fruchtfleisch ist von kirschähnlicher Konsistenz, orangerot bis rot, etwas heller als die Schale, 7 mm dick und von sehr saurem, schwach aromatischem Geschmack. Die Früchte enthalten jeweils 3 hell orangefarbene, fest mit dem Fruchtfleisch verwachsene Steine, die im Umriß stumpf trapezförmig, im Querschnitt breit 3kantig und an den Enden eingekerbt sind; die breiteste Längsfläche der Samen ist in der Mitte gekielt und durch unregelmäßige, stark hervortretende Quer- und Schrägrippen strukturiert. Die Barbadoskirsche zählt zu den Vitamin-C-reichsten Früchten der Welt, ihr Fleisch enthält bis zu 5% Vitamin C.

Fruchtende Zweige der Barbadoskirsche.

Laub, Blüte und Früchte der Barbadoskirsche. Die Beeren haben einen außerordentlich hohen Vitamin-C-Gehalt.

Verwendung: Die Früchte werden als Obst aus der Hand gegessen, die Steine verworfen. Mit Zucker gekocht, ergeben Barbadoskirschen schmackhafte Nachspeisen. Der Saft wird zu Gelee oder Sirup verarbeitet, zu diversen Speisen und Fruchtsalaten gegeben oder zur Anreicherung mit Vitamin C unter Obstsäfte gemischt. Eingekochte Früchte nehmen braunrote Farbe an. In geringem Umfang wird der Saft industriell getrocknet und pulverisiert als Vitamin-C-Präparat gehandelt. Die Frucht wird medizinell bei Lebererkrankungen, Durchfall, Ruhr und Erkältungen eingesetzt.

Verbreitung: Die Art ist von den Karibischen Inseln bis Nordbrasilien beheimatet und wird in Lateinamerika sowie auf Hawaii, selten auch in Südostasien kultiviert; in jüngerer Zeit nimmt der Anbau stark zu, da die Popularität der Frucht wegen ihres sehr hohen Vitamin-C-Gehaltes wächst.

Anbau und Ernte: Die Barbadoskirsche wächst in tropischen und frostfreien subtropischen Klimaten. Die Pflanzen sind trockenresistent und hinsichtlich der Bodenverhältnisse anspruchslos, gedeihen jedoch nicht in feucht-heißem Tieflandsklima und auf nassen Böden. Sie lassen sich leicht durch Stecklinge vermehren oder aus Samen ziehen und tragen ab dem 4. Jahr jährlich 5-10 kg Früchte. Die Barbadoskirsche wird in Haus- und Obstgärten kultiviert und für die industrielle Verwertung in Plantagen angebaut. Die Früchte werden für den Hausgebrauch vollreif geerntet und sind dann nicht länger als 3 Tage haltbar; zur Vermarktung müssen sie frühzeitig gepflückt werden.

Jaboticaba

Myrciaria cauliflora (Mart.) Berg.
Familie: Myrtaceae (Myrtengewächse)
E, S, P: Jaboticaba, Jabuticaba

Zu den spektakulärsten Obstbäumen der Tropen zählen die Jaboticabas, deren Stämme und Äste von den Wurzeln bis in die Krone zur Blüte- und Fruchtzeit mit

Früchte mit 2-10 Samen

Reich fruchtender Jaboticaba-Baum.

kleinen, stammbürtigen, weißen Blüten und Beeren übersät sein können. *M. cauliflora* ist ein bis 12 m großer, vom Grund an verzweigter, ausladender, immergrüner Baum, dessen äußere Rinde sich in großen Schuppen ablöst. Seine gegenständigen, ledrigen, glänzend dunkelgrünen Blätter haben kurze, behaarte Stiele und lanzettliche oder ovale, ganzrandige Spreiten, die zugespitzt, am Grund abgerundet, 1,5-10 cm lang und 1,2-2 cm breit sind. Die Blüten stehen einzeln oder in Gruppen auf kurzen, dicken Stielen am alten Holz; sie haben 4 kleine Kelchblätter, behaarte weiße, bis 5 mm lange Kronblätter und zahlreiche Staubblätter.
Frucht: Die Früchte sind dick und kurz gestielte, runde oder ovale, 1,5-4 cm große Beeren mit glatter, derber, glänzender, zur Reife violetter bis schwärzlicher Schale; an ihrem Ende bleiben die 4 Kelchblätter erhalten. Das sehr süße, etwas säuerliche, schwach aromatische, manchmal adstringierende Fruchtfleisch ist weich und saftig, glasig-weiß oder -rötlich. Die Beeren enthalten 1-5 verflacht-rundliche, harte, hellbraune Samen bis 12 mm Größe.
Verwendung: Die nach Weintrauben schmeckende Pulpe der Jaboticaba wird aus der Hand gegessen. Dazu werden die Beeren zwischen den Fingern gedrückt, bis die Schale aufreißt und das weiche Fruchtfleisch freigibt; Schale und Samen sind zu verwerfen. Die Früchte werden zu Marmelade, Gelee und Sirup verarbeitet, der Saft wird als Erfrischungsgetränk konsumiert oder zu Wein vergoren.
Verbreitung: Die Art ist im südöstlichen Brasilien, in Paraguay und Nordostargentinien verbreitet und wird nur selten darüber hinaus angebaut.
Anbau und Ernte: Jaboticaba gedeiht am besten im mittleren tropischen Bergland bis in Lagen um 1000 m auf tiefgründigen, nährstoffreichen Böden. Die sehr langsam wachsenden Pflanzen werden aus Samen gezogen, manchmal veredelt und vor allem in Haus- und Obstgärten angebaut. Die Bäume tragen erst ab einem Alter von 8-15 Jahren; ihre Beeren werden reif gepflückt und sind nur kurze Zeit haltbar.
Verwandte Arten: *M. cauliflora* ist die am häufigsten kultivierte Sippe von 4 schwer unterscheidbaren Jaboticaba-Arten mit ähnlichen Verbreitungsgebieten, nämlich *M. jaboticaba* Berg., *M. trunciflora* Berg. und *M. tenella* Berg.

Arazá

Eugenia stipitata McVaugh
Familie: Myrtaceae (Myrtengewächse)
E: Araza; S: Pichi, Arazá; P: Araçá-boi

Arazá ist ein immergrüner Strauch oder kleiner Baum von 2-15 m Höhe. Seine Blätter sind gegenständig, kurz gestielt,

Früchte mit 2-10 Samen 161

Arazá, Laub und Frucht.

granzrandig, breit-elliptisch, zugespitzt, von dunkelgrüner Farbe und 7,5-18 x 3,5-8,5 cm Größe; die Spreiten tragen verstreute gelbe Drüsen und sind unterseits behaart. Die Blüten wachsen in dichten, blattachselständigen Trauben; sie haben weiße Kronblätter von etwa 1 cm Länge und zahlreiche, lange Staubblätter.
Frucht: Die rundlichen Beeren erreichen je nach Kultursorte 4-12 cm Größe. Sie haben eine feste, im reifen Zustand gelbe, matte, zart samtig behaarte, 1 mm dicke Schale. Das Fruchtfleisch ist sehr weich und saftig, hellgelb, von saurem Geschmack und sehr fruchtigem Aroma und Geruch. Die Früchte enthalten 2-15 bohnenförmige, etwa 2,3 x 1,6 cm große Samen mit harter, gelbbrauner, braun geäderter Schale.
Verwendung: Arazá ist eine noch wenig verbreitete Kulturpflanze, die aufgrund des hervorragenden Geschmacks der Früchte zunehmendes Interesse findet. Die Beeren werden roh als Obst gegessen oder kurz erhitzt zu Marmelade verarbeitet; sie ergeben einen sehr fruchtigen, wohlschmeckenden Saft, der neuerdings industriell verarbeitet und in geringem Umfang nach Europa exportiert wird. Kochen zerstört das Aroma der Frucht.
Verbreitung: Die Art ist im tropischen Südamerika beheimatet und wird in jüngerer Zeit auch in Mittelamerika und auf den Karibischen Inseln kultiviert.
Anbau und Ernte: Arazá ist ein Gehölz der feucht-heißen Tropen. Die langsam wachsenden Pflanzen werden aus Samen gezogen, deren Keimung mehrere Monate dauert. Die sehr druckempfindlichen Beeren sind reif zu pflücken und nur kurze Zeit lagerfähig.
Verwandte Art: Siehe S. 49.

Wasser-Wachsapfel, Wasserapfel

Syzygium aqueum (Burm.f.) Alston
(*Eugenia javanica* Lam.)
Familie: Myrtaceae (Myrtengewächse)
E: Water Apple, Rose Apple;
S: Manzana de Agua

Der Wasser-Wachsapfel ist ein immergrüner, in Trockenperioden schütter belaubter, bis 20 m hoher Baum mit kurzem, knorrigem Stamm und ausladend verzweigter, rundlicher Krone. Die gegenständigen, 1-5 mm lang gestielten Blätter sind eiförmig oder lang-elliptisch, ganzrandig, am Grunde schwach herzförmig oder abgerundet, 7-25 cm lang und

Reife Arazá-Beeren.

Reich fruchtender Wasserapfel-Baum.

2,5-16 cm breit, meist stumpf zugespitzt, glänzend grün und lederig, beiderseits drüsig punktiert, zerrieben nicht oder nur schwach aromatisch. Die prächtigen, cremefarbenen oder hellgelben, selten rosa Blüten wachsen zu 3-7 an 1-2 cm langen dünnen Stielen in lockeren, doldigen, end- oder blattachselständigen Infloreszenzen. Die 4-7 mm langen Kelchröhren sind in 4 breite, 3eckige oder rundliche, 2-4,5 mm lange Zipfel gespalten. Die 4 Kronblätter sind breitspatelförmig, etwa 8 x 6 mm groß und tragen viele Drüsen; sie umgeben zahlreiche 1-2 cm lange Staubblätter, die vom Griffel überragt werden.

Frucht: Die Früchte des Wasser-Wachsapfels sind breit oder gedrungen birnen- oder glockenförmige, weißliche, grüne, rosa oder leuchtend rote Beeren mit glatter, glänzender, wachsiger Oberfläche, die bis etwa 6 cm breit und 4,5 cm lang werden und an bis zu 4 cm langen Stielen sitzen. Sie sind schwach längsgerippt; an ihrem breiten Ende umrahmen die geschwollenen, fleischigen, eingebogenen Kelchblattzipfel eine etwa 2 cm große, flache Höhlung von weißlichem Achsengewebe, aus deren Zentrum der bis zu 3 cm lange, fadenförmige, überdauernde Griffel ragt. Unter der sehr dünnen, nicht abziehbaren Schale liegt schwammig-saftiges, festes, glasig-weißes Fruchtfleisch, das fast geruchlos und von säuerlichem, relativ fadem Geschmack

Blüte des Wasser-Wachsapfels.

ist. In einem zentralen Hohlraum können sich (1-)3-6 rundliche oder bohnenförmige, etwa 1 cm große Samen mit weißlich-filziger Schale finden, meist ist die Beere jedoch samenlos.

Verwendung: Die saftigen Früchte werden roh als durststillendes Obst mitsamt der Schale gegessen. Die Beeren können in Fruchtsalate gegeben oder als »Pickles« süßsauer eingelegt werden. In Indonesien wird Wasserapfel-Salat traditionell anläßlich Kindsgeburten gereicht.
Der Baum ist aufgrund seiner schönen Blüten und leuchtenden Früchte ein beliebtes Ziergehölz. Die adstringierende Rinde dient medizinischen Zwecken.

Wasserapfel, weißfrüchtige Sorte.

Rote Wasser-Wachsäpfel.

Verbreitung: Die Art ist in Wäldern Südostasiens von Birma bis Neuguinea heimisch; sie wird dort ebenso wie in Indien, Sri Lanka und auf den Pazifischen Inseln sehr häufig kultiviert.

Anbau und Ernte: Wasser-Wachsapfel ist ein Baum der feuchten Tropen, der vom Tiefland bis in Höhen um 1000 m gedeiht. Es gibt eine Vielzahl von Sorten, die sich unter anderem in der Form, der Farbe und im Geschmack der Früchte unterscheiden. Die Pflanzen werden aus Samen oder vegetativ durch Absenker, Stecklinge oder Pfropfreiser vermehrt und in Haus- und Obstgärten angebaut.

Die Bäume tragen saisonal unter günstigen Umständen sehr reichlich Früchte, die im reifen Zustand von Hand gepflückt werden und etliche Tage lagerfähig sind.

Verwandte Arten: Siehe Rosen-Wachsapfel S. 50, Malaysia-Wachsapfel S. 52. Dem Wasser-Wachsapfel sehr ähnlich ist der Java-Wachsapfel (*Syzygium samarangense* Merr. & Perry), der zerrieben stark aromatische Blätter und glockenförmige, mild süßsaure Früchte hat. Er ist in Malaysia, Indonesien, auf den Philippinen, in Indien und auf den Pazifischen Inseln in Gebieten mit längeren Trockenzeiten verbreitet. Die Unterscheidung der beiden Arten bleibt angesichts widersprüchlicher Diagnosen in den einschlägigen Florenwerken, in denen die Variabilität der Sippen nicht hinreichend berücksichtigt ist, unklar.

Vor allem im tropischen Asien werden die Früchte weiterer *Syzygium*-Arten genutzt; überregional angebaut wird *S. cumini* (L.)Skeels (Jambolan) mit 1,5-5 cm großen, ovalen, roten Früchten, deren Kelche als Röhre ohne Zipfel an der Beere erhalten bleiben. Die getrockneten Blütenknospen des auf den Molukken heimischen *S. aromaticum* (L.)Merr. & Perry sind die bekannten Gewürznelken.

Kaffee (Arabica-, Robusta-, Liberica-)

Coffea arabica L.,
Coffea canephora Pierre ex Froehner,
Coffea liberica Bull ex Hiern.
Familie: Rubiaceae (Krappgewächse)
E: Coffee; F, S, P: Café

Die Gattung Kaffee umfaßt etwa 60 Arten, die in den Tropen der Alten Welt beheimatet sind, davon haben 3 afrikanische Sippen überregionale wirtschaftliche Bedeutung: Arabica-, Robusta- und Liberica-Kaffee. Kaffeepflanzen sind immergrüne Sträucher oder kleine, tief und reich verzweigte Bäume bis 8 m Wuchshöhe. Ihre gegenständigen Blätter sind ganzrandig, verkehrt-eiförmig bis lanzettlich, stumpf zugespitzt, am Grund keilförmig, zwischen den zur Spitze gebogenen Seitenrippen gewölbt, oberseits glänzend dunkelgrün, unten matt und heller grün und am Rand mehr oder weniger wellig. Die bis zu 5 cm langen Blüten entwickeln sich gebüschelt in kurzen Blütenständen in den Blattachseln. Ihr Kelch ist kurz röhrig und endet mit 5 breit 3eckigen Zipfeln. Die 5-8 weißen Kronblätter sind im unteren Teil zu einer Röhre verwachsen, die freien Kronzipfel zur Vollblüte ausgebreitet.

Frucht: Dicht gedrängt wachsen auf kurzen, dicken Stielen die zur Reife orangeroten, rotbraunen bis rötlichschwarzen Steinfrüchte des Kaffees heran, die von ovaler Form sind und mit einem scheibenförmigen Nabel enden. Sie haben eine derbe, schwach glänzende Außenschale, darunter saftiges, rotes Fruchtfleisch sowie eine dünne, weiche, glasiggelbe innere Fruchtschicht, die jeweils 2 aneinanderliegende Samen umschließt. Jeder dieser beiden Samen ist oval, außen gewölbt, auf der inneren, dem anderen Samen zugewandten Seite flach und längs gefurcht. Die Samen sind von einer pergamentähnlichen Haut umgeben. Liberica-Kaffee unterscheidet sich von den beiden anderen Arten vor allem durch größere Blätter und Früchte; seine Blattspreiten sind bis 30 cm lang, die Blattstiele bis 1,5 cm und die bis 5 cm lang gestielten Früchte etwa 3 x 2,5 cm groß. Die Blätter der untereinander sehr ähnlichen Arten Arabica und Robusta werden bis 25 cm lang und 10 cm breit, die des Robusta-Kaffees glänzen sehr stark. Die Infloreszenzen des Arabica-Kaffees tragen bis zu 16 Blüten, diejenigen des Robusta-Kaffees bis zu 60. Die sehr kurz gestielten Früchte beider Arten sind etwa 1,5 cm lang und 1,2 cm breit; die des Arabica fallen zur Reife ab, die Robusta-Früchte haften dagegen sehr lange an der Pflanze.

Verwendung: Die entschälten graugrünen Samen des Kaffees werden geröstet, gemahlen und dann in kochendem Wasser zu dem seit Jahrhunderten hoch geschätzten Getränk aufgebrüht, das durch das Alkaloid Koffein anregend wirkt. Um Fruchtfleisch und Samenhaut zu entfernen, werden die Früchte in der Sonne getrocknet und anschließend maschinell geschält. Nach einer anderen Methode, die milderen Kaffee ergibt, wäscht man

Arabica-Kaffee in Blüte.

Früchte mit 2-10 Samen 165

Arabica-Kaffee: Blatt, reife rote Steinfrüchte mit saftigem Fruchtfleisch und die als Kaffeebohnen bekannten Samen mit Längskerbung.

die Früchte, quetscht den größten Teil des Fleisches in Walzen ab und läßt die Samen in Wasser einige Tage gären, wobei sich die Reste des Fruchtfleisches lösen; danach werden die Samen getrocknet und schließlich maschinell geschält. Extrakt aus aufgebrühtem Kaffee wird zu Instantkaffee verarbeitet. Geröstete Samen werden außerdem zum Würzen von Gebäck und Süßspeisen verwendet. Im Jemen wird getrocknetes Fruchtfleisch in Wasser aufgebrüht und so das Getränk Gischer hergestellt.

Verbreitung: Die wirtschaftlich bedeutendste, hochwertigste, am längsten und am weitesten kultivierte Kaffee-Art ist Arabica-Kaffee, der aus Äthiopien stammt. Er wurde zuerst im Jemen in großem Umfang angebaut und über den Hafen Mokka seit dem 16. Jahrhundert nach Europa exportiert. Der Jemen hielt bis ins 18. Jahrhundert das Kaffeemonopol, danach wurde der Anbau rasch weltweit auf tropische Länder ausgedehnt und ist heute in Arabien fast zum Erliegen gekommen. Im 19. Jahrhundert wurde Liberica-Kaffee im tropischen Westafrika als Nutzpflanze entdeckt, Anfang des 20. Jahrhunderts Robusta-

Fruchtender Robusta-Kaffee.

Früchte mit 2-10 Samen

Liberica-Kaffee, Blüte und Früchte.

Kaffee im westlichen äquatorialen Afrika. Der größte Teil der Weltproduktion wird derzeit in Lateinamerika erzeugt.
Anbau und Ernte: Kaffee wird in Plantagen und von Kleinbauern angebaut. Die Arten gedeihen im tropischen Klima, Arabica-Kaffee am besten in kühleren montanen Lagen, Liberica- und Robusta-Sorten können dagegen auch im feuchtheißen Tiefland gute Erträge bringen. Tiefgründige Böden, günstige Wasserversorgung und gute Düngung sind für reiche Ernten erforderlich. Die Sträucher sind im feuchten Klima sehr anfällig gegen Pilzkrankheiten, die zur Vernichtung der Kulturen großer Gebiete geführt haben. Die zahlreichen Kultursorten der Kaffee-Arten sind entweder aus Samen oder durch Stecklinge zu vermehren. Die Pflanzen werden strauchförmig gehalten und liefern über 20 Jahre gute Erträge. Die Früchte werden im reifen, roten Zustand einzeln von Hand gepflückt oder nach dem Abfallen vom Boden aufgelesen; sie können ohne Qualitätseinbußen mehrere Wochen auf der Erde liegen bleiben.
Verwandte Arten: Etliche weitere Kaffee-Arten werden in geringem Umfang angebaut.

Voavanga

Vangueria madagascariensis J.F. Gmelin
(*V. edulis* Vahl.)
Familie: Rubiaceae (Krappgewächse)
E: Voavanga; S: Tamarindo africano, Voavanga

Voavanga ist ein immergrüner, reich verzweigter Strauch oder kleiner Baum bis 5 m Höhe mit ausladenden, hängenden Ästen, gegenständigen, ovalen oder eiförmigen, am Grund herzförmigen, kurz zugespitzten, ganzrandigen, weichen, mittelgrünen, bis 20 cm langen Blättern und scheidenförmigen, zugespitzten Nebenblättern. Die kleinen, grünlichen Blüten wachsen zahlreich auf kurzen Stielen in 5 cm langen Rispen an jungen Ästen; sie haben einen 5lappigen Kelch und glockenförmige, 5zipfelige, grünliche Kronen mit haarigem Schlund; ihr Durchmesser beträgt etwa 6 mm.
Frucht: Die Früchte der Voavanga sind von rundlicher Form und bis 5 x 4,5 cm groß. Ihre Schale ist dünn und fest, von grüner Farbe, matt oder schwach glänzend, braun narbig. An der Spitze der Frucht fällt ein kreisförmiger brauner Nabel auf, am Grund bleiben die Kelchblätter erhalten. Das Fruchtfleisch ist etwa 5 mm dick, gelblichgrün bis bräunlich,

Laub und Früchte der Voavanga.

Voavanga-Früchte.

fest und mäßig saftig; es ist unreif adstringierend, voll ausgereift von süßsaurem, apfelähnlichem Geschmack. Im Inneren der Frucht finden sich 4-6 Kammern, in denen jeweils 1 harter, bohnenförmiger, dunkelbrauner, runzeliger Same von etwa 2,2 x 1 cm Größe liegt.

Verwendung: Das Fleisch der reifen Früchte wird roh als Obst gegessen, nicht ausgereifte Beeren werden als Gemüse gedünstet oder zu Marmelade verkocht.

Verbreitung: Voavanga ist in Madagaskar beheimatet und wird im tropischen Afrika, seltener auch in Indien, China, Südostasien, Australien und in Lateinamerika angebaut.

Anbau und Ernte: Der Strauch gedeiht im feucht-heißen Tropenklima an nährstoffreichen, halbschattigen Standorten. Die Pflanzen werden aus Samen oder Stecklingen vermehrt und als Obstgehölz von Kleinbauern gezogen. Die Früchte sind vollreif zu pflücken.

Weiße Sapote, Casimiroa

Casimiroa edulis Llave ex Lex.
Familie: Rutaceae (Rautengewächse)
E: White Sapote; F: Sapote blanc;
S: Zapote blanco, Pera criolla, Matasano

Die Weiße Sapote ist ein immergrüner, bis 18 m hoher Baum mit aschgrauer Rinde. Ihre wechselständigen, handförmig gefiederten Blätter setzen sich aus (3-)5(-7) ledrigen, dunkelgrünen, bis 1 cm lang gestielten Blättchen zusammen. Die ganzrandigen Fiederblättchen sind lanzettlich, am Grund keilförmig verschmälert und an der Spitze ausgezogen; ihr mittleres, endständiges Blättchen mißt bis zu 18 x 6 cm, die kleineren äußeren sind bis 7 x 2,5 cm groß. Die kleinen grünlichgelben Blüten stehen in vielblütigen Rispen, die am Ende der Äste oder aus den Blattachseln wachsen. Sie sind etwa 1 cm groß, haben eine 5lappige, flaumig behaarte Kelchröhre und 5 ovale Kronblätter.

Frucht: Die Früchte der Weißen Sapote sind apfelförmig, kurz und dick gestielt, bis 12 cm lang und 11 cm breit. Ihre etwa 1 mm dicke Schale ist im reifen Zustand gelblichgrün, glatt und glänzend. Das Fruchtfleisch ist cremefarben, fest, zur Reife weich, saftig und von süßsaurem, manchmal schwach harzigem, um die Schale leicht bitterem Geschmack. In 3-5 hartwandigen, beigen Fruchtkammern liegt jeweils 1 bohnenförmiger Same von bis zu 3,5 x 2,3 x 2,7 cm Größe mit glänzend brauner, harter, glatter Schale und weißem, bitterem Kern.

Verwendung: Die nahrhaften Früchte werden frisch als Obst gegessen, am besten in Scheiben geschnitten und ge-

Fruchtender Zweig der Weißen Sapote.

Früchte der Weißen Sapote.

zuckert, außerdem zu Marmelade verkocht und als Zutat zu Joghurt, Eiscreme und Milchspeisen gegeben.
Samen, Blätter und Rinde enthalten stark giftige, narkotisierende Alkaloide, die medizinell zum Senken von Blutdruck, als Beruhigungsmittel und zur Behandlung von Rheuma eingesetzt werden.

Verbreitung: Die Weiße Sapote ist im Bergland Mittelamerikas beheimatet und wird von den Karibischen Inseln, Kalifornien und Florida bis ins nördliche Südamerika, auf Hawaii, in Australien und Neuseeland sowie seltener in Indien, Südostasien und Südafrika angebaut.

Anbau und Ernte: Die Weiße Sapote ist eine subtropische Pflanze, die leichte Fröste erträgt und in den inneren Tropen nur im höheren Bergland gedeiht. Die Bäume werden aus Samen vermehrt und gelegentlich mit Pfropfreisern verschiedener Sorten veredelt. Ihre druckempfindlichen Früchte werden frühzeitig oder vollreif vorsichtig vom Baum gepflückt und können bei kühlen Temperaturen etwa 2 Wochen gelagert werden.

Verwandte Arten: *Casimiroa sapota* Oerst. und *C. tetrameria* Millsp. sind sehr eng verwandte Sippen, die oft zur Weißen Sapote gestellt werden. Erstere wächst in Mexiko und Mittelamerika und unterscheidet sich durch überwiegend 3fiedrige, kleinere Blätter. *C. tetrameria*, die von Mexiko bis Costa Rica verbreitet ist, besitzt 5fingerige, unterseits wollig weiß behaarte, dicke Blätter.

Japanische Wollmispel

Eriobotrya japonica (Thunb.) Lindley
Familie: Rosaceae (Rosengewächse)
E: Loquat, Japanese Medlar;
F: Neflier du Japon; S: Nispero de Japon;
P: Ameixa amarella

Die Japanische Wollmispel ist ein immergrüner Baum von 5-10 m Höhe mit kurzem Stamm und reich verzweigter, dicht belaubter, rundlicher Krone; junge Zweige sind wollig behaart. Die Blätter stehen wechselständig, an den Triebspitzen gedrängt schraubig. Ihre ledrigen Spreiten sind lanzettlich bis verkehrt-eilanzettlich, zugespitzt, am Grund abgerundet oder schmal-herzförmig, am Rand scharf gesägt, jung dicht weiß wollig, ausgewachsen locker weich behaart, oberseits glänzend dunkelgrün, unten matt gelbgrün und zur Rippe rotbraun behaart. Die Blätter sind zwischen den Seitennerven gewölbt, kurz gestielt und erreichen Größen bis 35 x 13 cm, ihre 1 cm langen Nebenblätter sind pfriemförmig. Die sitzenden Blüten wachsen zu 30-150 in gedrungenen, rotbraun behaarten Rispen am Ende der Äste; sie messen 1,5-2 cm im Quer-

Japanische Wollmispel in Blüte.

Früchte mit 2-10 Samen 169

Die Früchte der Japanischen Wollmispel werden vielfältig verwendet. Die Art wird auch im Mittelmeergebiet angebaut.

schnitt. Ihre 5 Kelchblätter sind breit-eiförmig, grün, dicht wollig, die 5 elliptischen Kronblätter weiß oder cremefarben.
Frucht: Die rundlichen bis eiförmigen, orangegelben Wollmispel-Früchte sind 3-8 x 2-5 cm groß. Ihr Aufbau entspricht dem des Apfels: Unter der leicht abziehbaren, gelben, flaumig behaarten, dünnen Schale findet sich sehr saftiges, reif mäßig festes, aromatisches, angenehm süßsaures Fruchtfleisch. Es umschließt 2-5 weichhäutige Fruchtkammern, in denen sich je 1 brauner bis schwarzer, im Umriß elliptischer, stumpfkantiger, harter, bis 2 cm großer Same entwickelt.
Verwendung: Die reifen, saftigen Früchte sind sehr schmackhaft und werden ohne Schale und Samen roh als Obst gegessen oder mit Zucker gedünstet als Dessert serviert. Aus pektinreichen unreifen und aus reifen Wollmispeln wird Marmelade, Gelee oder »Chutney« hergestellt; ihr Saft wird als Fruchtsaft getrunken oder zu Wein vergoren. Regional wird das Fruchtfleisch mit oder ohne Gewürze eingekocht und in Dosen gehandelt. Die amygdalinhaltigen Samen haben mandelähnlichen Geschmack, sind schwach giftig und werden gelegentlich zum Würzen von Getränken und Gebäck benutzt. Aufgüsse aus den gerbsäurehaltigen getrockneten Blättern werden als Mittel gegen Durchfall und Depressionen, zur Behandlung von Wunden und Alkoholvergiftungen verabreicht.
Verbreitung: Beheimatet ist die Art in Südostchina und Japan, wo sie seit mehr als 1000 Jahren als Obstbaum gezogen wird. Heute wird die Japanische Wollmispel in mediterranen Klimaten, in den Subtropen und Tropen weltweit angebaut.
Anbau und Ernte: Die mäßig frostharten Pflanzen gedeihen am besten im mediterranen und subtropischen Klima mit einigen kühlen Monaten, in denen die Blüte erfolgt; in den inneren Tropen wird die Art in montanen Lagen zwischen 1000 und 2000 m mit geringeren Fruchterfolgen angebaut. Wollmispel läßt sich leicht aus Samen ziehen und mit einer der sehr zahlreichen Kultursorten veredeln. Die Pflanzen tragen ab einem Alter von 2-4 Jahren, der jährliche Ertrag ausgewachsener Bäume beträgt bis 20 kg. Die druckempfindlichen Früchte werden im reifen Zustand geerntet und sind etwa 10 Tage, gekühlt bis 2 Monate lagerfähig.
Verwandte Arten: Einige weitere Sippen der in Asien artenreichen Gattung tragen eßbare Früchte von minderer Qualität, die nur regional genutzt werden.

Kürbis-/gurkenähnliche Früchte

Wachskürbis

Benincasa hispida (Thunb.)Cogniaux
(*B. cerifera* Savi)
Familie: Cucurbitaceae (Kürbisgewächse)
E: Wax Gourd; F: Courge Cireuse;
S: Calebaza China

Der Wachskürbis ist eine einjährige, einhäusige, kletternde oder kriechende, kräftige Schlingpflanze mit mehrere Meter langen Trieben und 2-3ästigen, an den Spitzen spiraligen Ranken. Seine Stengel sind kantig und gerippt, hellgrün und verstreut rauh behaart. Die Blätter messen 10-25 x 10-20 cm; sie sind dunkelgrün, rauh borstig, im Umriß herzförmig, 5-11lappig, gezähnt, am Grund herzförmig und haben einen 10-25 cm langen behaarten Stiel. Die Blüten stehen einzeln blattachselständig und sind eingeschlechtlich; sie haben einen glockenförmigen, dicht silbrig behaarten Kelch und 5 gelbe, kaum verwachsene Kronblätter; der Durchmesser der Kronen beträgt 8-12 cm; weibliche Blüten sind kurz, männliche 5-15 cm lang gestielt.

Weißlich bereifte Wachskürbisse

Fruchtender Wachskürbis.

Frucht: Die Frucht ist eine fleischige, rundliche, ovale oder walzenförmige Beere von 20-60(-200) cm Länge und bis zu 30 cm Durchmesser. Ihre Schale ist grün, meist mit bläulichweißem, leicht abzureibendem Wachs überzogen und mit sehr feinen, abstehenden, stechenden Haaren besetzt. Das 2-4 cm dicke, geschmacklose Fruchtfleisch ist durchscheinend weißlich, die zahlreichen Samen sind flach-oval, bis 15 x 7 mm groß, gelbbraun, gefurcht oder glatt.
Verwendung: Unreife Früchte werden geschält und nach dem Entfernen der Samen in Würfel geschnitten gekocht oder gedünstet als Gemüse gegessen oder in Suppen gegeben. Halbierte Wachskürbisse lassen sich mit Fleisch, Fisch oder anderen Zutaten gefüllt zubereiten. Festes, sehr junges Fruchtfleisch wird kandiert gegessen, geröstete Samen werden als Snack verzehrt. Junge Blätter und Blütenknospen dienen als Gemüse.
Verbreitung: Die Herkunft der seit Jahrhunderten im tropischen und subtropischen Asien kultivierten Art ist nicht bekannt. Angebaut wird die Pflanze vor allem in Indien, Malaysia, Indonesien, auf den Philippinen, in China und auf den Karibischen Inseln.

Kürbis-/gurkenähnliche Früchte 171

Anbau und Ernte: Der Wachskürbis wächst bei gleichbleibend warmen Temperaturen und reichlicher Feuchte in den inneren Tropen bis in Höhen von 1000 m auf nährstoffreichen Böden. Für üppigen Fruchtansatz werden die Blüten manuell bestäubt. Die Ernte beginnt etwa 4 Monate nach der Aussaat und erstreckt sich über 3-5 Monate. Die Früchte sind lange Zeit auch ohne Kühlung lagerfähig.

Moschus-Kürbis

Cucurbita moschata (Lam.) Duch. ex Poir.
Familie: Cucurbitaceae (Kürbisgewächse)
E: Pumpkin, Musk Melon; F: Courge, Courgette; S: Zapallo, Ahuyama

Der Moschus-Kürbis ist ein meist einjährig angebautes, kriechendes Kraut mit 5kantigen Sprossen, die mehr als 10 m Länge erreichen und verzweigte Ranken tragen. Die weichhaarigen Blattspreiten sind schwach fiederlappig, breit zugespitzt, im Umriß nierenförmig und etwa 20 x 30 cm groß, ihre Blattstiele 12-20 cm lang. Die männlichen Blüten stehen an langen Stielen, die weiblichen sind kurz gestielt. Ihre glockenförmigen Kelche enden in spatelförmigen Zipfeln; die kräftig gelben, trichterförmigen Kronröhren haben Durchmesser bis zu 20 cm, ihre 5 Zipfel spreizen oder sind zur Vollblüte zurückgeschlagen.

Frucht: Der Moschus-Kürbis trägt in Form und Größe sehr vielgestaltige, meist breitrundliche bis eiförmige oder lang-elliptische, oft stumpf gerippte Beerenfrüchte von bis zu 20 kg Gewicht. Ihre Außenschale ist von grauer, grüner, gelber, bläulicher oder rötlicher Grundfarbe und meist beige und dunkelgrün gefleckt oder gestreift, dadurch in der Regel bunt. Im Unterschied zu anderen Kürbis-Arten ist die Schale weich und der harte, (5-)kantige und gefurchte Fruchtstiel am Fruchtansatz zu einer breiten Scheibe erweitert. Das weiche, faserige, süßliche Fruchtfleisch ist dottergelb. In der großen zentralen Fruchthöhle finden sich zahlreiche weiße oder braune, stumpf gezähnte, flache Samen von 13-20 x 7-12 mm Größe.

Verwendung: Das Fleisch unreifer und reifer Früchte wird gedünstet oder gebacken als Gemüse verzehrt, in Suppen

Der Moschus-Kürbis wird in den feuchten Tropen zum Schutz vor Pilzbefall häufig auf Gerüsten über dem Erdboden gezogen.

Früchte des Moschus-Kürbis können bis 20 kg Gewicht erreichen.

und Currys gekocht oder als Püree gegessen; süß oder süßsauer eingelegt serviert man es als Kompott oder »Pickles«. Junge Blätter können als Gemüse verwendet werden.

Verbreitung: Die Art stammt aus Mexiko und wird in den Tropen und Subtropen weltweit angebaut.

Anbau und Ernte: Moschus-Kürbis gedeiht auf nährstoffreichen Böden in tropischen Klimaten und kann im Unterschied zu anderen Kürbis-Arten auch im feuchtheißen Tieflandsklima angebaut werden. Die frostempfindlichen Pflanzen werden aus Samen vermehrt; ihre Früchte reifen etwa 3-4 Monate nach der Blüte; sie sind bei tropischen Temperaturen etwa 10 Tage, bei 10 °C gekühlt mehrere Monate lagerfähig.

Verwandte Arten: Dem Moschus-Kürbis ähnelt der ebenfalls aus dem tropischen Amerika stammende Riesen-Kürbis (*C. maxima* Duchesne ex Lamk.), der sich durch fast runde und zum Fruchtansatz nicht verbreiterte Fruchtstiele sowie durch faserfreies, beim Kochen zerfallendes Fruchtfleisch unterscheidet. Diese Art ist weniger wärmebedürftig und wird deshalb auch in den gemäßigten Breiten als Sommerfrucht in Gärten gezogen. Eine weitere nahe verwandte Sippe ist die in warmen Ländern angebaute *C. mixta* Pang. mit gefurchten Fruchtstielen, hartschaligen, faserigen Früchten und am Rand geflügelten Samen.

Feigenblatt-Kürbis

Cucurbita ficifolia Bouché
Familie: Cucurbitaceae (Kürbisgewächse)
E: Fig-leaved Gourd, Malaba Gourd;
F: Melon de Malabar; S: Lacayote, Silacoyote

Der Feigenblatt-Kürbis unterscheidet sich von anderen Kürbis-Arten durch seine Fruchtmerkmale und die Blattform, die derjenigen der Feige ähnelt. Die Beeren sind rund oder oval, bis 50 cm groß; ihre glatte Schale ist zur Reife marmoriert, grünlichweiß oder grün mit weißen Streifen und Flecken. Der Fruchtstiel ist schwach 5kantig und zum Fruchtansatz kaum verbreitert, das Fruchtfleisch weiß und faserig. Die flachen Samen sind lang-elliptisch, 15-25 mm groß und zur Reife schwarz oder braun.

Kürbis-/gurkenähnliche Früchte

Garten-Kürbis, Zucchini

Cucurbita pepo L.
Familie: Cucurbitaceae (Kürbisgewächse)
E: Summer Squash, Pumpkin; F: Potiron, Courge; S: Pepo

Feigenblatt-Kürbisse mit Blatt und Blüte.

Diese sehr vielgestaltige, einjährige Kürbis-Art ist gekennzeichnet durch sehr rauhe Behaarung, 5kantige Stengel, tief eingeschnittene, spitze Blattlappen, tief gefurchte, zur Frucht jedoch nur schwach erweiterte und nicht breit ansitzende Fruchtstiele, mehr oder weniger faseriges Fruchtfleisch und am Grund breit gestutzte, wulstig berandete Samen. Die großen Beeren können rundliche, elliptische oder längliche Formen aufweisen; ihre harte oder dünne, glatte, warzige oder grob gerunzelte Schale ist sehr unterschiedlich gefärbt, oft bunt. Das Fruchtfleisch ist weiß oder gelb, die weißen oder bräunlichen Samen messen 10-18 x 8-11 mm.

Auch in den gemäßigten Breiten als Gemüse populär ist die unter dem Namen **Zucchini** bekannte Form *giromontii* mit zylindrischen oder keulenförmigen, schwach 5kantigen, grünen oder grün-

Verwendung: Das Fleisch unreifer Beeren wird als Gemüse gedünstet oder in Suppen gekocht. Stückchen reifen Fleisches werden in Zucker eingelegt als Süßigkeit oder Dessert gegessen sowie zu Marmelade verarbeitet. Aus gezuckertem und fermentiertem Fleisch wird ein alkoholisches Getränk hergestellt. Die Kerne der Samen werden roh, geröstet oder gekocht verzehrt, in Südamerika gemahlen und als Zutat zu Soßen gegeben.
Verbreitung: Die Art stammt aus Mittelamerika und wird in den Tropen der Neuen Welt, seltener in Afrika und in Südostasien – dort vor allem auf den Philippinen – angebaut.
Anbau und Ernte: Im Unterschied zu anderen Arten der Gattung gedeiht der Feigenblatt-Kürbis unter relativ niedrigen Temperaturen und wird deshalb vor allem im Bergland angebaut, im tropischen Amerika in Höhen zwischen 1000 und 2800 m. Die Art ist eine Kurztagspflanze, die aus Samen gezogen wird und relativ spät blüht; ihre Früchte werden reif oder unreif geerntet und können an kühlen, trockenen Orten monatelang gelagert werden.

Zum vielgestaltigen Garten-Kürbis gehören Gemüse- wie auch Zierkürbisse.

Kürbis-/gurkenähnliche Früchte

Zucchini-Pflanze mit Früchten.

Flaschenkürbis, Kalebasse

Lagenaria siceraria (Mol.) Standl. (*L. vulgaris* Ser., *L. leucantha* (Duch.) Rusby)
Familie: Cucurbitaceae (Kürbisgewächse)
E: Bottle Gourd; F: Gourde, Calebasse;
S: Cojombro, Calabaza

Das einjährige, kletternde oder kriechende Kraut treibt mehr als 10 m lange, kräftige, längsgefurchte Stengel, die drüsig behaart sind und gabelig verzweigte Ranken tragen. Seine Blätter sind 10-40 cm breit, oval, gezähnt, nicht zerschlitzt oder 3-7lappig; sie riechen zerrieben nach Moschus. Die Blattstiele messen 5-30 cm und tragen vor der Spreite 2 Drüsen. Die eingeschlechtlichen, achselständigen Blüten sind bis 10 cm breit, die männlichen 5-25 cm, die weiblichen sehr kurz gestielt; ihre 5 Kronblätter sind weiß und wollig behaart.

Frucht: Die Früchte sind äußerst vielgestaltig, rund, birnenförmig, bauchig, flaschen- oder keulenförmig, oft gekrümmt und von unterschiedlicher Größe (bis 1 m). Ihre zur Reife harte Schale ist grün, oft weiß gesprenkelt bis fast weiß, selten gerippt oder gerunzelt. Das Fleisch junger Beeren ist saftig und von weißlichgrüner Farbe, bei einigen Sorten bitter. Die weißen oder braunen, glatten, rauhen oder gefurchten, bis 2 cm langen Samen

lichweißen, weiß gesprenkelten, verstreut rauhhaarigen Beeren.

Verwendung: Das Fleisch unreifer Früchte wird gedünstet oder gebacken als Gemüse gegessen oder in Suppen gekocht.

Verbreitung: Der Garten-Kürbis wird weltweit in den Tropen und Subtropen angebaut und auch in den gemäßigten Klimaten als Sommerfrucht in Gärten oder in Gewächshäusern gezogen. Zucchini wird vor allem im tropischen und subtropischen Amerika sowie in mediterranen Gebieten kultiviert.

Anbau und Ernte: Der Garten-Kürbis ist gegen Nässe und Frost empfindlich und gedeiht bei relativ kühlen Temperaturen besser als andere Kürbis-Arten. In den Tropen wird er vor allem in montanen Lagen in vielen Sorten angebaut. Die schnell wachsenden Pflanzen tragen etwa 3 Monate nach der Aussaat Früchte, die an kühlen, trockenen Orten lange Zeit lagerfähig sind.

Unreife Flaschen-Kürbisse.

Kürbis-/gurkenähnliche Früchte 175

Grün geerntete Flaschen-Kürbisse.

weisen oft 2 hornförmige Ausstülpungen auf; sie sind von weißer Pulpe umgeben. Beim Altern schrumpf das Fleisch der Kalebasse, und es verbleiben zuletzt nur die harte, holzige, braune Schale und die Samen.

Verwendung: Die Verwendung der Kalebassen als Nahrungsmittel ist von zweitrangiger Bedeutung. Junge Früchte nicht bitterer Sorten werden gedünstet oder gekocht meist ohne Samen als Gemüse gegessen; in Scheiben geschnitten, lassen sie sich durch Trocknen konservieren. Bittere Flaschenkürbisse sind ungenießbar und giftig. Die Samen können gekocht beispielsweise als Beigabe zu Suppen verwendet werden.

Die Art wird seit Jahrtausenden hauptsächlich für die sehr vielseitige Nutzung der holzigen und sehr beständigen Fruchtschalen angebaut. Aus kleinen Kalebassen werden Löffel, Kellen und Trinkgefäße hergestellt, größere dienen als Öl- und Wasserbehälter, Schüsseln, Teller, Kannen, Hüte, Schwimmer für Fischernetze und für viele andere Zwecke. Weit verbreitet ist die Herstellung von Schnitzereien aus Kalebassen; dazu zählen Gebrauchsgegenstände wie Gabeln oder Tabakspfeifen ebenso wie ornamentale Kunstwerke und Masken. Kalebassen dienen als Resonanzkörper für Musikinstrumente, beispielsweise für Lauten oder den indischen Sitar, für die xylophonartige afrikanische Marimba oder für Trommeln und Rasseln. Außerdem werden Pfeifen, Flöten und Hörner aus der Frucht geschnitzt. In Teilen Afrikas, Südamerikas und Neuguineas werden Kalebassen als Penisscheiden verwendet; in China wurden aus ihnen in der Vergangenheit reich verzierte kleine Käfige für Grillen hergestellt. Blätter und junge Triebe dienen als Gemüse.

Verbreitung: Das ursprüngliche Verbreitungsgebiet des Flaschenkürbisses ist unbekannt, verwandte Wildarten der Gattung wachsen in Afrika. Zahllose Varietäten werden weltweit in den Tropen und Subtropen angebaut.

Anbau und Ernte: Der Flaschenkürbis gedeiht am besten im tropischen Tieflandsklima. Seine Früchte können in frühen Entwicklungsstadien durch Umwicklung mit Schnüren geformt werden. Die Pflanzen tragen knapp 4 Monate nach der Aussaat erste Früchte.

Wassermelone

Citrullus lanatus (Thunb.) Matsum. & Nakai (*C. vulgaris* Schrad.)
Familie: Cucurbitaceae (Kürbisgewächse)
E: Water Melon; F: Melon d'eau;
S: Sandia, Melón de Agua; P: Melancia

Die Wassermelone ist eine einjährige, einhäusige, kriechende Pflanze mit dünnen, kantigen und gefurchten, lang weiß und weich behaarten Sprossen von 1,5-5 m Länge; an den Knoten tragen die Triebe 2-3fach verzweigte, spiralige Ranken. Die wechselständigen, 1-14 cm lang gestielten Blätter sind 5-20 x 3-15 cm groß, ihre im Umriß eiförmigen Spreiten sind tief in 3-7 Fiederlappen zerschlitzt. Die eingeschlechtlichen Blüten wachsen einzeln an langen,

Wassermelone.

behaarten Stielen aus den Blattachseln; ihre Kelche sind in 5 schmal-lanzettliche Lappen gespalten, die blaß gelben Kronröhren lang und stumpf 5zipfelig, 1-1,5 cm lang und 2,5-3 cm breit.

Frucht: Die Wassermelone ist eine rundliche, bis 70 cm große Beere mit kahler, selten behaarter, dick-fleischiger Schale, die einheitlich grün oder gelblich gefärbt oder breit grün-beige längsgestreift oder gesprenkelt ist. Das feste, sehr saftige, süßlich-wäßrige Fruchtfleisch ist meist rot, selten rosa, orange, gelb oder weiß und von körniger bis faseriger Struktur. Es enthält mehrere Hundert flache, eiförmige, glatte, schwärzliche, braune, rote oder gelbliche Samen von 6-15 x 5-7 mm Größe.

Verwendung: Das saftige Fleisch reifer Früchte wird in der Regel roh als durststillendes Obst gegessen oder zu Saft und Sirup verarbeitet. Junge Wassermelonen werden gedünstet als Gemüse verzehrt. Die Schalen reifer Früchte werden in Südostasien gewürfelt süßsauer oder salzig eingelegt. Die nahrhaften, öl- und proteinreichen Kerne werden geröstet und gesalzen ohne Schale geknabbert und als Zutat zu Speisen oder gemahlen in Backwaren verwendet. Junge Blätter können als Gemüse zubereitet werden.

Verbreitung: Die Art ist in Trockengebieten des tropischen und subtropischen Afrika beheimatet und wird weltweit in mediterranen, subtropischen und tropischen Gebieten angebaut.

Anbau und Ernte: Die Wassermelone bevorzugt trocken-warmes Klima und nährstoffreiche Böden. Die Pflanzen werden aus Samen gezogen und tragen etwa 3 Monate nach der Aussaat erste Beeren. Die Früchte werden reif geerntet und können gekühlt etwa 2 Wochen, jedoch nicht unter 10 °C gelagert werden. Die zum Verzehr bevorzugte Reife ist erreicht, wenn die Melonen beim Beklopfen hohl klingen.

Honigmelone, Zuckermelone

Cucumis melo L.
Familie: Cucurbitaceae (Kürbisgewächse)
E: Musk Melon, Sweet Melon; F: Melon;
S: Melón; P: Melão

Die Honigmelone ist ein kriechendes oder kletterndes, reich verzweigtes, borstig abstehend behaartes, einhäusiges, einjähriges Kraut mit gefurchten, bis 3 m langen Sprossen und einfachen, am Ende spiraligen Ranken. Ihre wechselständigen, bis 20 cm lang gestielten Blätter sind rundlich bis nierenförmig, schwach 3-7lappig, unregelmäßig grob gezähnt, am Grund herzförmig und bis 20 cm groß. Die eingeschlechtlichen oder zwittrigen, bis 3 cm lang gestielten Blüten wachsen zu 1-4 aus den Blattachseln. Ihre lang-wollig weiß behaarte, glockenförmige Kelchröhre endet in 5 schmal-lanzettlichen Zipfeln. Die hellgelben, breit verkehrt-eiförmigen Kronblätter sind im unteren Viertel röhrig verwachsen, bis 2,5 cm lang und 1,5 cm breit.

Frucht: Die Beeren der zahlreichen Sorten der Honigmelone sind sehr vielgestaltig, rundlich bis elliptisch, glatt, ge-

Kürbis-/gurkenähnliche Früchte 177

Früchte verschiedener Kultursorten der Honigmelone.

furcht oder gerippt, mit rissiger oder genetzter Rinde, kahl oder fein behaart, glatt, rauh oder längsrunzelig, weißlich bis tief gelb, gelbbraun oder grün, orange oder gesprenkelt, bis 30 cm groß und bis 2 kg schwer. Das saftige, reif weiche, süße Fruchtfleisch ist je nach Sorte mehr oder weniger aromatisch, gelb, rötlich, orange, weiß oder grün. An der zentralen Fruchthöhle haften zahlreiche, flach-elliptische, weiße oder hellbraune, glatte Samen von 5-15 x 2-8 mm Größe.

Verwendung: Reife Früchte werden roh als Obst verspeist, in Fruchtsalaten verwendet oder püriert mit Wasser oder Milch getrunken, unreife Beeren gekocht als Gemüse verzehrt und als »Pickles« eingelegt. Die ölreichen Samen werden geröstet gegessen.

Verbreitung: Die Honigmelone stammt vermutlich aus Ostafrika; sie wurde schon vor Jahrtausenden in Ägypten kultiviert und wird heute weltweit in mediterranen und tropischen Klimaten angebaut.

Anbau und Ernte: Die Pflanzen gedeihen am besten auf voll besonnten, nährstoffreichen, nicht zu feuchten Standorten bei Temperaturen zwischen 24 und 28 °C. Die sehr zahlreichen Varietäten und Sorten mit ihren höchst unterschiedlichen Fruchtformen werden aus Samen vermehrt und können 3-4 Monate nach der Aussaat beerntet werden. Die Früchte sind gekühlt 1-2 Wochen lagerfähig.

Salat-Gurke

Cucumis sativus L.
Familie: Cucurbitaceae (Kürbisgewächse)
E: Cucumber; F: Cornichon, Concombre; S: Pepino

Zu den am weitesten verbreiteten Nutzpflanzen der Kürbisgewächse zählt die aus Indien stammende Salat-Gurke. Das in zahllosen Sorten angebaute, kriechende oder kletternde Kraut entwickelt mehr als 5 m lange, 4-5kantige, abstehend borstig behaarte Triebe, die ungeteilte, bis 30 cm lange, spiralige Ranken tragen. Die rauh behaarten Blattspreiten sind im Umriß 3eckig bis eiförmig, zugespitzt, 3-7lappig, gezähnt und am Grund tief herzförmig; sie messen bis 20 x 15 cm, ihre Stiele sind bis 20 cm lang. Die in der

Kürbis-/gurkenähnliche Früchte

Salat-Gurke, Pflanze mit Blüte und unreifen Früchten.

Regel eingeschlechtlichen Blüten wachsen einzeln (weibliche) oder in Büscheln zu 3-7 (männliche) an 3-5 mm langen Stielen aus den Blattachseln. Sie haben glockenförmige, 5zipfelige, dicht behaarte, bis 1 cm lange Kelche und bis 2 cm lange, weitglockige, 5lappige, gelbe, behaarte Kronröhren.

Frucht: Die hängenden oder auf dem Boden liegenden Früchte der Salat-Gurke sind vielgestaltige, zylindrische, elliptische, eiförmige oder rundliche, mehr oder weniger gekrümmte Beeren von sehr unterschiedlicher Größe. Ihre dünne oder derbe Schale ist glatt, rauhhaarig, warzig, runzelig oder stachelig, meist schwach längsgerieft und zur Reife blaßgrün, gelbgrün oder gelb. Das feste, sehr saftige Fruchtfleisch ist grünlich- bis gelblichweiß und von mild süßlich-aromatischem, manchmal bitterem Geschmack. Es umschließt zahlreiche flache, langeiförmige, bis 1 cm große Samen, die von wäßrigen, glasigen Samenmänteln umgeben sind.

Verwendung: Die wenig nahrhaften Früchte werden samt Schale und Samen roh aus der Hand gegessen oder als Salat zubereitet, gedünstet als Gemüse serviert oder mit Gewürzen sauer eingelegt beziehungsweise eingekocht verzehrt. In der Regel werden unreife, nicht ausgewachsene, grüne Früchte gegessen, auf tropischen Märkten liegen jedoch nicht selten reife, gelbe Gurken zum Verkauf aus.

Verbreitung: Die Heimat der Art liegt vermutlich am Südfuß des Himalaja, wo sie seit mehr als 3000 Jahren kultiviert wird. Die Pflanzen werden weltweit in den Tropen und Subtropen angebaut, in großem Umfang auch in den gemäßigten Breiten als Sommerfrucht oder in Gewächshäusern gezogen.

Reif geerntete, gelbe Salat-Gurke.

Kürbis-/gurkenähnliche Früchte

Anbau und Ernte: Die frostempfindliche, schnell wachsende Salat-Gurke gedeiht bei hohen Temperaturen auf nährstoffreichen, gut mit Wasser versorgten Böden; sie wird in den Tropen ganzjährig angebaut und beerntet. Die unreif geernteten Beeren sind leicht gekühlt etwa 2 Wochen lagerfähig; Temperaturen unter 10 °C bewirken Kälteschäden an den Früchten.

Afrikanische Stachelgurke, Kiwano

Cucumis metuliferus E. Mey
Familie: Cucurbitaceae (Kürbisgewächse)
E: Horned Cucumber

Neben der Salat-Gurke werden die Früchte zahlreicher in Afrika und Asien beheimateter Gurken aus der Gattung *Cucumis* gegessen; sie haben aber nur regionale Bedeutung. Kurz erwähnt werden soll die Afrikanische Stachelgurke, deren bizarre, attraktive Früchte neuerdings als Exoten in Europa zum Verkauf angeboten werden. Die krautige Pflanze trägt an langen, dünnen, gefurchten und abstehend borstig behaarten Stielen ovale, bis 15 cm lange und bis 700 g schwere Beeren. Die Frucht zeichnet sich durch ihre anfangs bläulichgrüne, zur Reife leuchtend orangegelbe und hell gesprenkelte Schale aus, die mit großen, kräftigen, kegelförmigen Stacheln besetzt ist. Das gelbe Fruchtfleisch ist bis zu 1 cm dick; den größten Teil der Gurke nehmen die zahlreichen weißen, etwa 7 x 4 mm großen, eiförmigen, flachen Samen und deren glasige, giftgrüne, saftige, süßlich nach Gurke schmeckende Samenmäntel ein. Die Afrikanische Stachelgurke wird im Unterschied zur Salat-Gurke reif verzehrt.

Flügelgurke, Luffagurke

Luffa acutangula (L.) Roxb.
Familie: Cucurbitaceae (Kürbisgewächse)
E: Ridged Gourd, Angled Loofah;
F: Courge Torchon

Die Flügelgurke ist eine kräftiges, einjähriges, einhäusiges, schlingendes Kürbisgewächs mit 5kantigen Stengeln und behaarten, 3- oder mehrteiligen Ranken. Ihre 10-25 cm großen Blätter sind im Umriß herzförmig, zugespitzt, 3-5lappig oder ganzrandig, rauh, blaßgrün und riechen beim Zerreiben stark. Die männlichen Blüten sitzen in 15-35 cm lang gestielten Trauben, die weiblichen wachsen einzeln, gemeinsam mit den männlichen Infloreszenzen aus denselben Blattachseln. Die Blüten sind 5zählig, ihre blaßgelben Kronblätter 2-2,5 cm lang.
Frucht: Flügelgurken sind lang-keulenförmige, zum Stiel verjüngte Beeren mit 10 auffälligen, hervortretenden, leicht holzigen Längsrippen; sie erreichen Längen von 15-60 cm und Durchmesser von 4-12 cm. Im jungen Zustand haben die Früchte eine etwa 1 mm dicke, matt grüne, schwach runzelige Außenschale und grünlichweißes, festes, saftiges Fruchtfleisch von mildem, süßlichem Geschmack. Die zahlreichen flachen, ovalen oder eiförmigen, zugespitzten, weißlichen oder schwarzen, narbigen Samen sind etwa 1 x 0,7 cm groß und von saftigen,

Afrikanische Stachelgurke.

Kürbis-/gurkenähnliche Früchte

Unreife Früchte der in tropischen Ländern beliebten Flügelgurke.

glasigen Samenmänteln umgeben; sie liegen in dem relativ trockenen, weißen Mark der Fruchthöhle. Zur Reife werden die Früchte bitter und trocken, entwickeln ein starkes Faserskelett, und ihre Schale wird strohbraun und papierartig dünn.

Verwendung: Unreife Früchte werden gedünstet oder gekocht als Gemüse sowie als Zutat von Speisen gegessen. In Scheiben geschnitten und getrocknet lassen sich Flügelgurken lange aufbewahren, um später eingeweicht zubereitet zu werden. Junge Früchte süßer Kultursorten schmecken wie Salat-Gurken und können wie diese roh verzehrt oder süß-sauer eingelegt werden. Reife, gelbliche Früchte sind ungenießbar. Junge Blätter und Blütenknospen werden als Gemüse zubereitet. Das Faserskelett reifer Früchte kann ähnlich wie das der Schwammgurke (siehe unten) verwendet werden. Der Saft der Pflanze ist schweißhemmend und wird in Asien zur Hautpflege benutzt.

Verbreitung: Die Art stammt vermutlich aus Indien; sie wird in den Tropen und Subtropen weltweit häufig kultiviert.

Anbau und Ernte: Die wärmeliebende, frostempfindliche Flügelgurke gedeiht im feucht-tropischen Tieflandsklima auf nährstoffreichen Böden; für kühlere Gebiete geeignete Kultursorten werden als Sommerfrucht angebaut. Gute Sorten haben süßlichen Geschmack, minderwertige sind bitter. Für die hauptsächliche Verwendung als Gemüse werden die Früchte 9-12 Wochen nach der Aussaat unreif geerntet, wenn sie etwa die Hälfte ihrer potentiellen Größe erreicht haben; die Entwicklung vollreifer Früchte dauert 4-5 Monate.

Verwandte Art: Die Schwammgurke (*Luffa cylindrica* Roem., Syn.: *L. aegyptiaca* Mill.) ist eine verwandte Art, deren nicht geflügelte, zylindrisch-keulenförmige Früchte jung gegessen werden, die jedoch hauptsächlich zur Gewinnung sogenannter Luffa-Schwämme angebaut wird. Nach dem Trocknen der reifen Gurke bleibt fast allein ein Faserskelett aus dicht vernetzten Leitbündeln zurück, das als Badeschwamm, Dämmstoff oder Füllmaterial für Matratzen und Sättel verwendet

Kürbis-/gurkenähnliche Früchte

wird. Gepreßte Schwämme werden zu Filtern, Matten, Isoliermaterial, Sandalen und Hüten sowie vielen anderen Produkten verarbeitet.

Bittergurke, Balsambirne

Momordica charantia L.
(*M. balsamifera* Desc.)
Familie: Cucurbitaceae (Kürbisgewächse)
E: Bitter Gourd, Balsam Pear; F: Paroka, Margou; S: Cundeamor, Sibicogen

Die Bittergurke ist eine einjährige, einhäusige, krautige Schlingpflanze. Ihre bis 4 m langen Stengel sind 5kantig, längsgefurcht und tragen einfache Ranken. Die Blätter wachsen gegenständig, sind im Umriß breit-nierenförmig bis rundlich, am Grund herzförmig und tief 5-9lappig; die Blattstiele messen 1-7 cm, die Spreiten 2,5-10 x 3-12 cm. Die eingeschlechtlichen Blüten stehen einzeln blattachselständig, haben 5 gelbe Kronblätter und Durchmesser von etwa 3 cm.

Frucht: Die hängenden, lang gestielten Früchte zeichnen sich durch ihre rauhe Oberfläche mit dicken Rippen, Runzeln und Warzen aus. Sie werden unreif grün geerntet; zur Reife verfärbt sich ihre Schale kräftig gelb oder orange. Gestalt und Größe der Früchte sind sehr vielfältig; sie können zylindrisch, spindelförmig oder

Blühender Trieb der Bittergurke.

elliptisch sein und 3-15(-40) x 2-5(-8) cm groß werden. Das Fleisch der unreifen, für den Verzehr bestimmten Früchte ist blaßgrün, fest und saftig und von sehr bitterem Geschmack. Die bitteren Samen liegen in einem weißlichen, schwammig-trockenen, geschmacklosen Mark; sie sind reif von rotbrauner Farbe und von süßen Samenmänteln umgeben.
Die Samen sind unregelmäßig flach eiförmig bis fast rechteckig, ihre Größe beträgt 8-15 x 4-10 mm.

Verwendung: Die bitteren, eisen- und vitaminreichen Früchte sind in Asien ein häufiges und beliebtes Gemüse. Sie werden unreif geerntet und müssen zum Entziehen der Bitterstoffe stundenlang in Salzwasser eingelegt werden. Nach dieser Vorbehandlung werden sie gedünstet oder gekocht verzehrt. Junge Früchte werden sauer eingelegt oder zur Konservierung eingekocht. Junge Blätter, Triebe und Blüten ergeben gegart ein schmackhaftes, würziges Gemüse. Der Pflanzensaft ist roh giftig. Er wird zur Behandlung von Arthritis, Rheuma, Asthma, Hautkrankheiten und Diabetes verwendet, sowie als Wurmmittel bei Kindern eingesetzt.

Verbreitung: Die aus den Tropen Asiens stammende Bittergurke wird weltweit in warmen Klimaten angebaut, vor allem in

Früchte der Bittergurke.

Die vielgestaltigen Bittergurken sind ohne Vorbehandlung ungenießbar.

Süd- und Südostasien, in China und auf den Karibischen Inseln.
Anbau und Ernte: Die Pflanzen gedeihen in tropischen und subtropischen Klimaten, am besten im heißen, feuchten Tiefland; sie benötigen gute Wasserversorgung. Die Vermehrung erfolgt durch Sämlinge. Bittergurken werden etwa 2 Monate nach der Aussaat unreif geerntet; ohne Kühlung sind sie nur wenige Tage, gekühlt etwa 3 Wochen haltbar.

Korilla: Blätter, Blüten und Früchte.

Verwandte Arten: Neben anderen Arten der Gattung mit eßbaren Früchten, die nur lokale Bedeutung haben, wird *M. cochinchinensis* Spreng. von Indien bis Japan in tropischen und subtropischen Regionen angebaut. Die Früchte dieser Art zeichnen sich durch ihre mit breiten Stacheln besetzte Oberfläche aus und werden wie die der Bittergurke verwendet.

Korilla

Cyclanthera pedata (L.)Schrader
Familie: Cucurbitaceae (Kürbisgewächse)
E: Korilla; S: Pepino hueco, Achokcha

Korilla ist eine einjährige, kletternde Schlingpflanze mit bis zu 5 m langen, zarten Trieben und gegabelten Ranken. Ihre wechselständigen, bis 20 cm großen Blätter sind fast bis zum Grund schmal fingerförmig zerschlitzt, die 3-6 Blattlappen am Rand grob unregelmäßig gesägt bis tief eingeschnitten. Die kurz gestiel-

Kürbis-/gurkenähnliche Früchte

ten, weniger als 1 cm großen Blüten stehen büschelig in aufrechten, lang gestielten, traubigen Infloreszenzen.

Frucht: Die hängenden, bis 23 cm langen und 7 cm breiten, verflachten Korilla-Beeren sind gebogen lang-eiförmig mit ausgezogener, gekrümmter Spitze, schief ansitzendem Stiel und schwachen Längsrippen; in Form und Aufbau ähneln sie schlanken Gemüse-Paprikas. Die dünne Schale ist glänzend hellgrün und trägt verstreute, bis zu 4 mm lange, starre, schlank-kegelförmige Stacheln. Das Fruchtfleisch ist etwa 4 mm dick, festfleischig, saftig und von angenehm mildem, gurkenähnlichem Geschmack. In der weiten, hohlen Fruchtkammer sitzen an einem zentralen Strang, umgeben von grünlichweißer, wattiger Pulpe etwa 10 schwarze, harte Samen von 10 x 8 mm Größe. Die Samen sind flach-trapezförmig, mit einem abgesetzten, quadratischen, teilweise 2 Hörner bildenden Kopf; an ihren Rändern weisen sie jeweils 2 flügelförmige, wellige Längsrippen auf, die in kleine Spitzen auslaufen.

Verwendung: Junge Korilla-Früchte ißt man roh, beispielsweise in Salaten, oder gedünstet als Gemüse. Die hohlen Beeren werden gern mit Reis, gehacktem Ei oder Fleisch gefüllt zubereitet. Auch junge Triebe und Blätter sind eßbar.

Verbreitung: Die Art ist in den Anden Südamerikas beheimatet und wird in tropischen Gebirgen sowie in subtropischen Regionen von Mexiko bis Peru, seltener auch in Asien und Afrika angebaut.

Verwandte Arten: Korilla ist die am häufigsten und am weitesten kultivierte Art von mehreren in Südamerika beheimateten Spezies der Gattung *Cyclanthera*.

Korilla-Früchte zeichnen sich durch schwarze, gehörnte Samen aus.

Kürbis-/gurkenähnliche Früchte

Kürbis-Kerzenbaum

Parmentiera edulis DC.
Familie: Bignoniaceae
(Trompetenbaumgewächse)
E: Food Candletree; S: Cuajilote,
Pepo de árbol

Der zu Trockenzeiten laubwerfende, ausladende, tief verzweigte Baum erreicht Höhen von 3-8 m; seine teilweise hängenden Zweige tragen kurze, breite Dornen. Die gegenständigen oder gebüschelt an Kurztrieben wachsenden Blätter sind 3fiederig, ihre geflügelten Blattstiele etwa 1-4 cm lang. Die weich-ledrigen, kahlen und ganzrandigen Blättchen sind verkehrt ei- oder löffelförmig und allmählich in einen kurzen Stiel verschmälert, oberseits schwach glänzend, unten matt. Das mittlere Fiederblättchen ist bis 7,5 x 3 cm groß, die beiden seitlichen sind kleiner. Die bis 3 cm lang gestielten Blüten entwickeln sich meist einzeln am Ende kleiner Zweige; sie haben eine grüne, bis 3 cm lange Kelchröhre, die an einer Seite bis zum Grund einschnitten ist. Ihre Krone ist unsymmetrisch schwach gekrümmt trichter- oder glockenförmig, endet in 4-5 ungleichen, breiten, rundlichen, zurückgeschlagenen Zipfeln und mißt bis 6 cm im Durchmesser; sie ist grünlichgelb mit violetten Adern und an der Öffnung längsgerieft.

Frucht: Der Kürbis-Kerzenbaum trägt elliptische oder zylindrische, gerade oder gebogene, längsgerippte, zur Reife glänzend hellgrüne, bis 25 x 5 cm große Beeren, die mit einem kurzen dicken Schnabel enden; ihre Stiele sind am Fruchtansatz breit-wulstig erweitert. Die Schale ist dünn, glatt und kahl, das nach Erbsen schmeckende Fruchtfleisch weiß-

Fruchtender Kürbis-Kerzenbaum.

Kürbis-/gurkenähnliche Früchte

Unreif geerntete Früchte des mexikanischen Kürbis-Kerzenbaumes.

Blatt, Blüten und Früchte des Kürbis-Kerzenbaumes.

lich, fest, saftig, oft faserig und bis 12 mm dick. Im Inneren der Frucht findet sich eine etwa 1 cm dicke, süße, fleischige Spindel, die von mäßig trockener, glasiger Pulpe umgeben ist, in welche zahlreiche flache, breitherzförmige, wulstig berandete, gelbliche Samen von bis zu 4 mm Größe eingebettet sind.

Verwendung: Die schmackhaften Beeren werden roh in Salaten oder gekocht als Gemüse gegessen. Der Baum wird seiner schönen Blüten wegen auch als Zierpflanze gezogen.

Verbreitung: Der Kürbis-Kerzenbaum ist in warmen und niederschlagsreichen Gebieten in Südmexiko und Guatemala heimisch; er wird in dieser Region häufig kultiviert, seltener auch in anderen Ländern Mittelamerikas angebaut.

Baumkalebasse

Crescentia cujete L.
Familie: Bignoniaceae
(Trompetenbaumgewächse)
E: Calabash(-Tree), Cannonballtree;
F: Calebasse; S: Higüero, Totumo

Als eine sehr auffällige und weit verbreitete tropische Frucht wird die Baumkalebasse vorgestellt, obwohl ihre Verwendung als Nahrungsmittel von geringer Bedeutung ist. Der bis 10 m hohe, oft vom Grund an verzweigte Baum zeichnet sich durch ausladende, teilweise horizontal ausgebreitete, jung 4kantige Äste aus. Die fast sitzenden Blätter wachsen an Kurztrieben in Büscheln zu 2-5 und erreichen bis zu 12 x 6,5 cm Größe. Die ledrigen Blattspreiten sind verkehrt-eiförmig, in eine breit 3eckige Spitze ausgezogen und zum Grund lang-keilförmig verschmälert, ganzrandig, wellig, kahl und oberseits schwach glänzend. Die grünen, stammbürtigen Blüten wachsen einzeln oder zu 2 und sind bis 1,5 cm lang gestielt; ihr etwa 2,5 cm langer Kelch ist tief 2lappig, die glockige, bis 7,5 cm lan-

Früchte und Blätter der Baumkalebasse.

ge, hellgrüne, oft violett gestreifte Krone endet mit 5 ausgebreiteten, 3eckigen Zipfeln.

Frucht: Der Baum trägt runde, eiförmige oder lang-ovale, bis 40 cm große, kurz gestielte, hängende Beeren mit harter, holziger, widerstandsfähiger, bis 5 mm dicker, glänzend grüner Schale. Nachdem die Frucht vom Baum gefallen ist, verfärbt sie sich braun bis schwarz. Die große Fruchthöhle ist gefüllt mit wäßrigbreiiger, zur Reife weißlich grauer, später schwarzer, nahe der Schale stellenweise blauer, adstringierender Pulpe; darin eingebettet finden sich zahlreiche ei- bis herzförmige, flache, schwarze Samen mit wulstigem Rand.

Verwendung: Die Pulpe junger Früchte wird auf den Karibischen Inseln in Essig eingelegt gegessen, die Samen werden geröstet verzehrt; der Konsum frischer, roher Früchte führt zu Vergiftungen. Wichtiger ist die vielseitige Nutzung der harten Schalen der Baumkalebassen, die in gleicher Weise wie die des Kalebassen-Kürbisses beispielsweise als Töpfe, Teller,

Fruchtender Kalebassenbaum.

Kellen, Löffel oder zur Herstellung von Musikinstrumenten verwendet werden. Die gekochte Pulpe ist ein Abführmittel, Rindensud dient zur Wundreinigung, Umschläge aus zerstoßenen Blättern werden gegen Kopfschmerzen eingesetzt.

Verbreitung und Anbau: Der Kalebassenbaum ist auf den Karibischen Inseln und in Mittelamerika heimisch; er wird in Lateinamerika sehr häufig, seltener auch im tropischen Afrika und Asien kultiviert. Mit der Ausbreitung von billigem Plastikgeschirr gehen seine Bedeutung und sein Anbau stark zurück. Der langsam wachsende, anspruchslose, trockenresistente Baum wird aus Samen und Stecklingen meist einzeln in Gärten gezogen.

Holzapfel, Elefantenapfel

Limonia acidissima L. (*Feronia elephantum* Correa, *F. limonia* (L.)Swingle)
Familie: Rutaceae (Rautengewächse)
E: Wood Apple, Elephant Apple;
F: Pomme d'éléphant

Der Holzapfel ist ein in Trockenzeiten laubwerfender, bis 12 m hoher Baum mit aufrechten Ästen, die bis 4 cm lange Dornen tragen. Seine wechselständigen, bis 12 cm langen Blätter setzen sich aus 5-7 verkehrt-eiförmigen, bis 4 cm langen, dunkelgrünen, ledrigen, aromatischen Fiederblättchen zusammen; Blattstiele und -spindeln sind schmal geflügelt. Die grünen, weißen, rötlichen oder violetten, 5zähligen Blüten stehen in lockeren, end- oder achselständigen Blütenständen; sie sind im Durchmesser etwa 1,3 cm groß.

Frucht: Die Früchte des Holzapfels sind rundliche, bis 10 cm große Beeren mit holziger, bis 5 mm dicker, scheckig graubrauner, pockig-rauher Schale. Ihre große Fruchthöhle ist gefüllt mit rosabrauner, zäh faserig-mehliger, wenig saftiger Pulpe, die stark aromatischen Geruch und fruchtig sauren bis süßsauren, leicht harzigen Geschmack aufweist; unreife Beeren sind adstringierend. In das Fruchtfleisch eingebettet liegen sehr zahlreiche, hellbraune, flach-ovale bis eiförmige, etwa 5,5 x 4,5 mm große Samen.

Verwendung: Die schmackhafte, pektinreiche, frische Pulpe wird mit Zucker bestreut aus der aufgeschlagenen, reifen Frucht gelöffelt und mit oder ohne Samen verzehrt. Sie kann zu Sirup, zu Getränken oder mit Kokosmilch zu Creme verarbeitet werden und dient zur Herstellung von Marmelade, Gelee und »Chutney«. Die Früchte werden als Heilmittel gegen Herz- und Leberkrankheiten, Diarrhöe und Halsschmerzen verwendet.

Verbreitung: Der Holzapfel stammt aus Indien, Sri Lanka, Birma und Indochina; er wird darüber hinaus weithin in Südostasien angebaut.

Anbau und Ernte: Die Art gedeiht auf leichten Böden in heißen tropischen Gebieten mit mehrmonatigen Trockenzeiten bis in Höhen von 450 m. Die Bäume werden aus Sämlingen oder Stecklingen vermehrt und in Obstgärten der Kleinbauern, in Hausgärten und als Straßenbaum angebaut. Die Früchte läßt man nach der Ernte 1-2 Wochen in der Sonne nachreifen.

Hartschalige Holzapfel-Früchte.

Baelfrucht

Aegle marmelos Correa
Familie: Rutaceae (Rautengewächse)
E: Bael Fruit; F: Orange du Malabar;
S: Bael; P: Marmelos

Bael ist ein in Trockenzeiten laubwerfender, dorniger Baum von bis zu 15 m Höhe. Seine 2-4 cm lang gestielten, wechselständigen, aromatischen Blätter sind aus 3 eiförmigen, bis 7,5 x 5 cm großen Fiederblättchen zusammengesetzt. Die süß duftenden Blüten stehen zu 4-7 in blattachselständigen, 4-5 cm langen Trauben; sie haben 1,5 mm lange Kelchblätter und 4-5 ovale oder eiförmige, zurückgeschlagene, außen grüne, innen gelbliche, drüsige, bis 15 x 8 mm große Kronblätter.

Frucht: Die Baelfrucht ist eine runde, ovale oder eiförmige, bis 20 cm große Beere mit bis zu 5 mm dicker, harter, holziger Schale. Die glatte, matte Oberfläche der Frucht ist sehr fein drüsig, zur Reife gelb mit braunen Flecken. Unter der Rinde liegt eine dicke Schicht aus orangegelbem, weichem, mehlig breiigem, saftigem Fruchtfleisch, das stark aromatisch riecht und von süßsaurem, etwas bitterem, sehr fruchtigem Geschmack ist. Um einen faserigen Zentralstrang sind 8-20 Fruchtkammern angeordnet, die mit klarem, klebrig-zähflüssigem, fruchtig süßlichem Saft gefüllt sind; darin eingebettet liegen je Kammer bis zu 15 verflacht-eiförmige, weiß-wollig behaarte, bis 8 mm große Samen.

Verwendung: Für den frischen Verzehr als Obst werden reife gelbe Früchte aufgebrochen und das Fruchtfleisch sowie die Pulpe der Samenkammern, nach Bedarf gezuckert, aus der holzigen Schale gelöffelt. Baelfrucht dient außerdem zur Herstellung von Marmelade, Gelee oder Sirup und wird mit Wasser oder Milch und Zucker vermischt zu Getränken verarbeitet. Unreife Früchte werden als »Pickles« eingelegt. Frische oder in Schei-

Die holzige Baelfrucht ist mit den Zitrusfrüchten verwandt.

ben getrocknete, leicht unreife Früchte sind ein geschätztes Heilmittel bei Durchfall, Ruhr und Cholera; Rinde, Blätter und Fruchtsaft helfen bei Fieber. Der aus verletzten Früchten austretende schleimige Saft wird als Klebstoff verwendet. In Indien ist der Baum heilig; seine Blätter werden als Opfergabe für den Gott Shiva in die Tempel gebracht.

Verbreitung: Bael ist in Südasien beheimatet und wird dort in großem Umfang kultiviert; darüber hinaus wird die Art verstreut weltweit in den Tropen und Subtropen angebaut.

Anbau und Ernte: Die Pflanzen werden aus Sämlingen gezogen und in Obst-, Haus- und Tempelgärten angebaut. Der Baum gedeiht nur in Gebieten mit ausgeprägten Trockenzeiten; im übrigen ist er sehr anspruchslos und bis -7°C frosthart. Die Früchte werden im gelbgrünen Zustand von Hand gepflückt und vor dem Verzehr etliche Tage gelagert, bis sie vollständig gelb sind. Ein Baum kann jährlich mehrere Hundert Früchte tragen, die in der Trockenzeit ausreifen und 2 Wochen, gekühlt und unversehrt bis zu 4 Monate lagerfähig sind.

Okra

Abelmoschus esculentus (L.)Moench
(*Hibiscus esculentus* L.)
Familie: Malvaceae (Malvengewächse)
E: Okra, Lady's Finger; F: Gombo;
S: Gombo; P: Quingombo

Okra ist ein einjähriges, verzweigtes, bis 2,5 m hohes Kraut von kräftigem, aufrechtem Wuchs. Die behaarten, wechselständigen Blätter sind 3-7lappig, die oberen stärker eingeschnitten als die unteren, und am Rand grob gesägt. Ihre Spreiten sind bis 50 cm lang und breit, die Blattstiele messen 15-50 cm, die fadenförmigen Nebenblätter bis 2 cm. Die

Okra-Staude mit Frucht.

Blüten wachsen einzeln auf kurzen Stielen aus den Blattachseln. Sie haben einen Außenkelch aus bis zu 15 schmalen, behaarten, bis 25 x 3 mm großen Hochblättern. Der 2-6 cm lange Kelch ist röhrenförmig verwachsen und reißt zur Blüte an einer Seite auf; er fällt mit der Krone ab. Die 5 Kronblätter sind von rundlicher Form, 3-7 cm groß, leuchtend gelb, mit dunkelviolettem Grund.

Frucht: Okra-Früchte sind vielsamige, aufrechte Kapseln von bis zu 15 cm Länge und 3 cm Breite. Sie sind kegel- bis lang pyramidenförmig, zum Stiel abrupt ge-

Unreif geerntete Okra-Früchte.

stutzt, an der Spitze geschnäbelt und tief längsgefurcht, so daß sich 7-9 stumpfe Rippen ergeben. Die Fruchtwand ist locker mit weichen, farblosen Haaren besetzt, zur Ernte grün, reif braun. Im Inneren finden sich durch dünne Wände voneinander getrennte, schmale Längskammern, in denen von schleimiger Pulpe umgeben jeweils bis zu 15 Samen liegen. Zur Reife werden die Kapseln zähfaserig, reißen der Länge nach auf und streuen die rundlichen, oft unregelmäßig kantigen, schwärzlichen, 3-6 mm großen Samen aus.

Verwendung: Okra-Früchte werden für den Verzehr, lang bevor sie ausgewachsen sind, unreif geerntet; reife Kapseln sind stark faserig und ungenießbar. Die Früchte werden gekocht, gedünstet oder gebraten als Gemüse und als Zutat für Suppen verwendet, können aber auch roh, beispielsweise als Salat, gegessen werden. Sie schmecken mild, sind reich an Vitaminen, Kalzium und Mineralien und durch ihren sehr hohen Schleimgehalt als Schonkost für Magenkranke gut geeignet. Frische, getrocknete oder pulverisierte Früchte dienen zum Andicken und Würzen von Suppen und Soßen. Die Samen enthalten reichlich Öl, das unter anderem zur Margarine-Herstellung benutzt wird; geröstet dienen sie gelegentlich als Kaffee-Ersatz.

Verbreitung: Okra ist vermutlich im tropischen Afrika heimisch und wird weltweit in den Tropen und Subtropen angebaut.

Anbau und Ernte: Die Pflanzen sind hinsichtlich der Bodenverhältnisse anspruchslos; gutes Wachstum erfordert reiche Nährstoffversorgung und Temperaturen über 20 °C. Die Ernte beginnt etwa 7 Wochen nach der Aussaat. Die Früchte können bei Temperaturen um 15 °C bis zu 10 Tage gelagert werden, Aufbewahrung unter 5 °C verursacht Kälteschäden.

Papaya, Baummelone

Carica papaya L.
Familie: Caricaceae
(Melonenbaumgewächse)
E: Papaya, Paw-paw; F: Papaye, Arbre á Melons; S: Papaya, Lechosa; P: Mamão

Papaya ist ein immergrünes, bis 10 m hohes, unverzweigtes oder schwach verzweigtes, meist zwei-, seltener einhäusiges Kraut. Ihr kräftiger, nicht holziger, hohler Stamm weist ein auffälliges Muster aus großen, breit 3eckigen Blattnarben auf. Die spiralig angeordneten, bis 1 m lang gestielten Blätter sind nur an den Triebspitzen als Schopf vorhanden, so daß der Habitus unverzweigter Papayas an Palmen erinnert. Die bis zu 1 m großen, grünen Blattspreiten haben kräftige, gelbe Rippen; sie sind tief handförmig in 5-9 Zipfel eingeschnitten und diese

Fruchtende Papaya-Pflanze.

Reife Papaya-Frucht. Baummelonen fehlen in keinem tropischen Garten.

Fiedern wiederum tief eingebuchtet. Stamm, Blätter und unreife Früchte enthalten einen klebrigen Milchsaft. Die Blüten haben einen kleinen becherförmigen, 5zipfeligen Kelch und 5 fleischige, wachsige, weiße Kronblätter von 2-3 cm Länge. Weibliche Blüten wachsen einzeln oder zu wenigen an kurzen Stielen aus den Blattachseln, männliche in bis zu 1,5 m langen Rispen. Die Geschlechter sowohl der Blüten als auch der Pflanzen sind nicht streng getrennt: Männliche Blüten weisen oft rudimentäre Fruchtknoten auf, einhäusige Pflanzen können sich in zweihäusige (auch umgekehrt) und männliche in weibliche verwandeln, was entweder durch Witterungseinflüsse oder durch Entfernen der Triebspitze ausgelöst wird.

Frucht: Papaya-Früchte sind fleischige, melonen- bis birnenförmige, lang-ovale oder fast runde, schwach längsgefurchte Beeren, die an kurzen Stielen meist dicht gedrängt unterhalb des Blattschopfes heranwachsen. Sie erreichen Größen bis 50 x 30 cm. Ihre Außenhaut ist im reifen Zustand grün bis orangegelb, glatt und schwach glänzend. Das weiche, sehr saftige, grünliche, gelbe bis kräftig orangerote Fruchtfleisch schmeckt süß und ist je nach Sorte mehr oder weniger aromatisch. Im Inneren der Frucht befindet sich eine Höhle, in der sehr zahlreiche schwarze, eiförmige, scharf schmeckende, 5 mm große Samen liegen, die von dünnen, glasigen Samenhüllen umgeben sind.

Verwendung: Papaya zählt zum populärsten Obst der warmen Länder, das auf keinem tropischen Markt fehlt. Das weiche Fleisch reifer Früchte wird ohne Schale und Samen roh gegessen, meist aus der zerteilten Beere gelöffelt; zur Verbesserung des schwach aromatischen Geschmacks wird das Fruchtfleisch gern mit Limonensaft beträufelt. Reife pürierte Papayas dienen als Fruchtsaft und als Zutat zu Speiseeis. Grüne Früchte können kandiert, gekocht als Gemüse verwendet, zu Marmelade verarbeitet oder in Essig eingelegt werden. Die Samen werden gelegentlich als Pfeffer-Ersatz benutzt.

Unreif geerntete Exportfrüchte sind in der Regel wenig schmackhaft. Sehr junge Blätter werden gegart als Gemüse gegessen. Der Milchsaft der Pflanze enthält eiweißzersetzende Enzyme (Papain und Chymopapain), die gegen Verdauungsschwäche eingesetzt werden.

Verbreitung: Papaya stammt aus dem tropischen Amerika und zählt weltweit zu den häufigsten Nutzpflanzen der Tropen und Subtropen.

Anbau und Ernte: Für reiche Entwicklung qualitativ guter Früchte benötigt Papaya sonnige Standorte, hohe Temperaturen, üppige Wasserversorgung und nährstoffreiche, lockere Böden sowie häufige Düngung. Die frostempfindlichen Pflanzen werden in äquatornahen Gebirgen bis in Höhen von 1500 m kultiviert. Im Anbau sind sehr zahlreiche Sorten, die sich in der Größe, der Form und im Geschmack der Früchte unterscheiden. Die Pflanzen lassen sich leicht aus Samen vermehren, selten werden sie aus Stecklingen gezogen. Sie sind schnellwüchsig und können jährlich mehr als 100 kg Früchte tragen. Geerntet werden über das ganze Jahr ausgewachsene, noch feste Beeren, die innerhalb weniger Tage nachreifen und sich gelb verfärben. Sie werden von Hand von der Pflanze abgeschnitten; ihre Transport- und Lagerfähigkeit ist sehr begrenzt.

Berg-Papaya

Carica pubescens Lenné & C.Koch
(*C. candamarcensis* Hook.f.)
Familie: Caricaceae
(Melonenbaumgewächse)
E: Mountain Papaya;
S: Papaya de Montaña, Papayuela

Die Berg-Papaya ähnelt der zuvor beschriebenen Art; ihre Pflanzen unterscheiden sich durch stärkere Verzwei-

Die montan verbreitete Berg-Papaya trägt fruchtige kleine Beeren.

gung, meist weniger tief zerschlitzte, stark behaarte Blätter und kleinere, stärker aromatische, breit-birnenförmige, stumpf 5kantige Früchte, die 6-15 x 3-8 cm groß werden und zur Reife gelblichgrün oder gelb gefärbt sind. Ihr Fruchtfleisch ist glasig, grünlich oder gelblich, sehr saftig, von säuerlichem Geschmack und kräftig fruchtigem Geruch. Die runzeligen 7 x 5 mm großen, braunen Samen sind oval oder zugespitzt-eiförmig. Sie sind in saftige, glasig-weiße Samenhüllen eingebettet, die angenehm süßsauer schmecken.

Verwendung: Die vollreife Frucht der Berg-Papaya wird ohne Schale gedünstet und gezuckert gegessen oder zu Saft bzw. Gelee verarbeitet. Die Samen können Darmbeschwerden verursachen und sollten deshalb verworfen werden.

Verbreitung: Die Art ist in den Anden in Höhen zwischen 1200 und 3000 m von Panama bis Peru heimisch; sie wird in Lateinamerika, in Florida, seltener im Bergland von Sri Lanka und Südostasien angebaut.

Anbau und Ernte: Die tropisch-hochmontane Art gedeiht nicht im Tief-

Früchte mit mehr als (10)15 Samen 193

land der inneren Tropen; sie wird dort kultiviert, wo das Klima für *C. papaya* zu kalt ist.
Verwandte Arten: Etliche weitere Arten der Gattung werden in Mittel- und Südamerika angebaut, haben als Nahrungsmittel jedoch nur lokale Bedeutung.

Paprika, Chili, Spanischer Pfeffer, Cayennepfeffer

Capsicum annuum L.
Familie: Solanaceae
(Nachtschattengewächse)
E: Capsicum, Red Pepper, Sweet Pepper; F: Piment doux, Poivron; S: Pimiento, Aji; P: Pimentão

Die volkstümlichen Namen der scharfen Früchte (verschiedener Sprachen) werden auch für andere *Capsicum*-Arten benutzt. (vgl. S.195).
Paprika ist eine einjährige oder kurzlebig ausdauernde, aufrechte, verzweigte, krautige bis verholzte, strauchige, sehr vielgestaltige bis 1,5 m hohe Pflanze. Ihre wechselständigen, kahlen Blätter sind ganzrandig, eiförmig bis lanzettlich, zugespitzt und keilförmig in den bis zu 10 cm langen Blattstiel verschmälert; die matt dunkelgrünen Spreiten sind 1,5-12 cm lang und 0,5-7,5 cm breit. Die hängenden Blüten wachsen meist einzeln an bis zu 3 cm langen, gebogenen Stielen. Ihre kurz 5zipfeligen, grünen Kelchröhren messen etwa 5 mm; die weit glockenförmigen, gelblich- oder grünlichweißen Kronen sind bis zur Mitte in 5(-7) eiförmige, waagerecht ausgebreitete Zipfel eingeschnitten und bis 3 cm breit; die Staubbeutel sind blau bis violettblau.
Frucht: Die an den Vitaminen A und C reichen Früchte sind außerordentlich vielgestaltig und sehr unterschiedlich im Geschmack. Es sind vielsamige, hohle Beeren, von rundlicher, kantiger, schmal 3eckiger oder lang keuliger Form und grüner, gelber, oranger, roter bis fast schwärzlicher Farbe. Sie sind 1-30 cm lang und 1-15 cm breit, ihre dünne Schale ist glatt und glänzend. Das Fruchtfleisch ist saftig und bis 1 cm dick, von aromatischem Geschmack und je nach

An Capsaicin reiche und deshalb scharf schmeckende Sorte des Paprika.

Milde Paprika-Kultursorten.

Gehalt an dem Alkaloid Capsaicin mild bis brennend scharf. Die Samen entwickeln sich an weißem, mehr oder weniger freiem Gewebe (Plazenta) in der Fruchthöhle; sie sind blaßgelb, rundlich, flach und 3-5 mm groß.

Verwendung: In den tropischen Ländern werden vor allem kleine scharfe Früchte frisch oder getrocknet, ganz oder gemahlen als Speisewürze verwendet. In den gemäßigten Breiten kommen überwiegend großfrüchtige, milde Sorten in den Handel, die als Gemüse gedünstet, in Suppen gekocht und als Salat verzehrt oder getrocknet zu mildem Paprika-Gewürzpulver verarbeitet werden. In Essig oder Öl eingelegte Paprikas werden als »Pickles« serviert oder gleichfalls zum Würzen von Speisen verwendet.

Verbreitung: Die Art ist in Mittelamerika heimisch und wird dort seit Jahrtausenden angebaut. Zahlreiche Sorten werden heute weltweit in den Tropen, Subtropen und in mediterranen Klimaten kultiviert, in kühleren Breiten außerdem in Gewächshäusern und als Sommergemüse in Gärten gezogen.

Anbau und Ernte: Die Pflanzen gedeihen auf nährstoffreichen Böden bei Temperaturen über 20 °C. Sie werden aus Samen vermehrt und benötigen gute Wasserversorgung. Die Fruchtreife beginnt je nach Sorte 3 (milde Paprika) bis 5 Monate (Chili) nach der Aussaat. Paprika werden unreif oder reif gepflückt; frische Früchte sind bei 7-10 °C etwa 14 Tage lagerfähig, getrocknet können sie sehr lange aufbewahrt werden.

Chili

Capsicum frutescens L.
Familie: Solanaceae
(Nachtschattengewächse)

Die Art unterscheidet sich von *Capsicum annuum* vor allem durch aufrechte, grünliche Blüten und aufrechte Früchte, die meist zu 2 oder mehreren an den Stengelknoten stehen. Ihre gewöhnlich schmalen, sehr scharf schmeckenden Beeren sind unreif grün, cremefarben oder gelb, zur Reife orange bis rot und bis 5 x 1 cm groß.

Verwendung: Die Früchte werden frisch oder getrocknet, ganz, zerkleinert oder gemahlen als scharfes Gewürz in Speisen und Getränke gegeben.

Verbreitung: Die aus Südamerika stammende, auch in Afrika und Asien sehr häufig angebaute Art gedeiht nur in den Tropen.

Chili mit aufrechten Früchten.

Früchte mit mehr als (10)15 Samen

Scharfe Gewürz-Chilis.

Verwandte Arten: *Capsicum baccatum* L. ist eine in Südamerika verbreitete sehr vielgestaltige Art mit gelben Staubblättern und hängenden scharfen Früchten, die einzeln oder zu 2 stehen. *C. chinense* N. Jacq. mit oval-länglichen, extrem scharfen, cremefarbenen, gelben oder roten Früchten wird weltweit in warmen Klimaten als Gewürz angebaut. Das auf den Blättern behaarte *C. pubescens* Ruiz & Pavon ist eine Kulturpflanze Lateinamerikas mit scharfen, rundlichen Früchten und schwarzen Samen.

Baumtomate, Tamarillo

Cyphomandra betacea (Cav.) Sendtn.
Familie: Solanaceae
(Nachtschattengewächse)
E: Tree-tomato; F: Tomate en arbre;
S: Tomate de arbol, Tomate granadilla;
P: Tomate de arvore

Die Baumtomate ist eine halbstrauchige, reich verzweigte, bis 5 m hohe Pflanze. Ihre großen, wechselständigen, weichen Blätter sind breit-eiförmig, zugespitzt, am Grund herzförmig, ganzrandig, hellgrün und glänzend. Die Spreiten erreichen Größen bis 35 x 20 cm, sie sind oberseits dicht mit kurzen, stinkenden Stieldrüsen besetzt; die Blattstiele werden bis 17 cm lang. Die 5zähligen Blüten messen 1-2 cm; sie wachsen in lockeren, blattachselständigen Trauben; ihr glockenförmiger Kelch ist violettgrün; die am Grund verwachsenen Kronblätter sind zur Vollblüte zurückgeschlagen und von rosa bis hellblauer Farbe.

Frucht: Baumtomaten sind zugespitzt-eiförmige, lang gestielte Beeren von bis zu 10 x 5 cm Größe und 100 g Gewicht. Die orangefarbene, tomaten- oder purpurrote, oft dunkel gestreifte Fruchtschale ist dünn, fest, glatt und glänzend. Das saftige Fruchtfleisch ist gelblichrot, schmeckt säuerlich-aromatisch und hat pflaumenähnliche Konsistenz. Es umschließt zahlreiche, rötlich-schwarze, flache, im Umriß rundliche, harte, bittere Samen von etwa 4 mm Größe, die in eine glasige, saftig-aromatische Pulpe eingebettet sind.

Verwendung: Die schmackhaften Beeren werden im reifen Zustand roh als Obst verzehrt, indem die Früchte durchgeschnitten und Fleisch und Pulpe samt

Fruchtende Baumtomate.

Reife Früchte der Baumtomate.

Samen mit Zucker bestreut aus der Schale gelöffelt werden. In Scheiben geschnitten stellen sie einen aromatischen Bestandteil von Fruchtsalaten dar, gedünstet dienen sie als Gemüse. Abgebrühte und geschälte Beeren werden zerkleinert oder püriert als Zutat zu Suppen und anderen Speisen gegeben, mit Salz und Pfeffer gewürzt als Brotaufstrich verwendet oder mit Zucker zu Sirup, Dessert, »Chutney«, Gelee und Marmelade verkocht. Der gesüßte Saft der Frucht ergibt ein erfrischendes Getränk.

Verbreitung: Die Baumtomate ist eine tropisch-montane Pflanze, die in den südamerikanischen Anden in Höhen zwischen 1000 und 3000 m beheimatet ist. Die Art wird weltweit in den Subtropen und in tropischen Gebirgen angebaut.

Anbau und Ernte: Die Pflanzen gedeihen in frostfreien Gebieten bei warmen Tages- und kühlen Nachttemperaturen; im feucht-heißen Tiefland der inneren Tropen entwickeln sie keine Blüten. Die schnell wachsenden Baumtomaten benötigen nährstoffreichen, leichten Boden und dauernd üppige Wasserversorgung. Sie lassen sich leicht aus Samen vermehren; die Anzucht ist auch aus Stecklingen möglich. Die Pflanzen können über viele Jahre beerntet werden; die jährliche Fruchtzeit erstreckt sich unter günstigen Umständen über 5-7 Monate. Für volles Aroma werden die Beeren reif gepflückt; sie sind durch ihre feste Schale wenig empfindlich und können bei Zimmertemperatur etwa 8 Tage, gekühlt bis 4 Wochen gelagert werden.

Verwandte Arten: Auch andere Sippen der artenreichen Gattung *Cyphomandra* tragen eßbare, allerdings minderwertige Früchte.

Tomate

Lycopersicon esculentum Miller
Familie: Solanaceae
(Nachtschattengewächse)
E: Tomato; F, S, P: Tomate

Zu den wirtschaftlich weltweit bedeutendsten Nachtschattengewächsen zählt die in den Anden Südamerikas von Kolumbien bis Chile beheimatete Tomate. Die Art wurde vermutlich außerhalb ihres ursprünglichen Verbreitungsgebietes zuerst in Mexiko gezüchtet; die Eroberer der Neuen Welt brachten in der Mitte des 16. Jahrhunderts bereits großfrüchtige, vielkammerige Kultursorten nach Europa. Die Tomate stieß in der Alten Welt lange auf Ablehnung; Popularität und Anbau der Frucht haben hier erst gegen Ende des 19. Jahrhunderts rasch zugenommen. Die frostempfindlichen Pflanzen werden im tropischen Bergland und in den Subtropen ganzjährig gezogen und beerntet, in den gemäßigten Breiten dagegen in großem Umfang als Sommerfrucht sowie in Gewächshäusern angebaut. Zahllose Kultursorten sind gezüchtet worden, die sich in ihren ökologischen Ansprüchen, in vegetativen Merkmalen, vor allem aber in der Größe, der Form, dem Geschmack und in anderen Eigenschaften der Beere unterscheiden.

Früchte mit mehr als (10)15 Samen

Kapstachelbeere, Physalis

Physalis peruviana L.
Familie: Solanaceae
(Nachschattengewächse)
E: Cape Gooseberry, Ground Cherry;
F: Coqueret; S: Capuli, Aguaymanto;
P: Camapu

Blühende Kapstachelbeere.

Die Kapstachelbeere ist ein bis 2 m hohes einjähriges Kraut mit ausladend verzweigten, gerippten, oft violett überlaufenen Stengeln und grundständigen Nebentrieben. Blätter, Blütenstiele und Kelche sind dicht mit abstehenden, teilweise krausen, weißen, weichen Haaren unterschiedlicher Länge besetzt. Die wechselständigen Blätter sind herzförmig, grün, mit oberseits bräunlichen Rippen; ihre Spreiten sind 10-17 cm lang und breit, am Rande sehr schwach gekerbt und wellig. Die oberseits leicht gerippten Blattstiele sind bis 10 cm lang. Die nickenden Blüten wachsen einzeln an bis zu 4 cm langen Stielen aus Gabelungen des Stengels und aus den Blattachseln. Ihr verwachsener, glockenförmiger Kelch ist bis zur Mitte in 5 spitz 3eckige, leicht spreizende Zipfel gespalten; er ist von grüner Farbe, am Grund und an den Rippen schwärzlichbraun. Die weite, längsfaltige Kronröhre ist in 5 breite, spreizende, zugespitzte Lappen eingeschnitten; sie ist etwa 1,5 cm lang, 2 cm weit und von gelber Farbe mit 5 großen braunen Flecken. Der Schlund der Krone weist einen wolligen gelben Haarring und behaarte Leisten auf; außen ist sie dicht kurz, auf den dunklen Flecken länger weich behaart. Nach der Blüte vergrößert

Die Beeren der Kapstachelbeere sind von weiten Kelchen umhüllt.

sich der Kelch zu einer geschlossenen Hülle, welche die heranwachsende Beere einschließt.

Frucht: Die Frucht ist eine gelbe oder hellbraune, runde, 1-2 cm große Beere, die von dem ausdauernden, zur Reife strohgelben Kelch weit umhüllt bleibt. Unter der glatten, dünnen, festen, durchscheinenden Schale liegen in saftigem, orangegelblichem Fruchtfleisch zahlreiche sehr kleine, flache, gelbe Samen. Der Geschmack reifer Früchte ist süß oder süß-sauer aromatisch.

Verwendung: Die vitaminreichen Beeren werden nach dem Entfernen des Kelches mit den Samen roh gegessen, eingekocht oder zu Marmelade, Gelee, »Chutneys« und in Getränken verarbeitet. Sie können Bestandteil von Puddings, Fruchtsalaten und Eiscreme sein und mit Zucker oder Honig gedünstet als Dessert verspeist werden. Unreife Früchte sind giftig.

Verbreitung: Die Kapstachelbeere ist eine subtropische Pflanze, die in den Anden beheimatet ist und weltweit in den Tropen und Subtropen kultiviert wird. Die Art wird neuerdings auch in Europa in der warmen Jahreszeit angebaut.

Anbau und Ernte: Die Pflanzen gedeihen unter relativ kühlem, frostfreiem Klima auf nährstoffreichen Böden; sie können überall dort gezogen werden, wo die Kultur von Tomaten möglich ist; in den Tropen eignen sich vor allem montane Lagen als Anbaugebiete. Kapstachelbeeren werden aus Samen vermehrt; die Fruchtreife beginnt 3-4 Monate nach der Aussaat und erstreckt sich über viele Wochen, wobei eine Pflanze mehr als 300 Beeren hervorbringen kann. Die Früchte werden mit den Kelchen gepflückt und gelagert, sie können an trockenen, kühlen Orten mehrere Monate aufbewahrt werden.

Mexikanische Erdkirsche

Physalis ixocarpa Brot.
Familie: Solanaceae
(Nachtschattengewächse)
E: Mexican Husk Tomato; S: Miltomate, Tomate de cáscara, Tomate verde

Die Erdkirsche ist eine in Mexiko und Guatemala hoch geschätzte, seit Jahrtausenden kultivierte Verwandte der Kapstachelbeere. Das reich verzweigte, aufrechte, am Grund verholzende Kraut wird bis 1,5 m hoch. Seine ovalen, zugespitzten, zum Grund unsymmetrisch keilförmigen Blätter sind fast kahl, am Rand gewellt und messen bis 6 x 3 cm. Die Blüten wachsen auf kurzen Stielen einzeln an den Verzweigungen und in den Blattachseln; sie haben 5zipfelige grüne Kelche und ausgebreitet-trichterförmige, breitlappige, gelbe, bis 25 mm breite Kronen mit braunen Flecken im Schlund.

Frucht: Die breit-rundlichen, bis 5,5 x 6,5 cm großen Beeren der Mexikanischen Erdkirsche bleiben bis zur Reife von den strohgelben, papierähnlichen, längsgerippten Kelchen umschlossen; sie füllen die gesamte Kelchhülle aus und können bis zu deren Zerreißen anschwellen. Die Beeren haben eine glatte, glänzende, derbe, außen etwas klebrige, bis 2 mm dicke Schale, die zur Reife grün, gelb,

Mexikanische Erdkirschen.

blau oder violett gefärbt ist. Die Pulpe ist schwammig, saftig, reif glasig-grünlich bis blaß gelb und von säuerlichem oder süßem, aromatischem, stachelbeerähnlichem Geschmack. Sie umschließt zahlreiche flache, rundliche oder elliptische, beige Samen von bis zu 3 mm Durchmesser.

Verwendung: Die schmackhaften, Vitamin-C-reichen Erdkirschen werden grün oder ausgereift zumeist gekocht oder gedünstet als Gemüse oder Marmelade zubereitet. Reife Beeren werden auch roh aus der Hand gegessen oder als Zutat zu Salaten verwendet. In Mexiko stellt man aus der Pulpe eine mit Chili gewürzte Soße her, die zu Fleisch gereicht wird. Aus dem Saft der Früchte wird ein Erfrischungsgetränk zubereitet.

Verbreitung: Die Art ist im südlichen Nordamerika beheimatet, wird in Mexiko und Mittelamerika sowie im Bergland Ostafrikas häufig angebaut, seltener in Indien, Ostasien, Australien und im übrigen Afrika kultiviert.

Anbau und Ernte: Die Mexikanische Erdkirsche gedeiht im subtropisch-tropischen Klima an besonnten Standorten auf nährstoffreichen Böden; in kühleren Regionen können die frostempfindlichen Pflanzen als Sommerfrucht angebaut werden. Die Früchte werden grün oder reif gepflückt. Sie können kühl und trocken in ihrer Kelchhülle mehrere Monate lang gelagert werden.

Quitotomate, Lulo

Solanum quitoense Lam.
Familie: Solanaceae
(Nachtschattengewächse)
E: Naranjilla; F: Morelle de Quito;
S: Lulo, Naranjilla; P: Lulo

Die Quitotomate ist ein reich verzweigtes, bis 2,5 m hohes Kraut mit leicht verholzenden Stämmen. Ihre wechselständi-

Blühender Trieb der Quitotomate.

gen, abstehend weich behaarten Blätter sind eiförmig-oval, grob gezähnt, kurz zugespitzt und am Grund herzförmig. Die Blattstiele und Rippen sind ebenso wie junge Spreiten und Stengel mit violetten Sternhaaren bedeckt und können starre lange Stacheln tragen. Die Blüten haben Durchmesser von etwa 3 cm und stehen auf kurzen Stielen zu 1-10 in den Blattachseln; ihre Kelche sind violett-filzig, die 5 lanzettlichen weißen Kronblätter unterseits violett behaart.

Frucht: Quitotomaten tragen dick gestielte, runde, bis 6,5 cm große Beeren mit großen becherförmigen, 5zipfeligen, filzig behaarten Kelchen. Die Schale reifer Früchte ist derb-ledrig, bis 4 mm dick, außen glänzend orange, mit einem abwischbaren, feinen Filz aus rauhen, hellbraunen Sternhaaren. Das Innere der Beere ist durch blaßorange, fleischige bis häutige Längswände in 4 Kammern gegliedert, die mit glasig-gelboranger, sehr saftiger, sauer-aromatischer Pulpe gefüllt sind. Zwei dieser Fruchtwände tragen jeweils 2 in die Kammern hineinragende Stege, an denen die zahlreichen, flach-

Die Früchte der Quitotomate tragen einen feinen Filz aus Sternhaaren.

rundlichen oder eiförmigen, grünlich-weißen, 2-2,5 mm großen Samen haften.

Verwendung: Die Beeren werden zu schmackhaften Getränken verarbeitet, indem sie nach dem Entfernen des äußeren Filzes püriert, gesüßt und mit Eiswasser gemischt werden. In Südamerika wird Wein aus dem Fruchtsaft hergestellt. Für den Verzehr als Dessertobst wird die Pulpe der halbierten Frucht mit Zucker bestreut und aus der Schale gelöffelt. Die dicke Rinde der Beeren läßt sich mit Banane oder anderen Zutaten füllen und backen. Die Früchte werden auch zu Marmelade, Gelee und Sirup verarbeitet.

Verbreitung: Die Quitotomate ist in den Anden beheimatet und wird häufig im Bergland Lateinamerikas, selten in den Tropen der Alten Welt angebaut.

Anbau und Ernte: Die anspruchsvollen Pflanzen gedeihen auf nährstoffreichen Böden an schattigen Standorten in niederschlagsreichen tropischen Gebirgen zwischen 1000 und 2500 m bei Temperaturen um 18 °C. Die Blüte setzt 4-5 Monate nach der Aussaat ein, nach etwa 1 Jahr beginnt die Ernte, die sich über 4 Jahre erstrecken kann. Marktfrüchte werden kurz vor der Reife gepflückt und sind 1 Woche, gekühlt bis 1 Monat haltbar; reife Beeren verderben rasch.

Verwandte Arten: Der am Orinoko und im Amazonasbecken angebaute, sehr großblättrige Orinokoapfel (*S. topiro* Humb. & Bonpl, Syn.: *S. sessiliflorum* Dunal) trägt bis 10 cm große, runde, orangegelbe oder rote, behaarte Früchte mit gelber, nach Tomate schmeckender Pulpe. Außer den beschriebenen werden die Beeren vieler weiterer *Solanum*-Arten gegessen, haben aber vergleichsweise geringe wirtschaftliche Bedeutung.

Pepino

Solanum muricatum L'Hérit.
(*Solanum variegatum* Ruiz & Pav.)
Familie: Solanaceae
(Nachtschattengewächse)
E: Melon Pear; S: Pepino, Cachun

Pepino ist ein ausdauerndes, am Grund verholztes, schlaffes, oft niederliegendes Kraut von bis zu 1 m Größe. Seine vielgestaltigen Blätter sind wechselständig, meist ungeteilt eiförmig bis lanzettlich oder 3-7fiederig und von sehr variabler Größe. Die Blüten wachsen büschelig in blattachselständigen Infloreszenzen; ihre spitz 5zipfeligen, violetten oder blauen Kronröhren sind bis 2,5 cm breit.
Frucht: Die Pepino-Frucht ist eine eiförmige, runde oder ovale Beere von 10-15 x 8-10 cm Größe. Ihre dünne Schale ist von gelber, selten grünlicher oder blauer Grundfarbe und rotbraun gefleckt oder gestreift. Das hellgelbe, weiche, sehr saftige, süße Fruchtfleisch schmeckt nach Melone oder Birne. In der zentralen Fruchtkammer finden sich zahlreiche, flach-rundliche, beige Samen von etwa 3 mm Größe; viele Kultursorten sind samenlos.
Verwendung: Die Früchte werden meist ohne Schale roh als Obst gegessen, manchmal gekocht als Gemüse zubereitet oder zu Marmelade verarbeitet.

Pepino-Früchte sind oft samenlos.

Verbreitung: Die Art ist in den Hochlagen der kolumbianischen Anden beheimatet und wird vor allem im Bergland Lateinamerikas und in Neuseeland angebaut, zunehmend auch in Ostafrika, Ostasien und Australien sowie auf den Kanarischen Inseln und im Mittelmeergebiet.
Anbau und Ernte: Pepino wird in den Tropen vom mittleren Bergland bis in Höhen von 4000 m gezogen. Die Pflanzen werden meist durch Stecklinge vermehrt. Die Ernte der reifen, druckempfindlichen Früchte beginnt etwa 5 Monate nach dem Setzen und kann sich über mehr als 2 Jahre erstrecken.

Aubergine, Eierfrucht

Solanum melongena L.
(*S. esculentum* Dunal.)
Familie: Solanaceae
(Nachtschattengewächse)
E: Eggfruit; F: Aubergine, Melongène;
S: Brinjal, Berenjera; P: Beringela

Aubergine ist eine mehrjährige, meist einjährig kultivierte, vielgestaltige Pflanze mit verzweigtem, aufrechtem, am Grunde verholzendem, bis 1,5 m hohem Stamm. Stengel, Blattunterseiten und Kelche sind filzig behaart und verstreut stachelig. Die wechselständigen, bis 10 cm lang gestielten, rauh sternhaarigen und oft violett überlaufenen Blätter haben 7-25 x 5-15 cm große Spreiten, die elliptisch bis eiförmig, grob gelappt, am Grund abgerundet oder herzförmig und am Rand gewellt sind. Die Blüten wachsen einzeln oder bis zu 5 gegenständig zu den Blättern; ihr weit glockenförmiger, 5-7lappiger Kelch ist zur Blüte 2 cm lang, zur Fruchtreife ebenso wie der 1-3 cm lange Blütenstiel verdickt und verlängert. Die glockenförmige, violette, selten grünlichweiße Kronröhre ist in 5-6 spreizende, breite Lappen gespalten, die auf der

Früchte mit mehr als (10)15 Samen

Aubergine in Blüte.

Innenseite behaart sind; ihr Durchmesser beträgt 3-5 cm.

Frucht: Die hängenden Früchte sind ei- oder keulenförmige, mehr oder weniger gekrümmte Beeren mit glatter, stark glänzender, dünner Schale und bleibendem Kelch; sie erreichen Größen bis 40 x 20 cm und mehr als 1 kg Gewicht. Die Farbe der Fruchtschale ist je nach Sorte sehr variabel, entweder weißlich, gelb, violett oder schwärzlich, bei heller Grundfarbe oft dunkel gefleckt. Das weiche, fast homogene, schwammige, mäßig saftige, oft bittere, sonst milde weiße Fruchtfleisch läuft nach dem Anschneiden rasch bräunlich an. Die zahlreichen, sehr kleinen, hellbraunen Samen sind in den zum Verzehr unreif geernteten Früchten oft nur als Punkte zu erkennen.

Verwendung: Auberginen sind von den Tropen bis in die Mittelmeerländer ein beliebtes Gemüse. Die Beeren werden unreif verzehrt, wenn sie etwa 2/3 ihrer potentiellen Größe erreicht haben. Gekocht, gebraten oder gebacken und dann oft mit Reis oder Fleisch gefüllt, wird die Frucht samt Schale gegessen. Der leicht bittere Geschmack läßt sich bei der Zubereitung vermindern, indem die in Scheiben oder Würfel geschnittenen Beeren einige Zeit vor der Zubereitung gesalzen werden und anschließend der ausgetretene Saft abgetupft oder abgespült wird. In Indien werden gewürfelte sehr junge Früchte sauer eingelegt, in Südostasien verzehrt man die Beeren einiger Sorten auch roh.

Verbreitung: Die vermutlich aus Birma und Südwestchina stammende Art ist von den Arabern vor Jahrhunderten nach Südeuropa und Afrika eingeführt worden. In den Tropen, Subtropen und in medi-

Großfrüchtige Auberginen-Sorte.

Kleine runde Auberginen-Früchte.

terranen Gebieten wird die Pflanze heute weltweit kultiviert, in den gemäßigten Breiten als Sommergemüse in Gärten und kommerziell in Gewächshäusern angebaut.

Anbau und Ernte: Die Pflanzen gedeihen auf nährstoffreichen Böden bei Temperaturen von mindestens 20 °C; sie sind frostempfindlich. Bei kühlen Temperaturen entwickeln sich mißgestaltete, kleine Früchte. Angebaut werden sehr viele Sorten, die sich vor allem in der Form, Größe und Farbe ihrer Früchte, im Ertrag sowie in den klimatischen Ansprüchen unterscheiden. Die Ernte beginnt 4 Monate nach der Aussaat; die Früchte sind gekühlt etwa 2 Wochen lagerfähig; Temperaturen unter 8 °C bewirken Kälteschäden.

Jamaikakirsche

Muntingia calabura L.
Familie: Elaeocarpaceae
E: Jamaica Cherry; F: Bois ramier;
S: Capulin, Niguito, Majagua, Memiso;
P: Calabura

Der Habitus des immergrünen, bis 12 m hohen Baumes zeichnet sich durch horizontale, ausladende Äste aus. Seine kurz

Jamaikakirsche.

gestielten, wechselständigen, flaumig behaart Blätter sind zugespitzt eilanzettlich, am Grund asymmetrisch, am Rand unregelmäßig gesägt und bis 12 x 4 cm groß; ihre schmal-lanzettlichen Nebenblätter sind hinfällig. Die zwittrigen Blüten wachsen einzeln, selten zu 2-3, an bis zu 2,5 cm langen Stielen aus den Blattachseln. Sie haben 5 grüne, eiförmige, 10 x 3 mm große, lang zugespitzte Kelchblätter, 5 weiße, etwa 1 cm große, verkehrt-eiförmige bis herzförmige Kronblätter sowie zahlreiche 1 cm lange Staubblätter.

Frucht: Die Jamaikakirsche trägt runde, hängende Beeren von bis zu 1,7 cm Durchmesser, die reif orangerot bis kirschrot sind. Ihre Fruchtschale ist dünn und glänzend, die weiche und saftige Pulpe glasig-rot und von süßem, schwach saurem, kaum aromatischem Geschmack. Die Beeren enthalten sehr zahlreiche, winzige, gelblichweiße Samen.

Verwendung: Jamaikakirschen werden als Obst aus der Hand gegessen oder zu Marmelade und in Gebäck verarbeitet.

Fruchtende Jamaikakirsche.

Früchte mit mehr als (10)15 Samen

Die faserige Rinde des Baumes wird zu haltbaren Seilen und Schnüren verarbeitet. Die Blüten gelten als antiseptisch, Blütenaufguß wird medizinell gegen Kopfschmerzen und Erkältung verwendet.
Verbreitung: Der Baum ist im tropischen Amerika heimisch und wird dort ebenso wie in Süd- und Südostasien häufig angepflanzt.
Anbau und Ernte: Jamaikakirschen gedeihen an voll besonnten Standorten in warmen subtropischen und tropischen Gebieten bis in Höhen um 1000 m; sie werden gern als schnell wachsende, anspruchslose Zier- und Schattenbäume kultiviert. Die druckempfindlichen Früchte dienen vor allem dem Hausgebrauch. Die Pflanzen fruchten fast ganzjährig.

Maracuja, Passionsfrucht

Passiflora edulis Sims
Familie: Passifloraceae (Passionsblumen)
E: Passion Fruit, Purple Granadilla;
F: Grenadille, Couzou; S: Chinola, Maracuya; P: Maracujá

Die Maracuja ist eine mehrjährige, am Grund verholzende, immergrüne Schlingpflanze, deren Triebe bis 15 m Länge erreichen und spiralige, unverzweigte Ranken tragen. Ihre Blätter sind wechselständig, am Grund keil- oder herzförmig und glatt, glänzend grün. Die bis zu 15 cm breiten Blattspreiten sind tief 3lappig eingeschnitten, ihr großer Mittellappen wird bis 20 cm lang; junge Blätter sind ganzrandig. Die 1-5 cm langen, oberseits ge-

Passionsblume der Maracuja. Die Blüte symbolisiert die Leiden Christi.

Früchte mit mehr als (10)15 Samen

Fruchtende Maracuja-Pflanze.

furchten Blattstiele tragen unmittelbar unter der Spreite 2 gestielte Drüsen; an ihrem Grund stehen 2 schmal-lanzettliche Nebenblätter. Die prächtigen, blattachselständigen Blüten sitzen auf 2-5 cm langen Stielen, die am Ende 3 eiförmige, gezähnte Hochblätter tragen. Der grünlichweiße Blütenkelch ist in 5, zur Blüte spreizende Lappen zerschlitzt, die mit einem dornförmigen Anhängsel enden. Die 5 dünnen, weißen Kronblätter sind frei, zur Vollblüte gespreizt oder zurückgeschlagen. Über den Kronblättern breiten sich scheibenförmig 2 Strahlenkränze (Nebenkronen) aus 2-3 cm langen, gewellten, am Grunde verwachsenen, violetten, zur Spitze weißen, fadenförmigen Blütenblättern aus. Auf der verlängerten Blütenachse stehen über den Nebenkronen ein Kreis aus 5 breiten, blaßgelben, am Grund röhrig verwachsenen Staubblättern, der Fruchtknoten und 3 waagerecht ausgebreitete, keulenförmige, längsgefurchte, 1 cm lange Griffel mit großen nieren- oder herzförmigen Narben. Der Name Passionsfrucht geht auf die Symbolik der Blüte zurück: Ihre Griffelnarben repräsentieren die 3 Nägel, mit denen Jesus ans Kreuz geschlagen wurde, die Nebenkronen symbolisieren die Dornenkrone und die 5 Staubblätter die Wunden Christi.

Frucht: Die bis zu 8 x 10 cm großen, runden, ei- oder birnenförmigen, hängenden Beeren haben eine etwa 3 mm dicke, derbe, zäh-ledrige, saftige Frucht-

Früchte der aromatischen dunkelfrüchtigen Maracuja-Sorte.

Maracuja, Varietät flavicarpa.

wand, die außen zur Reife violettbraun bis schwärzlichbraun, glatt und schwach glänzend ist; die Varietät *flavicarpa* unterscheidet sich durch gelbgrüne, weißlich gefleckte Fruchtschalen. Im Inneren der Beere findet sich eine große Fruchthöhle, die von wattigem, trockenem, bis 2,5 mm dickem, weißem Gewebe umgeben ist, das 3 nach innen gewölbte Leisten von 2 cm Breite aufweist. Diese Leisten tragen 4 mm lange Warzen, an denen die Samen mit ihren großen Samenmänteln haften. Die Samenmäntel haben eine durchsichtige Haut und sind mit glasiger, orangefarbener, dickflüssiger Pulpe gefüllt, die kräftig fruchtig, sauer-aromatisch schmeckt. Die 6 x 4 mm großen, harten, glänzend schwarzen Samen sind flach, im Umriß zugespitzt eiförmig und tragen am breiten Grund einen kleinen Zahn.

Verwendung: Maracuja wird aus der Hand oder als Dessertobst gegessen, indem man die Beeren halbiert und die Samenmäntel mit ihrer sehr schmackhaften Pulpe auslöffelt; die Samen können mitgegessen werden. Häufigste Verwendung der Maracuja ist die Herstellung von Fruchtsaft, der von sehr kräftigem Geschmack ist und deshalb meist verdünnt und gezuckert getrunken wird oder als Zutat zu Obstsäften, Yoghurt, Eis创eme und anderen Süßspeisen dient. Die Pulpe läßt sich außerdem zu Gelee verarbeiten und kann zu Sirup eingekocht werden; starkes Erhitzen vermindert allerdings das Aroma.

Verbreitung: Die Maracuja stammt aus Brasilien und wird weltweit in den Tropen und Subtropen angebaut, nach Norden bis in den Mittelmeerraum.

Anbau und Ernte: Die violettfrüchtige Varietät der Art gedeiht in subtropischen Gebieten, in den inneren Tropen nur in montanen Lagen oberhalb 1000 m; sie erträgt leichte Fröste. Die gelbfrüchtige Form ist eine Sippe des tropischen Tieflandes. Die Pflanzen sind hinsichtlich der Bodenqualität und Niederschlagsverhältnisse anspruchslos; für Wachstum und Fruchtansatz sind Temperaturen über 20 °C erforderlich. Sie werden in der Regel aus Samen, seltener aus Stecklingen vermehrt und an Spalieren ähnlich wie Weinreben gezogen. Die Pflanzen fruchten bei ausreichender Wasserversorgung ganzjährig. Die Beeren werden nach dem Abfallen von der Pflanze vom Boden aufgesucht, seltener abgepflückt; sie sind etwa 2 Wochen haltbar.

Süße Granadilla

Passiflora ligularis Juss.
Familie: Passifloraceae (Passionsblumen)
E: Sweet Granadilla; S: Granadita dulce, Granadilla, Parchita amarilla

Die Süße Granadilla ist eine am Grund holzige, immergrüne Liane, die mit Hilfe spiraliger Ranken bis in die Kronen hoher Bäume klettern kann. Die Spreiten ihrer wechselständigen Blätter sind ganzrandig, herzförmig, 8-20 cm lang und 6-15 cm breit, hellgrün und glatt. Die runden, bis 2 cm langen Blattstiele tragen 3 bis zu 1 cm lang gestielte Drüsen oder Drüsenpaare. Die Nebenblätter sind herz- oder eiförmig und bis 2,5 cm lang. Die Blüten

Früchte der Süßen Granadilla.

entsprechen im Aufbau denen der Maracuja; sie wachsen gewöhnlich zu 2 auf 4 cm langen Stielen, die 3 schwach gezähnelte Hochblätter von 4 cm Länge und 2,5 cm Breite tragen. Die Blüten haben Durchmesser von etwa 10 cm; ihre lanzettlichen Kelchblätter sind weißlichgrün, die Kronblätter hell rosa und die Fäden der 2 Nebenkronen weiß mit blauvioletten Streifen.

Frucht: Die Früchte der Süßen Granadilla sind breit-eiförmig, am Grund in den Stiel verschmälert; ihre dünne, harte, brüchige, schwach glänzende Schale ist anfangs grün mit violetten Tönen, im reifen Zustand gelborange mit grünlichen und bräunlichen Flecken und Maserungen. Das weiße, geschmacklose Fruchtfleisch hat eine zähe, trocken-schwammige Konsistenz. Die innere Fruchtschicht weist 3 in die große Fruchthöhle gewölbte Leisten auf, die dicht mit 7 mm langen Warzen besetzt sind, an denen die Samen mit ihren saftigen Samenmänteln haften. Die Samenmäntel sind glasig, grünlich oder gelblich; ihre Pulpe ist von aromatischem, süßem, nur leicht sauerem Geschmack und schwachem Geruch. Die Samen sind flach, im Umriß eiförmig, am breiten Ende stumpf 3zähnig, glänzend schwarz, mit weißlichen Rändern und schwach runzeliger Oberfläche; ihre Größe beträgt etwa 7 x 4 x 2 mm.

Verwendung: Während die Maracuja vorwiegend der Saftherstellung dient, wird die süßere aber weniger aromatische Süße Granadilla oft als (Dessert-) Obst gegessen. Die spröde Schale läßt sich leicht aufbrechen, um die schmackhafte Pulpe der Samenmäntel samt den geschmacklosen Samen auszulöffeln. Auch aus den Früchten dieser Art wird Saft gewonnen, der mit Wasser verdünnt getrunken oder in andere Getränke und Süßspeisen gemischt wird.

Verbreitung: Die Süße Granadilla wird vor allem im hohen Bergland von Mittel- und Südamerika angebaut, seltener in den Tropen der Alten Welt.

Anbau und Ernte: Die Art gedeiht in tropischen Gebirgen zwischen 800 und 2500 m. Die Pflanzen sind empfindlich gegen große Hitze, leicht frostbeständig, im übrigen relativ anspruchslos; sie werden durch Samen oder Stecklinge vermehrt und an Spalieren oder anderen Kletterhilfen gezogen. Die Früchte sind reif zu pflücken und unbehandelt nur kurze Zeit haltbar.

Riesen-Granadilla

Passiflora quadrangularis L.
Familie: Passifloraceae (Passionsblumen)
E: Giant Granadilla; F: Barbadine;
S: Granadilla grande, Parcha, Badea;
P: Maracuja mamão

Die Riesen-Granadilla ist eine immergrüne, am Grund verholzte, kletternde, bis 40 m lange Schlingpflanze mit knolliger Wurzel und 4kantigen, breit geflügelten Stengeln. Die Spreiten der wechselständigen Blätter sind ganzrandig oder am Grund gezähnt, breit-eiförmig oder oval, mit ausgezogener Spitze und abgerunde-

Früchte mit mehr als (10)15 Samen

Die Riesen-Granadilla trägt fleischige, bis 3 kg schwere Früchte.

tem oder herzförmigem Grund; sie erreichen Größen bis 25 x 18 cm. Die 3kantigen, 5-8 cm langen Blattstiele tragen 3 Drüsenpaare; an ihrem Grund finden sich 2 lanzettliche, ganzrandige oder drüsig gezähnte Nebenblätter von 2-5 x 1-2,5 cm Größe sowie jeweils eine unverzweigte, bis 35 cm lange Ranke. Die hängenden Blüten sind etwa 12 cm breit (Blütenaufbau siehe unter Maracuja) und wachsen einzeln in den Blattachseln; sie haben einen glockenförmigen Kelch aus 5 grünen oder rötlichgrünen, innen weißen, roten oder violetten, bis 5 cm langen, am Grund verwachsenen Kelchblättern. Die 5 lanzettlichen Kronblätter sind 4-5 cm lang und 1,5-2 cm breit, weiß oder dicht rosa gefleckt. Die Fäden der Nebenkronen sind wellig, unterseits weiß und violett, oberseits rötlichblau, in der Mitte blau.

Frucht: Von den zahlreichen Passionsblumen trägt die Riesen-Granadilla die größten Früchte: unregelmäßig ovale bis eiförmige, beulige, undeutlich kantige, zum Stiel eng tief eingedellte, bis 35 x 15 cm große, kürbisähnliche Beeren von bis zu 3 kg Gewicht. Die Fruchtschale ist dünn, glatt, glänzend und hell gelblichgrün. Das bis 4 cm dicke Fruchtfleisch ist von glasig-weißlicher Farbe, fester, fleischiger, saftiger Konsistenz und schwachem Geschmack und Geruch. Die große zentrale Fruchthöhle ist mit sehr zahlreichen Samen gefüllt, die von glasigen Samenmänteln umgeben sind und an kurzen stielförmigen Warzen an Leisten der Fruchtinnenwand haften. Die Samenmäntel sind von einer festen, durchsichtigen Haut umgeben; ihre Pulpe ist saftig, farblos oder blaß gelblichorange und von schwach aromatischem, leicht säuerlichem Geschmack. Die flachen, im Umriß ovalen Samen sind an beiden Enden eingebuchtet, in der Mitte schwach warzig, hart, rotbraun und bis 10 x 9 x 1 mm groß.

Verwendung: Im Unterschied zu allen anderen Passionsfrüchten sind von den Beeren der Riesen-Granadilla nicht nur die Samenmäntel eßbar, sondern auch das Fruchtfleisch, das allerdings fast geschmacklos ist. Trotz ihres schwachen Aromas sind die Vitamin-C-reichen Beeren in Lateinamerika sehr beliebte Marktfrüchte. Das Fruchtfleisch wird gedünstet als Gemüse verzehrt oder mit Zucker gekocht als Dessert serviert. Im rohen Zustand werden geschälte, kleingeschnittene Granadillas gezuckert und mit Zitronensaft beträufelt als Obst und in Salaten gegessen. Die Pulpe der Samenmäntel dient zur Herstellung von Sirup und Getränken. Die Früchte haben beruhigende Wirkung, sie mindern Kopfschmerzen, Asthma, Durchfall und helfen bei Schlaflosigkeit. Blätter, Wurzeln und unreife Samen sind roh giftig; sie werden in der Volksmedizin bei Leberbeschwerden, als Brech- und Wurmmittel eingesetzt.

Verbreitung: Die Art ist im tropischen Amerika heimisch und wird häufig auf den Karibischen Inseln sowie von Mexiko bis Brasilien angebaut, seltener in Süd- und Südostasien sowie in Nordaustralien und im tropischen Afrika.

Anbau und Ernte: Die Riesen-Granadilla benötigt dauerhaft warmes Tropenklima mit geringen Temperaturschwankungen und hohen Niederschlägen sowie tiefgründige, nährstoffreiche Böden. Ihre Kultur ist im wesentlichen auf die Tieflagen der Tropenländer beschränkt; es werden verschiedene Sorten angebaut, die sich in der Größe und im Aroma der Früchte unterscheiden. Die schnellwachsenden Pflanzen werden durch Samen oder Stecklinge vermehrt und brauchen häufige Düngung. Die Ernte der druckempfindlichen Beeren erfolgt bei einsetzender Gelbfärbung.

Verwandte Arten: Die in den Anden beheimatete, in tropischen und subtropischen Gebieten weithin angebaute Curuba (*Passiflora mollissima* Bailey) trägt lang-ovale oder spindelförmige, 5-12 x 3-4 cm große, zur Reife blaßgelbe oder dunkelgrüne Früchte mit dicker, lediger, schwach flaumiger Rinde. Die Beeren werden längs halbiert, um die glasig-lachsfarbenen, süßsauren oder sauer-aromatischen Samenmäntel samt Samen zu verzehren. Die Pulpe wird gemischt mit dem Saft anderer Früchte oder mit Wasser oder Milch und Zucker als Erfrischungsgetränk verwendet, alkoholischen Getränken zugegeben oder zu Wein vergoren. Sie dient außerdem zum Aromatisieren von Süßspeisen und kann zu Gelee verarbeitet werden. Die Pflanzen gedeihen am besten in tropischen Gebirgen. Viele weitere, auch wild wachsende Arten der Gattung haben eßbare Früchte, sind aber nur von lokaler Bedeutung.

Gemeine Guave

Psidium guajava L.
Familie: Myrtaceae (Myrtengewächse)
E: Guava; F: Goyave; S: Guayaba;
P: Goiaba

Die Gemeine Guave ist ein tief verzweigter, 3,5-10 m hoher Baum mit ausladenden Ästen. Junge Zweige sind gefurcht, 4kantig und flaumig behaart; die Borke

Laub und Blüte der Gemeinen Guave.

Saftige, aromatische, reife Früchte der Gemeinen Guave.

des Baumes ist von rötlichbrauner Farbe und schält sich schuppig ab. Die dunkelgrünen, ganzrandigen Blätter wachsen gegenständig, sind ledrig, oval bis eiförmig, drüsig, mit kräftigen Haupt- und Nebenrippen, zwischen denen die Spreiten gewölbt sind. Die Blätter sind oberseits kahl, unten fein filzig behaart und 6-15 x 3-7 cm groß, der Blattstiel ist bis 1 cm lang. Die Blüten wachsen einzeln oder zu 2-3 aus den Blattachseln; sie haben einen 4-6lappigen Kelch, 4-5 ovale weiße Kronblätter von 1-2 cm Länge und sehr zahlreiche, weiße, bis 2 cm lange Staubblätter.

Frucht: Die rundliche Frucht ist eine ovale, apfel- oder birnenförmige, grüne bis gelbgrüne, oft rosa gescheckte Beere von 4-12 cm Größe und bis zu 200 g Gewicht; an ihrem Ende bleibt der Kelchblattkranz erhalten. Die dünne Schale ist schwach glänzend und wachsig. Das Vitamin-C- und pektinreiche Fruchtfleisch ist vollreif weich, saftig, durch kleine Steinzellen körnig, von weißlicher, gelblicher, gelbgrüner oder rosa Farbe, zur Mitte oft mit kräftigerer Rotfärbung. Sein Geschmack ist angenehm süßsauer aromatisch, birnen- oder erdbeerähnlich; unreife, grüne Früchte sind sauer und oft adstringierend. In der Mitte der Beere liegen in glasiger Pulpe sehr zahlreiche gelbbraune, unsymmetrisch herzförmige, harte Samen von 3 x 2,5 x 2 mm Größe.

Verwendung: Reife Früchte werden frisch als Obst oder (ein-)gekocht als Dessert mitsamt den Samen gegessen. In Asien sind unreife, mit Zucker und Zimt bestreute Früchte als Obst beliebt.

Unreif geerntete Guaven-Früchte.

Aus Guaven werden aromatisches Gelee, Marmelade und schmackhafte Fruchtsäfte hergestellt. Die Schale reifer Beeren dient als Zutat zu Salaten und Puddings. Der Saft wird zum Aromatisieren von Eiscreme und anderen Süßigkeiten verwendet. Wurzeln, Blätter, Rinde und unreife Früchte werden gegen Diarrhöe eingesetzt.

Verbreitung: Die Gemeine Guave stammt aus Mittelamerika und wird heute weltweit in den Tropen und Subtropen kultiviert.

Anbau und Ernte: Die anspruchslosen Pflanzen werden in den Tropen bis in Höhen um 1500 m angebaut; einige Sorten ertragen leichte Fröste. Günstig sind warme subtropische und tropische Klimaverhältnisse mit einer Trockenzeit während der Fruchtentwicklung. Die Pflanzen werden entweder aus Sämlingen vermehrt und dann oft veredelt oder aus Stecklingen und Pfropfreisern gezogen. Es gibt zahlreiche Kultursorten, die sich im Wuchs, in der Form und Größe der Früchte, in der Farbe der Schale und des Fruchtfleisches sowie im Aroma unterscheiden. Die Pflanzen blühen und fruchten je nach Klima entweder saisonal oder fast ganzjährig. Die Früchte reifen 3-4 Monate nach der Blüte und werden meist vollreif gepflückt. Guaven können nur wenige Tage gelagert werden, gekühlt sind sie 2-3 Wochen haltbar.

Costa-Rica-Guave, Cas

Psidium friedrichsthalianum
(O. Berg.)Nied.
Familie: Myrtaceae (Myrtengewächse)
E: Costa Rican Guava; F: Cas; S: Cas, Guayaba ácida

Die Costa-Rica-Guave ist ein immergrüner, bis 10 m hoher Baum mit rotbraunem, grau gescheckten Stamm und

Fruchtende Costa-Rica-Guave.

4kantigen, fein behaarten, rötlichen Ästen. Seine gegenständigen Blätter sind elliptisch oder oval, stumpf zugespitzt, ganzrandig, drüsig punktiert, oberseits dunkelgrün und glänzend, unten heller und matt. Die Blüten stehen einzeln in den Blattachseln; sie haben 5 wachsige weiße Kronblätter von etwa 1 cm Länge und zahlreiche, 15 mm lange, weiße Staubblätter.

Frucht: Die Cas-Frucht ist eine rundliche Beere von bis zu 6 cm Größe, die von 2-5 großen, grünlichbraunen, breit 3ecki-

Weiche, saftige Cas-Früchte.

gen, stark konkaven, zusammenneigenden Kelchblättern gekrönt wird.
Ihre gelbe, oft braunfleckige Schale ist glatt, derb und dünn. Das reif weißliche bis creme-orangefarbene Fruchtfleisch und die helle Pulpe der Fruchtkammer sind weich, saftig und von sehr saurem, angenehm aromatischem Geschmack. Die zahlreichen Samen sind hart, leicht verflacht, unregelmäßig stumpfkantig und im Umriß rundlich bis eiförmig; sie messen bis 6 x 5 mm.

Verwendung: Aus dem Saft reifer Früchte wird mit Wasser und Zucker gemischt ein Vitamin-C-reiches Erfrischungsgetränk hergestellt, das in Costa Rica überaus beliebt ist und in keinem Restaurant fehlt. Die sauren Beeren werden außerdem in Süßspeisen sowie zu Marmelade und Gelee verarbeitet; als Obst sind sie nur gezuckert zu essen.

Verbreitung: Die Art ist in Mittelamerika und Kolumbien beheimatet. Sie ist einer der häufigsten Obstbäume Costa Ricas und wird im tropischen Amerika von Mexiko bis Equador sowie auf den Philippinen angebaut.

Anbau und Ernte: Die Costa-Rica-Guave gedeiht in feuchten tropischen und subtropischen Klimaten vom Tiefland bis in Höhen um 1500 m. Die häufig von Fruchtfliegen befallenen Beeren werden vollreif gepflückt, sind nur kurze Zeit lagerfähig und sehr druckempfindlich.

Para-Guave

Psidium acutangulum DC.
(*Britoa acida* Berg., *B. sellowiana* Berg.)
Familie: Myrtaceae (Myrtengewächse)
E: Para Guava, S: Guayaba de Para;
P: Araçá Pera

Die Para-Guave ist ein kleiner, immergrüner Baum bis 12 m Wuchshöhe mit 4kantigen, an den Blattansätzen schmal

Fruchttrieb der Para-Guave.

geflügelten Ästen. Seine gegenständigen, ovalen oder breit-lanzettlichen, ganzrandigen, ledrigen Blätter sind zugespitzt, am Grund abgerundet oder breit-keilförmig, bis 14 x 4 cm groß und bis 5 mm lang gestielt; die Spreiten sind zwischen den 8-10 Seitennerven etwas aufgewölbt. Die lang gestielten Blüten wachsen zu 1-3 aus den Blattachseln; sie haben einen 4-5lappigen Kelch, 5 weiße, bis 2 cm lange, ovale Kronblätter und bis zu 300 Staubblätter.

Frucht: Die Bäume tragen rundliche oder birnenförmige Beeren von 3-8 cm Größe, an deren Enden die vergrößerten Kelchblätter erhalten bleiben. Ihre Schale ist reif grünlichgelb oder blaßgelb, oft schwarz punktiert oder gefleckt. Das saftige, weiche, saure, sehr aromatische Fruchtfleisch ist ebenso wie die harten, 3kantigen Samen von hellgelber Farbe.

Verwendung: Die schmackhaften Früchte werden zu Saft verarbeitet, gezuckert oder mit Honig roh gegessen oder eingekocht und als Dessert serviert.

Verbreitung: Die Para-Guave ist im tropischen Südamerika von Kolumbien bis Amazonien verbreitet. Sie wird als Obstbaum vor allem in Brasilien kultiviert.

Erdbeer-Guave, Rote Guave

Psidium cattleianum Sabine
(*P. littorale* Raddi)
Familie: Myrtaceae (Myrtengewächse)
E: Strawberry Guava, Cattley G.;
S: Guayaba fresa, Cas dulce;
P: Araçá da praia

Fruchtende Zweige der Erdbeer-Guave.

Die Rote Guave ist ein immergrüner, bis 4(-12) m hoher Strauch oder Baum. Ihre gegenständigen, ganzrandigen Blätter sind verkehrt-eiförmig oder elliptisch, abgerundet oder mit stumpfer Spitze und am Grund in den bis 1 cm langen Stiel verschmälert. Die Blattspreiten sind dickledrig, oberseits dunkelgrün und glänzend, unten heller und matt; sie messen bis 6(-12) x 3(-6) cm. Die weißen Blüten stehen einzeln oder bis zu 3 in den Blattachseln; sie messen 1,5-6 cm und besitzen zahlreiche bis 2 cm lange Staubblätter.

Frucht: Die etwa 5 cm lang gestielten, zur Reife roten, seltener gelben Beeren sind rundlich oder verkehrt-eiförmig, bis 4 cm groß und tragen am Ende einen Ring aus 4-5 bleibenden, bis 4 mm langen, breiten Kelchblättern. Ihre dünne Schale ist glatt und glänzend. Das weiche, weißliche Fruchtfleisch ist bis 5 mm dick; es umschließt eine sehr saftige, glasige Pulpe, in der zahlreiche elliptische oder unregelmäßig gekrümmte, harte, hellbraune, bis 5 mm große Samen lie-

Die Erdbeer-Guave trägt schmackhafte, kleine, rundliche Früchte.

gen. Die Frucht schmeckt sehr angenehm aromatisch süßsauer.

Verwendung: Die beliebten kleinen Früchte der Erdbeer-Guave werden als Obst gegessen, zu Marmelade, Gelee und Saft oder in Süßspeisen verarbeitet.

Verbreitung: Die Art ist im östlichen Brasilien beheimatet und wird in den Subtropen und Tropen der Neuen Welt häufig angebaut, seltener auch in Afrika, in Süd- und Südostasien sowie auf den Pazifischen Inseln kultiviert.

Anbau und Ernte: Der Strauch gedeiht am besten in warm-feuchten Klimaten; er ist bis -5 °C frosthart und hinsichtlich der Bodenqualität anspruchslos. Die Pflanzen werden aus Samen vermehrt und verwildern häufig. Der Anbau erfolgt in Haus- und Obstgärten überwiegend zum Eigenbedarf. Kultursorten sind nicht definiert, die gelbfrüchtige Form ist als Varietät *lucidum* beschrieben. Die Früchte werden reif gepflückt und sind nur 2-3 Tage lagerfähig.

Verwandte Arten: Die Gattung *Psidium* umfaßt etwa 150 Arten, von denen viele eßbare Früchte tragen, aber als Kulturpflanzen zumeist von geringer Bedeutung sind. Eine weitere in Amazonien häufig kultivierte, auch in anderen lateinamerikanischen Ländern angebaute Art ist die bis 3 m hohe, strauchige Brasilianische Guave (*P. guineense* Sw.) mit sehr sauren, rundlichen, bis 4 cm großen, gelben Früchten.

Indische Feige, Feigenkaktus

Opuntia ficus-indica (L.)Mill.
Familie: Cactaceae (Kakteen)
E: Indian Fig; F: Oponce; S: Tuna

Mit seinen oval-scheibenförmigen, bis 50 cm langen und 20 cm breiten, sukkulenten Sproßgliedern bildet der Feigenkaktus ausladend verzweigte, bis zu 5 m hohe Büsche. Die Sprosse tragen warzenförmige Polster aus zahlreichen feinen stechenden Borsten (Glochiden), welche bei Berührung leicht abbrechen und sich in die Haut bohren; die Pflanzen sind entweder dornenlos (Kulturformen) oder weisen an den Glochiden-Polstern jeweils 1-2 kleine, blaßgelbe oder weiße (Blatt-)Dornen auf. An sehr jungen Sprossen finden sich hinfällige, reduzierte, pfriemenförmige, etwa 3 mm lange Blätter. Die zwittrigen Blüten wachsen meist zahlreich am oberen Rand der endständigen Sproßglieder. Ihr Fruchtknoten sitzt in einem gedrungenen, eiförmigen Blütensproß, an dessen Ende die Krone von 7-10 cm Durchmesser mit zahlreichen spiralig angeordneten, gelben Blütenblättern aufsitzt.

Frucht: Der Blütensproß schwillt nach der Bestäubung zu einer eiförmigen oder ovalen, 5-10 cm langen und bis 6 cm breiten, außen wie innen grünlichgelben oder orange- bis weinroten Beere an, die in einem runden, eingesenkten Nabel endet. Ihre dünne Schale ist glatt und wie die sterilen Sproßglieder mit Glochiden-Polstern sowie häufig mit Dornen

Blühender Feigenkaktus.

Früchte mit mehr als (10)15 Samen

Reife Früchte der Indischen Feige.

besetzt. Das saftige, bis 1 cm dicke Fruchtfleisch umschließt zahlreiche schwärzliche Samen, die in glasiger, grünlicher bis rötlicher, saftiger, weich-fleischiger bis gallertiger Pulpe eingebettet sind. Die Samen sind verflacht-eiförmig und etwa 5 x 3,5 mm groß.

Verwendung: Reife Früchte werden in der Regel roh als Obst verzehrt, indem man sie aufschneidet, um Fruchtfleisch und Pulpe, die von süßem bis süßsaurem Geschmack sind, samt Samen auszulöffeln; sie enthalten Oxalatkristalle, die auf der Zunge leichtes Brennen verursachen. Das Fruchtfleisch wird außerdem kandiert und zu Konfitüre verarbeitet. Die stechenden Borsten und Dornen erfordern vorsichtigen Umgang mit der Frucht. Die sukkulenten Sprosse werden nach Entfernen der Dornen gekocht als Gemüse gegessen. Die Pflanze wird häufig als lebender Zaun gepflanzt. Auf der Art parasitiert die Koschinellen-Schildlaus (*Coccus cacti*), die als roter Farbstoff in der Kosmetikindustrie verarbeitet wird.

Verbreitung: Der Feigenkaktus ist in Mexiko beheimatet und weltweit in niederschlagsarmen, frostfreien Gebieten eingebürgert.

Anbau und Ernte: Die Pflanzen werden vegetativ aus Stecklingen vermehrt und verwildern in geeigneten Klimaten leicht. Beerntet werden wild wachsende und gepflanzte Feigenkakteen; größere Kulturen sind zur Produktion von Exportfrüchten und zur Koschinellen-Zucht angelegt worden. Die Früchte werden kurz vor oder zur Reife geerntet; sie sind druckempfindlich, einige Zeit lagerfähig und reifen bei Zimmertemperatur nach.

Verwandte Art: Die Früchte der *Opuntia tuna* (L.)Miller, die sich durch stärker bewehrte Sprosse mit bis 5 cm langen, gelblichen, in Gruppen zu 3-5 stehenden Dornen auszeichnet, werden in gleicher Weise verwendet.

Pitahaya

Hylocereus undatus (Haworth) Britton & Rose in Britton
Familie: Cactaceae (Kakteen)
E: Strawberry Pear; S: Pitahaya, Pitaya

Pitahaya ist ein bodenbewohnender oder epiphytischer, kriechender, kletternder oder hängender, reich verzweigter Kaktus mit langen, sukkulenten, 3kantigen, geflügelten Sprossen von bis zu 6 m Länge, die mit Luftwurzeln am Substrat haften. Auf den gekerbten Flügeln der Sprosse sitzen kleine, warzenförmige Polster (Glochiden), die jeweils 2-5 kurze Dornen tragen. Prächtige, nachts geöffnete Blüten entwickeln sich an grünen, rundlichen Blütensprossen, die fleischige, abstehende Schuppen tragen und die Fruchtknoten einschließen. Die zahlreichen schmal-lanzettlichen, bis 11 cm langen, gelben oder weißlichen, spreizenden Kronblätter stehen in 2 Kreisen, aus deren Mitte ein Büschel cremefarbener Staubblätter ragt.

Früchte mit mehr als (10)15 Samen

Pitahaya-Kaktus in Blüte.

Frucht: Die Pitahaya-Früchte sind dornenlose, fleischige, runde, ovale oder breit-spindelförmige Beeren, die außen mit 3eckigen bis schmal-lanzettlichen, zum Grund verbreiterten, fleischigen, bis zu 8 cm langen, an der Spitze sparrig zurückgebogenen Schuppen besetzt sind. Die Früchte können bis 20 cm Größe erreichen und sind zur Reife leuchtend violettrot, seltener gelb. Ihre festfleischige Rinde ist etwa 1 cm dick; sie umschließt eine weite Fruchthöhle, die mit glasig-weißer, sehr saftiger, zur Reife delikat süßsaurer Pulpe gefüllt ist. In dieses Fruchtfleisch eingebettet sind sehr zahlreiche glänzend schwarze, flach birnenförmige Samen, die bis 3 x 1,5 mm messen. Es ist ungewiß, ob die vor allem in Kolumbien gezoge gelbfrüchtige Pitahaya derselben Art angehört.

Verwendung: Die sehr attraktive Frucht wird längs halbiert und ihre Pulpe samt Samen ausgelöffelt. Püriert ergibt sie mit Wasser, Eis und Zucker ein köstliches Erfrischungsgetränk. Ganze Früchte zerkocht man zu einem Sirup, der zum Würzen und Färben von Backwaren oder Süßigkeiten verwendet wird.

Verbreitung: Pitahaya ist im südlichen Mexiko und an den pazifischen Küsten Mittelamerikas beheimatet; der Kaktus wird im tropischen Amerika weithin angebaut und seltener auch in Afrika, Asien und Australien kultiviert.

Anbau und Ernte: Die Pflanzen gedeihen im heißen, niederschlagsarmen

Pitahaya-Beeren gehören zu den schmackhaftesten Kaktusfrüchten.

Kolumbianische Gelbe Pitahaya.

Fruchtende Genipa-Zweige.

Tropenklima. Sie werden aus Stecklingen vermehrt und als Zier- und Obstpflanzen in Hausgärten, an Zäunen, Mauern und auf Bäumen gezogen. Die Beeren werden reif abgeschnitten und sind einige Tage lagerfähig.

Verwandte Arten: Neben anderen Kakteen liefern etliche weitere Arten der Gattung *Hylocereus* eßbare Früchte, die aber nur regional in geringem Umfang genutzt werden, beispielsweise die sehr nahe verwandten mittelamerikanischen Sippen *H. ocamponis* Britt. & Rose und *H. guatemalensis* Britt. & Rose, mit ähnlichen Beeren, deren Pulpe aber rot gefärbt ist.

Genipa

Genipa americana L. (*G. caruto* HBK.)
Familie: Rubiaceae (Krappgewächse)
E: Genipap; F: Genipa; S: Jagua, Maluco, Guaitil, Caruto; P: Genipapo

Genipa ist ein hochstämmiger, fast horizontal beasteter, immergrüner, in Gebieten mit langen Trockenzeiten laubwerfender Baum bis 30 m Höhe. Seine etwa 1 cm lang gestielten, kahlen Blätter sind gegenständig, am Ende der Äste gedrängt, ganzrandig oder schwach gezähnt, lanzettlich bis verkehrt-eiförmig, zum Grund keilförmig verschmälert, zugespitzt, dünn-ledrig und mittelgrün; sie haben eine starke, helle Mittelrippe, sind oberseits glänzend, unterseits heller grün, fast matt und messen bis 30 x 12 cm. Die Blüten wachsen in 1-15blütigen, endständigen Infloreszenzen; ihr Kelch ist glockenförmig, schwach gezähnt und 5 mm lang. Die außen dicht flaumigen, grauen oder blaßgelben Kronenblätter sind am Grund zu einer 7-8 mm langen Röhre verwachsen und enden in 5 stumpfen Zipfeln von 14-18 x 7-9 mm Größe.

Frucht: Die birnenförmige oder elliptische Beerenfrucht ist allmählich in den dicken Stiel verschmälert und trägt am Ende einen kurz ausgezogenen Kelchblattring; sie wird bis 18 x 8 cm groß. Ihre Schale ist etwa 1 mm dick, derb, außen matt und leicht rauh, schmutzig

Reife Genipa-Früchte.

grünlich- bis gelblichbraun und braun pockig. Das etwa 1 cm starke Fruchtfleisch ist weißlich und von ledrig-saftiger Konsistenz; es umschließt eine große Fruchthöhle, die mit zahlreichen Samen gefüllt ist, welche in 2 undeutlichen Reihen um einen zentralen Strang angeordnet sind. Die Samen liegen in einer glasigen, grauen, breiigen Pulpe; sie sind flach, hellbraun und weich, im Umriß zugespitzt oval bis eiförmig und bis 15 x 8 x 3 mm groß. Die Pulpe läuft nach dem Aufschneiden der Frucht braun und stellenweise schwärzlichblau an; zur Reife riecht sie kräftig herb-fruchtig und schmeckt aromatisch säuerlich oder sauer. Auf den Märkten werden die Früchte meist überreif, braun, schrumpelig und sehr weich gehandelt.

Verwendung: Die Pulpe unansehnlicher, überreifer, sehr weicher, brauner Früchte kann mit Zucker bestreut aus der halbierten Beere gegessen werden. In Stückchen geschnitten und mit Zucker für einige Tage in Wasser eingelegt ergeben die Früchte einen erfrischenden, aromatischen Saft, der auch in vergorenem Zustand ein geschätztes Getränk darstellt. Aus gekochter Fruchtpulpe werden Marmelade und Kompott hergestellt.
Der Saft unreifer Früchte verfärbt sich an der Luft dunkelblau und wird von südamerikanischen Indianern für sehr dauerhafte Körperbemalungen verwendet; er wirkt außerdem als Insektenschutzmittel. Medizinell wird die Rinde des Baumes gegen Diarrhöe und die Frucht als Wurmmittel eingesetzt.

Verbreitung: Genipa ist in niederschlagsreichen Gebieten auf den Karibischen Inseln sowie in Mittel- und Südamerika bis nach Argentinien verbreitet.

Anbau und Ernte: Die Pflanze gedeiht in feucht-heißen tropischen Gebieten; ihr Anbau ist auf Tieflagen beschränkt. Die stattlichen Bäume werden meist in gemischten Obstgärten aus Samen gezogen, örtlich auch zur Aufforstung verwendet. Zur Ernte werden die Früchte vollreif von den Bäumen gepflückt.

Alibertia

Alibertia edulis (L.Rich.)A.Rich.
Familie: Rubiaceae (Krappgewächse)
F: Goyave noire; S: Carutillo, Guaiabo, Perita; P: Purui

Der 2-6 m hohe, immergrüne, zweihäusige Strauch oder Baum hat gegenständige, derb-ledrige, ganzrandige, am Rand gewellte, oberseits glänzende, mittelgrüne Blätter von bis zu 28 x 14 cm Größe. Die Blattspreiten sind eilanzettlich, kurz zugespitzt und am Grund breit keilförmig in den bis 1,5 cm langen Stiel verschmälert. Die hinfälligen lanzettlichen Nebenblätter messen um 10 x 5 mm. Die sehr kurz gestielten Blüten sitzen zu 2-8 in Köpfen; sie haben bis 1 cm lange Kelchröhren und weiße, schlank-trichterförmige, bis 3 cm lange, filzig behaarte, 4-5zipfelige Kronröhren.

Frucht: Die Früchte sind rundliche, ovale oder eiförmige, schwach längsgerippte Beeren von bis zu 7 x 6 cm Größe. Sie sind mit einem kurzen Hals in den Stiel verschmälert und tragen an der Spitze einen großen, rundlichen Nabel. Ihre Scha-

Alibertia, ein Baum tropischer Küsten.

Reife Früchte der Alibertia.

le ist dünn und glänzend, zur Reife gelb. Das zäh-ledrige Fruchtfleisch ist bis 7 mm dick und zur weiten Fruchthöhle von einer dünnen, weißen, glatten Haut umgeben. Dicht aneinander liegen im Inneren der Beere zahlreiche unregelmäßig kantige, harte, glasig-gelbliche Samen, die bis 2 cm Größe erreichen. Sie sind jeweils von einem dünnen, häutigen, saftigen, orangegelben Samenmantel umgeben, der angenehm süßlich schmeckt.
Verwendung: Die eßbaren Samenmäntel werden von den Samen gelutscht oder für die Herstellung von Getränken und Gelee verwendet.
Verbreitung: Alibertia ist im Tiefland – vor allem an den Küsten – des tropischen Mittel- und Südamerika weit verbreitet.
Anbau und Ernte: Es werden sowohl kultivierte als auch wild wachsende Pflanzen beerntet, die oft in großen Mengen an den Küsten wachsen und fast ganzjährig Früchte tragen. Aus Samen gezogene Bäume dienen in Hausgärten als Obst-, Zier- und Schattengehölz sowie als lebende Zäune. Die Früchte werden in reifem, gelbem Zustand gepflückt und sind einige Tage lagerfähig.

Granatapfel

Punica granatum L.
Familie: Punicaceae
(Granatapfelgewächse)
E: Pomegranate; F: Grenade; S: Granada; P: Romeira

Der Granatapfel ist ein ausladender Strauch oder kleiner, reich und tief verzweigter Baum bis etwa 6 m Höhe mit langen, dornigen Ästen. Die Pflanze ist immergrün oder laubwerfend. Die kurz gestielten, oberseits glänzenden, dunkelgrünen Blätter wachsen gegenständig oder gebüschelt; sie sind zugespitzt eiförmig bis lanzettlich, ganzrandig, am Grund keilförmig oder abgerundet und von 1-10 x 0,5-2,5 cm Größe. Die Blüten entwickeln sich an den Ende der Äste oder an kurzen Seitentrieben und stehen einzeln oder in Gruppen bis zu 5. Ihr roter, fleischiger, verwachsener, 2-3 cm langer Kelch ist glockenförmig und endet mit 5-8 breit 3eckigen Zipfeln. Die 3-7 Kron-

Die attraktive Granatapfel-Blüte.

Früchte des Granatapfels.

Früchte mit mehr als (10)15 Samen

blätter sind leuchtend orangerot, selten weiß, knitterig und 4-5 cm lang; sie umschließen zahlreiche Staubblätter.
Frucht: Der Granatapfel ist eine rundliche Beere, die sich durch ihre auffällige Krone aus dem bleibenden, vergrößerten Kelch mit seinen zurückgeschlagenen Zipfeln auszeichnet. Die Frucht mißt im Durchmesser 6-12 cm, ihre feste, ledrige Rinde ist 3-4 mm dick, außen schwach glänzend, mit kleinen Pusteln besetzt, reif fleckig gelblichrot, grünlich oder bräunlich, darunter beige bis schwefelgelb. Das Fruchtinnere ist durch häutige Wände aus schwammigem Gewebe in mehrere Fruchtkammern gegliedert, in denen die zahlreichen, unregelmäßig keulen- bis bohnenförmigen, gelblichen oder scharlachroten, bis 9 x 3 mm großen Samen liegen. Jeder Same ist von einem 1-2 mm dicken, weinroten, glasigen, saftigen, stumpfkantigen Samenmantel umgeben, der mehr oder weniger adstringierend, von süßem bis saurem Geschmack ist und den eßbaren Teil der Frucht darstellt. Monate nach der Reife platzt die Fruchtschale beim Vertrocknen explosionsartig auf und schleudert die Samen in die Umgebung; daher der Name Granatapfel.
Verwendung: Die fleischig-saftigen Samenmäntel werden aus der zerteilten Frucht gelöffelt und mit oder ohne Samen gegessen. Aus ihrem Saft wurde schon im alten Ägypten Wein hergestellt; er wird vor allem als erfrischender Fruchtsaft getrunken oder zu Gelee verarbeitet. In Indien kocht man den Saft mit Zucker zu einem dicken Sirup, der lange haltbar ist und als Zutat oder Beigabe zu Speisen verwendet wird. Die Pflanze wird in vielfältiger Weise genutzt: Rinde und Fruchtschale sind adstringierend; sie werden gegen Würmer, Durchfall und Ruhr verwendet; Fruchtsaft wird gegen Fieber und Erkältung verordnet. Die Fruchtschalen enthalten einen gelblichbraunen, die Blüten einen gelben Farbstoff. Beide werden zum Färben von Wolle und Seide verwendet. Die Art wird gern als Zierstrauch gepflanzt.
Verbreitung: Der Granatapfel ist eine weit verbreitete Nutzpflanze, die im subtropischen Asien vom Iran bis nach Nordindien beheimatet ist. Er findet sich kultiviert und verwildert weltweit in den temperaten Zonen, vom Mittelmeerraum bis in die inneren Tropen.
Anbau und Ernte: Das anspruchslose Gehölz gedeiht in ariden Regionen ebenso wie im wechselfeuchten Tropenklima; es ist bis etwa -10 °C frosthart. Qualitativ gute Früchte entwickeln sich in Klimaten mit kühlen Wintern, heißen Sommern und relativ geringen Niederschlägen. Die Pflanzen werden aus Samen oder Stecklingen vermehrt und von Kleinbauern in Mischkulturen oder in Hausgärten angebaut. Die Sträucher können bis zu 3mal jährlich Früchte tragen. Granatäpfel sind durch ihre ledrigen Schalen sehr unempfindlich und können wochenlang, gekühlt bis zu einem halben Jahr gelagert werden.

Kakao

Theobroma cacao L.
Familie: Sterculiaceae (Kakaogewächse)
E: Cocoa; F, S: Cacao; P: Cacau

Kakao ist ein immergrüner, tief verzweigter Baum von 6-8(-15) m Höhe mit wechselständigen Blättern. Seine Blattspreiten sind lanzettlich, am Grund keilförmig, an der Spitze ausgezogen, bis 40 x 13 cm groß, dünn, derb, kahl, ganzrandig, dunkelgrün; junge Blätter sind von bräunlichvioletter Färbung. Die Blattstiele sind bis 2 cm lang, braun, zum Stengel und zur Spreite verdickt. Die zarten,

Früchte mit mehr als (10)15 Samen

Kakao-Baum mit Blüte und Frucht.

1-2 cm breiten Blüten entspringen dem Stamm und älteren Ästen, sie stehen in kleinen Büscheln, haben 5 rötliche, schmal-lanzettliche Kelchblätter sowie 5 kapuzenförmige, gelblichweiße Kronblätter, die zur Vollblüte ausgebreitet oder zurückgeschlagen sind.

Frucht: Die vielgestaltigen Kakao-Beeren hängen in der Regel einzeln an Stamm und Ästen, da nur sehr wenige Blüten

Kakao-Beere einer Criollo-Sorte.

befruchtet werden und ausreifen. Die bis 2 cm lang gestielten Früchte sind von elliptischer oder rundlicher Form, teilweise stumpf zugespitzt, 12-30 cm lang, bis zu 10 cm breit und wiegen bis 500 g. Ihre glänzende Oberfläche ist je nach Sorte glatt (Criollo-Sorten) oder warzig und längsgefurcht (Forastero-Sorten), im reifen Zustand von grüner, gelber oder leuchtend orangeroter Farbe. Die Fruchtrinde ist 1,5-2 cm dick, zäh-fleischig, derb, saftig, unter der Außenhaut gelblichweiß. Die sehr fettreichen Samen liegen in 5 Längsreihen um eine zentrale Spindel und sind durch weißliche, fleischige Wände voneinander getrennt. Zur Reife lösen sich diese Wände auf und bilden eine schleimige, saftige, weiße Pulpe von angenehm aromatischem, süßsaurem, fruchtigem Geschmack, die an den Samen haftet. Je Frucht bilden sich 20-60 ovale Samen von bis zu 3 x 1 cm Größe; sie sind von einer dünnen braunen Haut umgeben, darunter von harter nussiger Konsistenz und violetter bis rötlichbrauner Farbe; ihr Geschmack ist bitter.

Verwendung: Kakao wird seit langer Zeit von der indianischen Bevölkerung Amerikas für die Zubereitung nahrhafter Getränke genutzt. Wichtigstes Anbauziel ist heute die Herstellung von Schokolade, Kakaopulver und Kakaobutter aus den Samen. Hierfür werden die Beeren vollreif gepflückt und sofort geöffnet, die Samen samt Pulpe herausgenommen, für einige Tage aufgehäuft und anschließend in der Sonne getrocknet oder in speziellen Anlagen entsprechend aufbereitet. Bei dieser Behandlung zersetzt sich die schleimige Pulpe, fermentieren die Samen, bauen sich ihre Bitterstoffe ab und entwickelt sich das Kakao-Aroma. Die spanischen Eroberer Südamerikas führten mit Anis, Nelken, Zimt, Piment und

Früchte mit mehr als (10)15 Samen

Kakao-Frucht, Forastero-Sorte.

Vanille gewürzten Brei aus gemahlenen Samen im 16. Jahrhundert in Kuchenform nach Europa ein, der zu einem Schokoladengetränk aufgekocht wurde. Im 19. Jahrhundert wurden in Europa verfeinerte Aufbereitungsmethoden entwickelt, wobei die fermentierten und getrockneten Samen geröstet, geschält und gemahlen zu einem zähen, fettigen Brei verarbeitet werden, der mit Zucker und Trockenmilch zu Schokolade gepreßt wird. Für die Herstellung von Kakaopulver, das meist in Milch aufgekocht das bekannte anregende Getränk ergibt, muß etwa die Hälfte des Fettes aus dem Samenbrei extrahiert werden. Dabei fällt sogenannte Kakaobutter an, die von weißer Farbe ist und bei Temperaturen um 30 °C schmilzt; sie wird feiner Schmelzschokolade zugesetzt, ist der Grundstoff weißer Schokolade, wird für Süßspeisen verwendet und in der pharmazeutischen Industrie verarbeitet. Die schmackhafte, säuerliche Pulpe der reifen, frisch geernteten Früchte wird von Kindern gern von den Samen gelutscht und zur Herstellung von Gelee genutzt.

Verbreitung: Kakao ist in den Regenwäldern des Amazonasbeckens beheimatet; heute wird der Baum in den Tropen weltweit in großem Umfang angebaut.

Anbau und Ernte: Günstigste Wachstumsmöglichkeiten findet Kakao in den äquatorialen Tropen bei reichlichen Niederschlägen bis in Höhen um 500 m auf nährstoffreichen Böden. Er wird jedoch auch in suboptimalen Klimaten bis 20 Grad nördlicher und südlicher Breite und in den äquatornahen Gebirgen bis über 1000 m kultiviert. Neben kleinbäuerlichem, gemischtem Anbau werden die zahlreichen Kultursorten vor allem in Plantagen gezogen.

Die Vermehrung der Pflanzen geschieht durch Samen oder vegetativ. Die Früchte werden mit Hakenmessern von den Pflanzen abgeschnitten. Die Fermentation und Trocknung der Samen erfolgt in den Anbaugebieten, die weitere Verarbeitung meist dort, wo die Endprodukte hergestellt werden.

Cupuazú

Theobroma grandiflorum (Willd. ex Spreng.)Schum.
Familie: Sterculiaceae (Kakaogewächse)
S: Cupuazú, Bacau; P: Cupuassú

Von zahlreichen weiteren im tropischen Amerika verbreiteten Arten aus der Kakao-Gattung, deren Fruchtpulpe und Samen nutzbar sind, ist der Cupuazú hervorzuheben. Der immergrüne, mittelgroße Baum zeichnet sich durch die größten Blüten und Früchte aller *Theobroma*-Arten aus. Seine wechselständigen, ganzrandigen, schwach welligen Blätter sind lanzettlich, derb-ledrig, oberseits dunkelgrün und glänzend, unten heller und matt; ihre Spreiten messen bis 55 x 15 cm, die dicken, rotbraun filzigen Blattstiele sind bis 2 cm lang. Die Blüten wachsen an kurzen Stielen zu 3-5 in doldigen Blütenständen; sie haben 5 3ecki-

Cupuazú trägt große holzige Beeren.

ge, freie oder teilweise verwachsene Kelchblätter und 5 purpurrote, samtig behaarte, freie, löffelförmige Kronblätter.
Frucht: Die Frucht ist breit-elliptisch bis eiförmig, bis 35 x 15 cm groß und bis 1,5 kg schwer. Ihre Schale ist hart-holzig, bis 1 cm dick und außen mit flockigem, rotbraunem Filz bedeckt. In der Fruchtkammer liegen bis 25 hellbraune, eiförmige, harte Samen von bis zu 3 x 2,3 cm Größe, die jeweils von einer dicken, gelblichweißen, saftigen, faserigen, angenehm aromatischen, süßsauren Pulpe umgeben sind.
Verwendung: Die an Pektin und Vitamin C reiche Pulpe der Samen wird zur Herstellung schmackhafter Säfte oder Gelees genutzt und in Backwaren, Süßigkeiten, Süßspeisen und Likören verarbeitet. Die Samen können wie Kakao zu Schokolade (Cupulade) und Fett verarbeitet werden. Sie enthalten Theacrin, dessen Wirkungen wenig untersucht sind, so daß bei ihrem Genuß Vorsicht geboten ist.
Verbreitung: Cupuazú ist im Amazonasbecken in Brasilien und Peru heimisch und wird dort sowie in begrenztem Umfang in Venezuela, Kolumbien, Costa Rica und Equador angebaut.

Anbau und Ernte: Die Pflanzen benötigen feucht-heißes Tropenklima und tiefgründige Böden. Beerntet werden kultivierte und auch wildwachsende Bäume. Der Anbau der Art ist infolge steigender Nachfrage nach der Frucht in Ausweitung. Verwendung finden reife Früchte, die in der Regel vom Boden aufgesammelt werden, nachdem sie von selbst vom Baum gefallen sind.
Verwandte Art: Als Kulturpflanze von nennenswerter Bedeutung ist außerdem *T. bicolor* Humb. Bompl. (Macambo), ein Baum mit gelben, elliptischen, runzeligen, 5furchigen, bis 30 cm großen Früchten, der von Mexiko bis Brasilien angebaut wird; seine Samen werden wie Kakao verarbeitet, und die unangenehm riechende Pulpe wird zur Herstellung von Getränken verwendet.

Affenbrot, Baobab

Adansonia digitata L.
Familie: Bombacaceae
(Wollbaumgewächse)
E: Monkey Bread; F: Pain de Singe;
S: Baobab

Baobab ist ein in Trockenzeiten laubwerfender, bis 20 m hoher Baum, der aufgrund überaus starken Dickenwachstums zu den spektakulärsten Erscheinungen des Pflanzenreichs zählt; seine sukkulenten, relativ kurzen Stämme erreichen bis 20(-40) m Umfang. Durch Datierungen wurde nachgewiesen, daß die Bäume älter als 1000 Jahre werden können. Die Blätter des Baobab sind handförmig gefingert. Ihre 5 eiförmigen oder eilanzettlichen, fast sitzenden Blättchen sind zugespitzt, ganzrandig oder gezähnelt und tragen auf der Unterseite einen Filz aus Sternhaaren; sie messen bis 12 x 5 cm. Die großen, schönen Blüten hängen an langen Stielen; sie haben ei-

Früchte mit mehr als (10)15 Samen

Affenbrot, ein imposanter, vielfältig nutzbarer afrikanischer Baum.

nen tief 5lappigen, dicht filzig behaarten Kelch, 5 verkehrt-eiförmige, weiße, außen borstig behaarte, freie Kronblätter und zahlreiche, im unteren Teil zu einer Säule vereinigte, oben spreizende und einen Kranz bildende Staubblätter, aus deren Mitte der Griffel herausragt.

Frucht: Die hängenden, ovalen oder rundlichen, bis 35 x 16 cm großen Früchte haben bis zu 1 cm dicke, holzig-faserige Schalen, die zur Reife braun und außen von einem dichten Filz aus gelbbraunen, rauhen Haaren von bis zu 3 mm Länge überzogen sind. In der Fruchtkammer findet sich eine zäh-schleimige, säuerliche Pulpe; darin eingebettet liegen zahlreiche rundliche, elliptische oder bohnenförmige, hartschalige, helle Samen von bis zu 1,5 cm Größe, die von einem dünnen, weißen, mehligen, sauren Mantel umgeben sind.

Verwendung: Die schmackhafte Pulpe der Frucht wird frisch verzehrt oder getrocknet und zum Verbrauch eingeweicht. In Wasser oder Milch ergibt sie ein schmackhaftes Getränk, das gegen Fieber und Durchfall wirksam ist. Die mehligen Samenhüllen werden gern von Kindern gelutscht. Mit den Samen getrocknet, gezuckert und manchmal gefärbt, werden die sie als Naschwerk verkauft; in Wasser gekocht ergeben sie einen trüb weißen Milchersatz. Die eiweiß- und ölreichen, nach Mandeln schmeckenden Kerne der Samen sind eßbar und nahrhaft, aber nur mit Mühe aus ihren dicken Schalen zu befreien. Die Schalen der Frucht sind gutes Brennmaterial, zermahlen werden sie wie Tabak in Pfeifen geraucht, und aus ihrer Asche wird Seife hergestellt. Baobab ist widerstandsfähig gegen erhebliche Verwundungen. Wäßriger Saft, der sich in Höhlen sammelt, die in den Stamm geschlagen werden, wird regional getrunken. Die Bäume werden im Sahel in der Regel geschneitelt, um ihr Laub für die menschliche Ernährung oder als Viehfutter zu verwerten. Junge Triebe und Wurzeln sind als Gemüse eßbar; getrocknete und zerstoßene Blätter ergeben in Westafrika das Nahrungsmittel Lalo, das als Grundlage oder Gewürz für Speisen verwendet wird und sehr kalziumreich ist. Aus der Rinde lassen sich sehr haltbare Fasern für Seile, Körbe und Textilien herstellen. Die tanninhaltige Borke des Baumes wird außerdem als Gerbstoff und als Mittel gegen Fieber genutzt. Die Bäume gelten regional als heilig.

Verbreitung: Der Affenbrotbaum ist in den Savannen des Sahel heimisch und eine der bedeutendsten Nutzpflanzen im subtropischen und tropischen Afrika; selten wird die Art in anderen Erdteilen kultiviert. Die Pflanzen sind durch ihre wasserspeichernden Stämme ausgesprochen trockenresistent und wenig anspruchsvoll.

Paranuß

Bertholletia excelsa Humb. & Bonpl.
Familie: Lecythidaceae
(Deckeltopfbäume)
E: Brazil Nut; F: Noyer de Para;
S: Nuez de Brazil; P: Castanha do Brasil

Die Paranuß ist ein bis 50 m großer immergrüner Baum, dessen aufrechter Stamm nur im oberen Bereich verzweigt ist. Seine wechselständigen, ledrigen, kahlen, oberseits glänzenden, unten matten, am Rand leicht gewellten, ganzrandigen, lanzettlichen, zugespitzten Blätter sind bis 36 x 16 cm groß, die leicht geflügelten Blattstiele bis 35 mm lang. Die fast sitzenden Blüten wachsen in end- und blattachselständigen, 20-40 cm langen Trauben; sie haben einen 2lappigen, 8-14 mm langen, außen flaumigen Kelch und 6 blaßgelbe oder weiße, bis 3 cm lange, eiförmige Kronblätter.

Frucht: Die Frucht der Paranuß ist eine dick holzige Deckelkapsel (Pyxidium) von rundlicher Form, die im oberen Viertel mehr oder weniger verflacht ist; sie wird bis 16 cm groß und bis zu 1 kg schwer. Zur Reife fällt der kleine Deckel der Kapsel in die Frucht und gibt ein etwa 1 cm großes rundes Loch frei. Die Fruchtwand besteht aus einer äußeren, rotbraunen, rauhen, holzig-korkigen und zur Reife rissigen Rinde (Exo- und Mesokarp) von etwa 5 mm Stärke und einer harten, holzigen, hellbraunen, bis 1,5 cm dicken inneren Schale (Endokarp). In der großen Fruchthöhle liegen in mehreren Reihen, angeordnet um einen holzigen, keulenförmigen Strang, 10-25 im Querschnitt scharf 3kantige, im Umriß gebogen-elliptische Samen von bis zu 6 x 3 x 2,5 cm Größe, die als Paranüsse gehandelt werden. Die sehr harte, holzige Samenschale ist rauh, warzig-runzelig und zimtbraun, der darin eingeschlossene weiße und feste Kern von sehr angenehmem, süßlich-nussigem Geschmack. Die Früchte fallen etwa 15 Monate nach der Blüte reif vom Baum; ihre Samen können die kleine Öffnung der Kapsel nicht passieren und werden entweder von Nagetieren (Agutis) aus den holzigen Töpfen entfernt oder erst mit dem Verrotten der Fruchtwand frei.

Verwendung: Die nahrhaften, delikaten Kerne sind sehr fett- und eiweißreich; sie sind nur wenige Monate haltbar und wer-

Fruchtender Paranuß-Baum.

Schließdeckelkapsel der Paranuß. Die Samen werden in der Natur von Nagetieren aus der holzigen Fruchtschale befreit.

den in Süßigkeiten oder Backwaren verarbeitet. Das Samenöl ist ein ausgezeichnetes, aber wenig haltbares Speisefett und ein hochwertiges technisches Öl.

Verbreitung: Der Paranuß-Baum ist in den Regenwäldern des Amazonasbeckens und in den Guyanas beheimatet. Außerhalb ihres natürlichen Areals fruchtet die Art nicht oder nur spärlich.

Anbau und Ernte: Der in großen Beständen auftretende Baum wird bisher nur in geringem Umfang kultiviert; fast die gesamte Ernte stammt von wild wachsenden Individuen. Die Früchte werden vor allem von Indianern gesammelt, nachdem sie vom Baum gefallen sind.

Verwandte Arten: Ebenso köstliches Schalenobst liefern die gleichfalls in Amazonien wachsenden Bäume der Gattung *Lecythis*, beispielsweise die sehr großfrüchtige Art *L. pisonis* Camb., deren Samen als Paradiesnüsse bekannt sind. Die holzigen Kapseln dieser Bäume, die als »Affentöpfe« (Monkeypots) bezeichnet werden, unterscheiden sich von denen der Paranuß durch große Deckel, die zur Reife mit der zentralen holzigen Fruchtspindel abfallen und eine weite Öffnung freigeben.

Indischer Rosenapfel

Dillenia indica L.
Familie: Dilleniaceae
(Rosenapfelgewächse)
E: Chalta, Indian Roseapple;
S: Hondapara

Der Indische Rosenapfel ist ein immergrüner, bis 40 m hoher Baum mit ausladender dichter Krone, orangebrauner, glatter, sich schuppig lösender Rinde und Brettwurzeln. Seine wechselständigen oder spiralig angeordneten, oberseits stark glänzend grünen, unterseits filzigen, harten Blätter sind verkehrt eiförmig-lan-

Fruchtender Indischer Rosenapfel.

zettlich mit kurz ausgezogener Spitze. Ihre Spreiten sind am Rande schwach oder deutlich gezähnt, zwischen den 30-40 Seitennervenpaaren stark gewölbt und 15-30 x 6-12 cm groß. Die behaarten, gefurchten Blattstiele messen 5-10 cm. Die großen Blüten stehen einzeln am Ende der Zweige auf kräftigen Stielen; sie haben 5 grüne, konvexe, rundliche, dicke Kelchblätter, 5 weiße, eiförmige Kronblätter mit grünen Adern und messen 20 cm im Durchmesser.

Frucht: Der Indische Rosenapfel trägt eigenartige, apfelförmige, grüne Früchte von 7-15 cm Durchmesser. Nach der Blüte vergrößern sich die Kelchblätter, werden fleischig, am Grund bis über 3 cm dick und überlappen sich wie die Blätter eines Kohlkopfes. Sie umhüllen die 12 untereinander nicht verwachsenen, glasig-grünen, flach-bohnenförmigen Fruchtblätter, die wie Lamellen rund um den Blütenboden angeordnet sind. Das Gewebe der Fruchtblätter löst sich zur Reife schleimig auf, so daß die flachen Samen in den Kammern in einem wäßrigen Mus schwimmen. Die zahlreichen Samen sind von hell gelblichbrauner Farbe und messen etwa 7 x 5 mm. Die Frucht riecht angenehm apfelähnlich.

Verwendung: Eßbare Teile sind die faserig-fleischigen, saftigen, sauer-aromatischen, etwas bitteren Kelchblätter der Frucht, die als Gemüse gekocht, als würzige Zutat in Currys, Süßspeisen, »Chutneys« und Soßen gegeben oder zu Gelee verarbeitet werden. Püriert ergeben sie mit Wasser und Zucker ein schmackhaftes Getränk.

Verbreitung: Der Indische Rosenapfel ist in Süd- und Südostasien beheimatet; er wird dort häufig, in anderen tropischen Regionen selten als Zierpflanze kultiviert.

Anbau und Ernte: Die Art wächst im feucht-heißen Tropenklima auf tiefgründigen, nährstoffreichen Böden. Die Pflanzen werden aus Wurzelsprossen oder Sämlingen vermehrt. Die Samen keimen ausschließlich innerhalb der Frucht, die hierzu mehrere Monate auf dem Erdboden liegen muß. Die Bäume tragen sehr reichlich; Früchte werden reif geerntet.

Philippinischer Rosenapfel

Dillenia philippinensis Rolfe
Familie: Dilleniaceae
(Rosenapfelgewächse)
E: Philippine Roseapple

Der Philippinische Rosenapfel ähnelt der zuvor beschriebenen Art. Seine elliptischen oder lanzettlichen, ledrigen Blatt-

Früchte des Indischen Rosenapfels.

Philippinischer Rosenapfel mit Blüten.

spreiten sind am Rand wellig und gezähnt, 1-16 x 7-12 cm groß, die 5 cm langen Blattstiele hinfällig breit geflügelt. Die endständigen Blüten messen etwa 25 cm im Durchmesser; ihre rundlichen, grünen, konvexen Kelchblätter sind 3 cm groß, die 5 eiförmigen, großen Kronblätter weiß; die zahlreichen Staubblätter sind violett, am Grunde gelb, die 12 Griffeläste schmal-linear und von roter Farbe.
Frucht: Die rundlichen Früchte sind im reifen Zustand von grüner Farbe, oft fleckig, und messen etwa 6 cm im Durchmesser. Sie entsprechen im Aufbau denen der zuvor beschriebenen Art; ihre weniger dick anschwellenden, am Grund verwachsenen Kelchblätter umschließen die Fruchtanlagen vollständig. Die 12 untereinander nicht verwachsenen Fruchtblätter stehen beim Philippinischen Rosenapfel schraubenförmig gedreht, dicht gedrängt und bilden einen kugelförmigen Verband. Aus dem Zentrum der Fruchtblattspirale ragen die langen, bleibenden Griffeläste hervor, die sich sternförmig um die Fruchtblätter legen.
Verwendung: Die gesamte Frucht wird im reifen Zustand roh gegessen oder wie die Kelchblätter des Indischen Rosenapfels gegart zubereitet und zu Gelee, Marmelade und Getränken verarbeitet.
Verbreitung: Die Art ist auf den Philippinen heimisch und wird in Südostasien verbreitet als Obst- und Zierpflanze kultiviert.
Verwandte Arten: Einige weitere Arten der auf Madagaskar und in Asien verbreiteten, etwa 60 Spezies umfassenden Gattung tragen eßbare Früchte.

Vanille

Vanilla planifolia Andrews
Familie: Orchidaceae (Orchideen)
E: Vanilla; F: Vanille; S: Vainilla

Vanille ist eine im Boden wurzelnde und an Bäumen rankende Orchidee. Ihre bis 10 m langen, 1-2 cm dicken Triebe haften mit Luftwurzeln an der Baumrinde. Die wechselständigen, sitzenden, eiförmig-lanzettlichen oder ovalen, zugespitzten, fleischigen, glatten, graugrünen Blätter sind 10-15 cm lang und 2-8 cm breit. Die hell grünlichgelben, bis 7 cm langen Blüten entwickeln sich gedrängt in vielblütigen, blattachselständigen, traubigen Infloreszenzen; sie haben 3 Kelchblätter und 3 zygomorphe Kronblätter. Die Blüten werden von Kolibris und Insekten bestäubt und sind jeweils nur an 1 Tag für wenige Stunden geöffnet.
Frucht: Aus dem unterständigen Fruchtknoten entwickelt sich eine hängende, schmal-zylindrische, schotenförmige, dickschalige, zur Reife gelbliche Kapselfrucht von bis zu 25 cm Länge und 6-10 mm Breite, die sich 2spaltig öffnet und viele tausend winzige Samen freigibt. Fruchtschale und Samen enthalten das stark aromatische Vanillin und viele andere Geschmacksstoffe.
Verwendung: Die Früchte sind ein begehrtes und teures Gewürz, das in Amerika schon in vorkolonialen Zeiten von den Azteken genutzt wurde. Zur Entfaltung des Aromas müssen die Kapseln fermentiert werden. Dies geschieht, indem man sie kurz aufkocht oder mit

Philippinischer Rosenapfel, Früchte.

Blüten der Vanille.

Wasserdampf behandelt, dann über Wochen täglich in der Sonne erhitzt und anschließend mit Tüchern zum »Schwitzen« zudeckt. Nach der Fermentation sind die Früchte braun, schrumpelig und biegsam. Vanille wird vor allem zum Würzen von Speiseeis, Süßspeisen, Gebäck, eingemachtem Obst und Getränken verwendet sowie bei der Herstellung von Kosmetika benutzt. Fruchtstücke werden in Zuckerwasser oder Milch geköchelt, wobei sie ihr Aroma an die weiter zu verarbeitende Flüssigkeit abgeben; sie können anschließend abgespült und getrocknet und so mehrere Male benutzt werden. Bewahrt man die Früchte längere Zeit in geschlossenen Gefäßen in Zucker auf, nimmt dieser das Aroma an und gibt es an die Nahrungsmittel weiter. Die wertvollste Würze ist Vanilleextrakt, der durch alkoholischen Auszug hergestellt wird. Die Früchte können auch fein zerkleinert zu den Speisen gegeben werden. Synthetisch hergestelltes Vanillin hat die wirtschaftliche Bedeutung der Vanille geschmälert. Da ihm viele Geschmacksstoffe fehlen, ist es kein vollwertiger Ersatz.

Verbreitung: Die Art ist im Süden Mexikos beheimatet und wird vor allem in Mittelamerika und auf den Karibischen Inseln, seltener im tropischen Afrika, auf Réunion und den Komoren in Süd- und Südostasien und auf den Pazifischen Inseln angebaut.

Anbau und Ernte: Vanille gedeiht im heißen tropischen Klima bis in Höhen um 800 m; für kräftiges vegetatives Wachstum sind hohe Niederschläge erforderlich, die Fruchtentwicklung wird dagegen durch eine Trockenperiode begünstigt. Die Pflanzen werden durch Stecklinge vermehrt und an Bäumen, oft an Obstgehölzen oder Kakao sowohl in großen Pflanzungen als auch in Bauerngärten gezogen; für guten Fruchterfolg wird von Hand die Selbstbefruchtung der Blüten herbeigeführt. Die Früchte werden kurz vor der Reife, bevor sie sich öffnen, von den Pflanzen abgeschnitten; fermentierte Vanillefrüchte bewahren in luftdichten Behältern über Jahre ihr Aroma.

Verwandte Arten: *Vanilla pompona* Schiede von den Karibischen Inseln und *V. tahitensis* Moore, die auf Hawaii und Tahiti angebaut wird, werden ebenso genutzt, sind aber minderwertig.

Vanillepflanze mit Früchten.

Banane, Obstbanane, Kochbanane

Musa acuminata Colla, *Musa balbisiana* Colla, *Musa x paradisiaca* L.
Familie: Musaceae (Bananengewächse)
E: Banana; F: Banane; S: Platano, Guineo, Banano; P: Banana

Bananen sind mehrjährige Stauden von 3-9(-15) m Höhe mit kurzem unterirdischem Rhizom, aus dem dicht an der Mutterpflanze mehrere Schößlinge heranwachsen. Ihr (Schein-)Stamm wird aus den Scheiden der spiralig angeordneten Blätter gebildet. Die eilanzettlichen bis lanzettlichen, in eine feine hinfällige Spitze auslaufenden, ganzrandigen Blätter, die unter Einwirkung des Windes fiederig einreißen, können bis zu 4 x 1 m Größe erreichen; sie besitzen eine sehr kräftige Mittelrippe und zarte Seitennerven. Jeder Sproß bildet einen endständigen, hängenden, zuletzt 50-150 cm langen Blütenstand, an dem sich 2-20 Wirtel aus jeweils 10-20 weiblichen oder zwittrigen Blüten entwickeln. Diese Wirtel sind jeweils von einem großen, rötlichen Hüllblatt umgeben, das sich zur Blüte zurückschlägt und mit der Fruchtentwicklung abfällt. Die männlichen Blüten stehen entfernt von den weiblichen am Ende des Blütenstandes und sind ebenfalls von rötlich-violetten Hüllblättern umgeben.
Frucht: Bananen tragen Beerenfrüchte von gebogen-zylindrischer, schlanker oder gestauchter Form; sie sind im Querschnitt meist stumpf 4-5kantig, erreichen Größen von 6-35 x 2,5-5 cm und stehen

Bananen-Staude.

Banane, Frucht- und Blütenstand.

wie die weiblichen Blüten zu 10-20 in Wirteln, den sogenannten »Händen«. Ihre je nach Sorte mehr oder weniger dicke, fleischige, weiche, matte Schale ist außen von gelber, grünlicher oder orangeroter Farbe; sie läßt sich leicht von dem festen oder weichen, schwach saftigen oder mehligen Fruchtfleisch abziehen. Das Fleisch ist je nach Sorte cremefarben, hellgelb, weiß oder leicht orange, sein Geschmack süß bis säuerlich aromatisch. Nur Früchte von Wildformen und primitiven Sorten enthalten harte braune Samen von etwa 1 cm Größe; die Beeren der meisten Kultivare sind samenlos oder weisen verkümmerte Samenanlagen in Form kleiner brauner Punkte auf.

Die meisten Kulturbananen sind triploide Hybriden aus den diploiden Eltern *Musa acuminata* (Genom AA) und *M. balbisiana* (Genom BB). Die sehr zahlreichen Sorten können in folgenden Gruppen (nach PROSEA) zusammengefaßt werden:

Reine *M. acuminata* (diploide AA-Sorten) sind 'Sucrier' und 'Lakatan', Pflanzen mit kräftigen Stämmen, steif aufrechten Blättern und kleinen bis mittelgroßen, goldgelben Früchten mit festem, sehr süßem Fleisch und 5-9 bzw. 10-12 Fruchtwirteln je Infloreszenz.

Tetraploide Sorten haben meist bogig geneigte Blätter.

AAA-Sorten: 'Gros Michel': Obstbananen mit langen, gelben, dickschaligen Früchten und cremeweißem, süßem Fleisch, 8-12 Fruchtwirtel (häufigste Exportfrucht). 'Cavendish': mittelgroße, hellgrüne bis grünlichgelbe, dickschalige Obstbananen mit weißlichem, süßem Fleisch, 14-20 Fruchtwirtel. 'Pisang Ambon Putih': große gelbe Obstbananen mit festem, cremefarbenem, süßem Fleisch, 10-14 Fruchtwirtel.

AAB-Hybriden: 'Plantain': Kochbananen mit sehr großen, zugespitzten, gelben,

Kleinfrüchtige 'Lakatan'-Banane.

festfleischigen Früchten, 2 Fruchtwirtel je Infloreszenz. 'Silk': Obstbananen, kleine bis mittlere, gelbe Früchte mit weißem, schwach säuerlichem Fleisch, 5-9 Fruchtwirtel. 'Pisang Raja': dickschalige Koch- und Obstbananen, Früchte orange, groß, Fleisch creme-orange, süß, 6-8 Fruchtwirtel.

ABB-Hybriden: 'Bluggoe': mittlere bis große, bräunlichgelbe, dickschalige Kochbananen mit orange-cremefarbenem Fleisch, 7 Fruchtwirtel. 'Pisang Awak': kleine, gelbe Kochbananen mit weißem Fleisch, 8-10 Fruchtwirtel.

BBB-Sorten: 'Saba': mittlere bis große, gedrungene, kantige, dickschalige, süße Kochbananen, reif gelb, Fleisch cremeweiß mit deutlichem »Herz«, 10-16 Fruchtwirtel.

Verwendung: Die Frucht wird ohne Schale gegessen und je nach Sorte als Obst- oder Kochbanane genutzt. Reife Obstbananen werden aus der Hand oder als Dessertfrucht roh verspeist; sie finden in Fruchtsalaten und Süßspeisen, zur Herstellung von Konfitüren und püriert in Getränken Verwendung oder ergeben getrocknet nahrhaftes Dörrobst. Kochbananen haben einen geringeren Zucker- und höheren Stärkegehalt; sie werden unreif

Bananen

Unreif geerntete Kochbananen.

gekocht, gebraten, fritiert oder gebacken als Beilage zu Speisen serviert und zählen in vielen tropischen Ländern zu den Grundnahrungsmitteln. Getrocknete Kochbananen werden zu Mehl verarbeitet, das in verschiedener Weise für die Zubereitung von Speisen dient. In Ostafrika wird aus Bananen Bier gebraut. Die männlichen Bütenknospen einiger Sorten lassen sich als Gemüse zubereiten. Frische Blätter werden zum Verpacken oder anstelle von Tellern als Unterlage zum Servieren von Speisen benutzt. Junge Bananenblätter legt man zum Kühlen auf Verbrennungen, der Saft der Sprosse wird gegen Durchfall und Haarausfall eingesetzt. Saft aus den Wurzeln ist fiebersenkend; vollreife Früchte fördern den Stuhlgang.

Verbreitung: Die Ursprungsarten der Obst- und Kochbananen stammen aus dem indo-malaiischen Raum; ihre zahlreichen Kultursorten zählen weltweit zu den wichtigsten Nutzpflanzen der tropischen und subtropischen Gebiete.

Anbau und Ernte: Bananen sind Pflanzen der feuchten Tropen; sie gedeihen in gleichmäßig warmen bis heißen Klimaten. Einige Sorten sind für den Anbau in subtropischen und frostfreien mediterranen Gebieten geeignet. Reichliche Nährstoffversorgung und Feuchte begünstigen das Wachstum der Pflanzen; bei Trockenheit müssen sie bewässert werden. Die Vermehrung erfolgt über Schößlinge, die von jeder Mutterpflanze gebildet werden; auch Teile des Rhizoms dienen als Pflanzmaterial. Bananen fehlen in keinem tropischen Nutzgarten; der Anbau von Marktfrüchten erfolgt überwiegend in Plantagen; der größte Teil der Exportfrüchte wird von großen Konzernen (beispielsweise der früheren United Fruit Company und Nachfolgefirmen wie Chiquita) erzeugt. Die Setzlinge blühen nach 11–16 Monaten und benötigen weitere 3 Monate zur Fruchtentwicklung. Nach dem Fruchten stirbt der tragende Sproß ab. Zur Vermarktung werden Bananen unreif geerntet, lassen sich dann gekühlt wochenlang lagern und über große Entfernungen transportieren; durch Ethylenbegasung am Zielort werden grüne Exportfrüchte rasch zur Reife gebracht.

Verwandte Arten: Von den weiteren Arten der Gattung ist lediglich die Faser-Banane (*Musa texilis* Nee.), die kleine, bittere Früchte erzeugt, als Faserpflanze von wirtschaftlicher Bedeutung.

Rotschalige Obstbananen.

Literatur

Barbeau, G. (1990): Frutas tropicales en Nicaragua. – 397 S. Managua.
Baumann, T.W. (1996): Coffein. – Botanica Helvetica 106: 127-158. Basel.
Brandis, D. (1906): Indian Trees. – 767 S. London.
Brouk, B. (1975): Plants Consumed by Man. – 479 S. London, New York, San Francisco.
Brücher, H. (1977): Tropische Nutzpflanzen. – 529 S. Heidelberg.
Burkill, I.H. & Mitarb. (1966): A Dictionary of the Economic Products of the Malay Peninsula. – 2 Bd., 2444 S. Kuala Lumpur.
Burkill, H.M. (1985): The Useful Plants of West Tropical Africa. Vol. 1. – 2. Aufl., 449 S. Kew.
Cavalcante, P.B. (1991): Frutas Comestíveis da Amazonia. – 5. Aufl., 279 S. Belém.
Danert, S., F. Fukarek, P. Hamelt, J. Helm, J. Kruse, O. Lehmann & J. Schultze-Motel (1971/73): Urania Pflanzenreich. Höhere Pflanzen 1 und 2. – 510 + 518 S. Leipzig, Jena, Berlin.
Dassler, E. & G. Heitmann (1991): Obst und Gemüse. Eine Warenkunde. – 4. Aufl., 383 S. Berlin, Hamburg.
Duke, J.A. & J.L. du Cellier (1993): CRC Handbook of Alternative Cash Crops. – 536 S. Boca Raton, Ann Arbor, London, Tokyo.
Esdorn, I. (1961): Die Nutzpflanzen der Tropen und Subtropen in der Weltwirtschaft. – 159 S. Stuttgart.
Franke, G. & Mitarbeiter (1975/76): Nutzpflanzen der Tropen und Subtropen. – 2. Aufl. Bd.I und II, 468 + 423 S. Leipzig.
Franke, W. (1992): Nutzpflanzenkunde. – 5. Aufl. 490 S. Stuttgart, New York.
Fuchs, A. (1984): Nutzpflanzen der Tropen und Subtropen. – 2. Aufl. Bd.IV, 428 S. Leipzig.
Geilfus, F. (1989): El arbol al servicio del agricultor. Manual de agroforestería para el desarrollo rural. Vol. 2: Guia de especies. – 778 S. Turrialba, Costa Rica.
Hill, A.F. (1952): Economic Botany. – 2. Aufl. 560 S. New York, Toronto, London.
Hyland, B.P.M. (1983): A Revision of *Syzygium* and Allied Genera (Myrtaceae) in Australia. – Australian Journal of Botany, Supl. Series 9. 164 S.
Jacquat, C. (1990): Plants from the Markets in Thailand. – 251 S. Bangkok.
Kostermans, A. J. G. H. & J. Bompard (1993): The Mangoes. – 233 S. London.
Little, E.L. & F.H. Wadsworth (1964): Common Trees of Puerto Rico and the Virgin Islands. – 548 S. Washington.
Little, E.L., R.O. Woodbury & F.H. Wadsworth (1974): Trees of Puerto Rico. Vol. II. – Agricultural Handbook 449, 1024 S. Washington.
Maas, P.J.M., L.Y.T. Westra & Mitarbeiter (1992): *Rollinia*. – Flora Neotropica 57. New York.
Molesworth Allen, B. (1967): Malayan Fruits. – 243 S. Singapore.
Mori, S.A. & G.T. Prance (1990): Lecythidaceae, Part II. – Flora Neotropica 21(2). New York.
Morton, J.F. (1987): Fruits of Warm Climates. – 483 S. Miami.
Nickolson, B.E., S.G. Harrison, G.B. Masefield & M. Wallis (1981): The Oxford Book of Food Plants. – 4. Nachdruck. Oxford.
Pennington, T.D. (1990): Sapotaceae. – Flora Neotropica 52. 770 S. New York.
Perez-Arbelaez, E. (1990): Plantas utiles de Colombia. – 3. Aufl., 831 S. Bogotá.
Prance, G.T. (1972): Chrysobalanaceae. – Flora Neotropica 9. New York.
PROSEA (Plant Resources of South-East Asia): Vol. 1: Pulses, 1989; Vol. 2: Edible Fruits and Nuts, 1992; Vol. 5(1/2): Timber Trees 1994/95; Vol. 8: Vegetables, 1994. Bogor, Wageningen.
Purseglove, J.W. (1972): Tropical Crops. – Monocotyledons 607 S.; Dicotyledons 719 S. London.
Rehm, S. & G. Espig (1996): Die Kulturpflanzen der Tropen und Subtropen. – 3. Aufl. 528 S. Stuttgart.
Roosmalen, M.G.M. van (1985): Fruits of the Guianan Flora. – 483 S. Utrecht, Wageningen.
Rosengarten, F. (1969): The Book of Spices. – 489 S. Wynnewood, Pennsylvania.
Silva, S. & H. Donato (1991): Frutas-Brasil. – 166 S. Sao Paulo.
Spjut, R.W. (1994): A Systematic Treatment of Fruit Types. – Memoirs of the New York Botanical Gardens 70. 181 S. New York.
Tindall, H. D. (1987): Vegetables in the Tropics. – 533 S. Houndmill.
Walker, A. & R. Sillans (1961): Les plantes utiles du Gabon. – 614 S. Paris.
Whistler, W.A. (1988): A Revision of *Syzygium* (Myrtaceae) in Samoa. – Journal of the Arnold Arboretum 69: 167-192.
Zamora-Villalobos, N. (1997): Flora arborescente de Costa Rica. I. Especies de hojas simples. – 2. Aufl., 262 S. Cartago, Costa Rica.

Register

Abacate 43
Abacaxi 127
Abelmoschus esculentus 189
Abrico do Pará 38
Abricot des Antilles 38
Acaiba 33
Acajou 24
Acerola 158
Achokcha 182
Achras zapota 141
Adansonia digitata 223
Aegle marmelos 188
Affenbrot 223
Affentopf 226
Aguacate 43
Aguaje 72
Aguaymanto 197
Ahuyama 171
Aji 193
Akee, Akée 150
Aki, Akipflaume 150
Alemendro de India 78
Algarrobo de las Antillas 85
Alibertia 218
Alibertia edulis 218
Almond, Indian/Singapore 78
Amande des tropiques 78
Ambarella 32
Amberique 94
Ambu 34
Ameixa amarella 168
Ameixa de Madagascar 156
Amendoim 97
Anacardium giganteum 25
Anacardium occidentale 24
Anacardium rhinocarpus 25
Ananas 127
Ananas comosus 127
Ananas sativus 127
Annona cherimola 110
Annona manirote 116
Annona montana 115
Annona muricata 113
Annona purpurea 116
Annona reticulata 111
Annona senegalensis 119
Annona squamosa 117
Annone, Berg- 115
Annone, Netz- 111
Annone, Schuppen- 14, 117
Annone, Stachel- 113
Anón cimarrón 119
Anona 110ff.
Anona blanca 110
Anona colorada 111
Anone 110ff.
Antidesma bunius 46
Antidesma dallachyanum 47
Antidesma ghaesembilla 47
Antidesma montanum 47
Antidesme 46
Antillen-Johannisbrot 85
Apfelsine 107
Apple, Custard- 111
Apple, Elephant- 187
Apple, Golden 32

Apple, Malay- 52
Apple, Monkey- 37
Apple, Rose- 50, 161
Apple, Star- 143
Apple, Sugar- 117
Apple, Velvet 147
Apple, Water 161
Apple, Wood- 187
Arabica-Kaffee 164
Araçá da praia 213
Araçá Pera 212
Araçá-boi 160
Arachis hypogaea 97
Araticum 115
Arazá 160
Arberia gardneri 155
Arbre á Melons 190
Areca catechu 75
Areca concinna 76
Areca glandiformis 76
Areca pumila 76
Artocarpus altilis 121
Artocarpus champeden 126
Artocarpus chaplasha 127
Artocarpus communis 121
Artocarpus heterophyllus 123
Artocarpus incisus 121
Artocarpus integer 126
Artocarpus integrifolius 123
Artocarpus nitidus 127
Artocarpus rigidus 127
Astrocaryum aculeatum 67
Ata 117
Aubergine 201
Augen-Bohne 95
Averrhoa bilimbi 153
Averrhoa carambola 152
Avocado 43
Avocat 43
Azerola 158
Azufaifo 36

Bacau 222
Baccaurea dulcis 134
Baccaurea motleyana 133
Baccaurea racemosa 135
Baccaurea ramiflora 135
Baccaurea sapida 135
Bactris gasipaes 65
Badea 207
Bael, Baelfrucht 188
Bael Fruit 188
Balsam Pear 181
Balsambirne 181
Banana, Banane 230
Banane, Faser- 232
Banane, Koch 230
Banane, Obst- 230
Banano 230
Baobab 223
Barbadine 207
Barbados Cherry 158
Barbadoskirsche 158
Batokopfplaume 156
Baumkalebasse 186
Baummelone 190
Baumstachelbeere 48
Baumtomate 195
Bean, Goa 96
Bean, Hyacinth- 92

Bean, Icecream- 84
Bean, Mauritius- 96
Bean, Mung- 94
Bean, Pete- 87
Bean, Winged 96
Bean, Yard-long 95
Bel siehe Bael
Benincasa cerifera 170
Benincasa hispida 170
Berenjera 201
Beringela 201
Bertholletia excelsa 225
Betel Nut 75
Betel, Betelnuß 75
Betel-Pfeffer 59, 76
Bignay 46
Bilimbi 153
Biniai 46
Biribá 119
Bittergurke 181
Black Sapote 149
Blighia sapida 150
Bluggoe (Bananen) 231
Bohne, Augen- 95
Bohne, Flügel- 96
Bohne, Garten- 96
Bohne, Goa- 96
Bohne, Helm- 92
Bohne, Mung- 94
Bohne, Schlangen- 95
Bohne, Soja- 91
Bohne, Urd- 95
Bois ramier 203
Boubour 71
Bouea gandaria 31
Bouea macrophylla 31
Bouea microphylla 32
Bouea oppositifolia 32
Brazil Nut 225
Breadfruit 121
Breiapfel 141
Brinjal 201
Britoa acida 212
Britoa sellowiana 212
Brotfrucht 121
Bullock's Heart 111
Buni 46
Buriti 72
Burity do brejo 72
Butterfrucht 43
Byrsonima coriacea 43
Byrsonima crassifolia 41

Cabeza de ilama 116
Cacahuete 97
Cacao, Cacau 220
Cacaoette 97
Cachiman 111, 117, 119
Cachun 201
Café 164
Cailaué 68
Caimite, Caimitié, Caimito 143
Caja manga 32
Caja mirim 33
Caju 24
Cajanus cajan 90
Cajanus indicus 90
Calabash Tree 186
Calabaza 174
Calabura 203

Liebe Leserin, lieber Leser,

wir freuen uns, daß Sie eines unserer Bücher besitzen. Ihre Meinung darüber ist für unsere Verlagsarbeit sehr wichtig. Bitte schreiben Sie uns, wie es Ihnen gefällt. Vielen Dank für Ihre Mithilfe!

■ *Autor und Titel des BLV Buches, dem Sie diese Karte entnommen haben:*

_____
Autor   Titel

■ *Wie sind Sie auf dieses Buch aufmerksam geworden?*

❏ Zeitschrift. Titel: _____

❏ Buchhandel ❏ Warenhaus ❏ Versandhandel ❏ geschenkt bekommen

■ *Wie gefällt Ihnen dieses Buch? Wie beurteilen Sie folgende Punkte?*

Inhalt (Text/Abbildungen):	❏ sehr gut	❏ gut	❏ gar nicht
Preis-/Leistungsverhältnis:	❏ sehr gut	❏ weniger	❏ zu teuer

■ *Ihre Meinung über dieses Buch:* _____

_____
_____
_____
_____
_____

Die Titel des BLV Programms erhalten Sie überall, wo es Bücher gibt. Wünschen Sie weitere Informationen, beachten Sie bitte die Rückseite dieser Postkarte.

Mit freundlichen Grüßen

Ihre
BLV Verlagsgesellschaft mbH

Wir informieren Sie gern kostenlos und unverbindlich über unser Verlagsprogramm.

Bitte kreuzen Sie Ihre Interessengebiete an:

- ☒ Garten und Zimmerpflanzen
- ☐ Wohnen und Gestalten
- ☐ Natur
- ☐ Heimtiere
- ☐ Angeln / Jagd
- ☐ Pferde und Reiten
- ☐ Wandern, Alpinismus, Abenteuer
- ☐ Tauchen
- ☐ Sport und Fitneß
- ☐ Essen und Trinken
- ☐ Gesundheit und Wohlbefinden
- ☐ Landwirtschaftliche Fachbücher

Name, Vorname

Straße, Nr.

PLZ, Ort

Beruf

( ) Telefon

99001

Werbeantwort

**BLV
Verlagsgesellschaft mbH
Postfach 40 03 20
D-80703 München**

Bitte ausreichend frankieren!

Register 235

Calamismis 96
Calebasse 174, 186
Calebaza China 170
Calocarpum sapota 40
Camapu 197
Canarium commune 78
Canarium indicum 78
Canarium ovatum 76
Canavalia 96
Candletree, Food- 184
Cannonballtree 186
Cape Gooseberry 197
Capsicum 193
Capsicum annuum 193
Capsicum baccatum
Capsicum chinense 195
Capsicum frutescens 194
Capsicum pubescens 195
Capuli 197
Capulin 203
Caqui 146
Carambola, Carambole 152
Carica candamarcensis 192
Carica papaya 190
Carica pubescens 192
Carutillo 218
Caruto 217
Cas 211
Cas dulce 213
Cashew Nut/Apple 24
Cashewapfel 24
Cashewnuß 24
Casimiroa 167
Casimiroa edulis 167
Casimiroa sapota 168
Casimiroa tetrameria 168
Castanha de Africa 150
Castanha do Brasil 225
Catoche 113
Cavendish (Bananen) 231
Cayennepfeffer 193f.
Cempedak 126
Cerejeira 158
Cereza de Cayena 49
Cereza de las Antillas 158
Cerise antillaise 158
Cerise de Cayenne 49
Ceylon Gooseberry 155
Ceylonstachelbeere 155
Chalta 226
Chambira 212
Champedac, Champedak 126
Chaparro 41
Chayota 55
Chayota edulis 55
Chayote 55
Chérimole 110
Cherimoya 110
Cherry, Jamaica- 203
Chestnut, Otaheite- 82
Chicharo 90
Chicozapote 141
Chiku 141
Chili 193f.
Chinchayote 55
Chinola 204
Chirimoya 110
Choco 55
Chonta, Chontaduro 65
Choyote 55

Chrysophyllum cainito 143
Chuchú 55
Chupa 134
Cicca disticha 48
Cicer 96
Cidrayota 55
Ciroela, Ciruela 34
Ciruela amarilla 33
Ciruela del Gobernador 156
Citron 99
Citron combera 102
Citron vert 101
Citrullus lanatus 175
Citrullus vulgaris 175
Citrus aurantifolia 101
Citrus aurantium 108
Citrus deliciosa 103
Citrus grandis 104
Citrus hystrix 102
Citrus jambhiri 100
Citrus lima 101
Citrus limetta 101
Citrus limon 99
Citrus limonum 99
Citrus maxima 104
Citrus medica 101
Citrus paradisi 106
Citrus reticulata 103
Citrus sinensis 107
Clementine 103
Coccoloba uvifera 45
Coccus lacca 36
Coco, Coconut 73
Cocoa 220
Cocos nucifera 73
Coer de Boeuf 111
Coffea arabica 164
Coffea canephora 164
Coffea liberica 164
Coffee 164
Cojombro 174
Concombre 177
Coqueret 197
Coracao do Boi
Corazon 111
Cornichon 177
Corossol 113
Corossol zombi 115
Couepia bracteosa 38
Courbaril 85
Courge 170ff.
Courge Cireuse 170
Courge Torchon 179
Courgette 171
Couzou 204
Cowpea 95
Crescentia cujete 186
Cristofine 55
Cuajilote 184
Cucumber 177
Cucumber, Horned 179
Cucumis melo 176
Cucumis metuliferus 179
Cucumis sativus 177
Cucurbita ficifolia 172
Cucurbita maxima 172
Cucurbita mixta 172
Cucurbita moschata 171
Cucurbita pepo 173
Cundeamor 181

Cupuassú, Cupuazú 222
Curuba 209
Custard Apple 111
Cutite 40
Cyclanthera pedata 182
Cynometra cauliflora 83
Cyphomandra betacea 195

Dão 36
Date 63
Datil 63
Datte, Dattel 63
Dialium cochinchinense 71
Dialium indum 70
Dillenia indica 226
Dillenia philippinensis 227
Dimocarpus longan 63
Diospyros blancoi 147
Diospyros digyna 149
Diospyros discolor 147
Diospyros kaki 146
Diospyros obtusifolia 149
Dolichos 96
Dolichos lablab 92
Dolique lab-lab 92
Dolique monguette 95
Doorian 130
Dovyalis abyssinica 156
Dovyalis caffra 156
Dovyalis hebecarpa 155
Duku 135
Durian 130
Durio dulcis 133
Durio oxleyanus 133
Durio zibethinus 130

Eggfruit 201
Eierfrucht 201
Elaeis guineensis 68
Elaeis oleifera 70
Elefantenapfel 187
Eleiodoxa conferta 70
Elephant Apple 187
Erdkirsche, Mexikanische 198
Erdnuß 97
Eriobotrya japonica 168
Eugenia jambos 50
Eugenia javanica 161
Eugenia malaccensis 52
Eugenia michelii 49
Eugenia stipitata 160
Eugenia uniflora 49
Euphoria longana 63

Faux mangoustan 136
Feige, Indische 214
Feigenkaktus 214
Feronia elephantum 187
Feronia limonia 187
Flacourtia indica 156
Flacourtia inermis 157
Flacourtia jangomas 157
Flacourtia ramontchi 156
Flacourtia rukam 157
Flaschenkürbis 174
Flügelbohne 96
Flügelgurke 179
Fortunella crassifolia 109
Fortunella hindsii 109
Fortunella japonica 109

Fortunella margarita 108
Frisol de pinta negra 95
Froschfrucht 83
Fruit á pain 121
Fruta de condessa 119
Fruta del pan 121
Fruta do conde 117
Fruta pão 121

Gandaria 31
Gandul 90
Garcinia atroviridis 140
Garcinia dulcis 140
Garcinia mangostana 137
Garcinia prainiana 140
Garcinia xanthochymus 139
Garten-Bohne 96
Genipa 217
Genipa americana 217
Genipap, Genipapo 217
Gewürznelken 163
Ginja 49
Glycine max 91
Gnetum gnemon 80
Goabohne 96
Goiaba 209
Golden Apple 32
Golden Spoon 41
Goldpflaume 32
Gombo 189
Gooseberry, Cape- 197
Gooseberry, Ceylon- 155
Gooseberry, Otaheite- 48
Gourd, Bitter- 181
Gourd, Bottle- 174
Gourd, Fig-leaved 172
Gourd, Malaba- 172
Gourd, Ridged 179
Gourd, Wax- 170
Governor's Plum 156
Goyave 209
Goyave noire 218
Gram, Green 94
Gram, Red 90
Granada 219
Granadilla 204ff.
Granadilla grande 207
Granadilla, Giant 207
Granadilla, Purple 204
Granadilla, Riesen- 207
Granadilla, Süße 206
Granadilla, Sweet 206
Granadita dulce 206
Granatapfel 219
Grapefrucht, Grapefruit 106
Graveola 110
Graviola 113
Green Gram 94
Grenade 219
Grenadille 204ff.
Gros Michel (Bananen) 231
Groselha, Grosella 48
Grosella de Ceilan 155
Groselliere des Antilles 48
Grosseille de Ceylon 155
Ground Cherry 197
Groundnut 97
Guaiabo 218
Guaitil 217
Guamo de mico 84

Guanábana 113
Guanábana cimarrona 115
Guapinol 85
Guava 209ff.
Guava, Cattley- 213
Guava, Costa Rican 211
Guava, Para- 212
Guava, Strawberry- 213
Guave, Brasilianische 214
Guave, Costa-Rica- 211
Guave, Erdbeer- 213
Guave, Gemeine 209
Guave, Para- 212
Guave, Rote 213
Guayaba 209ff.
Guayaba ácida 211
Guayaba de Para 212
Guayaba fresa 213
Guineo 230
Gurke, Balsam- 181
Gurke, Bitter- 181
Gurke, Flügel- 179
Gurke, Luffa- 179
Gurke, Salat- 177
Gurke, Schwamm- 180
Gurke, Stachel- 179

Habichuela trepadora 92
Haricot Dragon 96
Haricot Mungo 94
Helmbohne 92
Hericungo 67
Hibiscus esculentus 189
Higüero 186
Holzapfel 187
Hondapara 226
Honigmelone 176
Huevo vegetal 150
Husk Tomato, Mexican 198
Hyacinth Bean 92
Hylocereus guatemalensis 217
Hylocereus ocamponis 217
Hylocereus undatus 215
Hymenaea courbaril 85

Indian Almond 78
Indian Fig 214
Indian Plum 36
Indische Feige 214
Indische Mandel 78
Inga edulis 84
Inga feuillei 85
Inga ingoides 85
Inga, Affenschwanz- 84
Ingá-Cipó 84
Inocarpus edulis 82
Ita Palm 72
Ituá 80

Jaboticaba 159
Jabuticaba 159
Jaca 123
Jaca do Pará 113
Jackfrucht 123
Jacque 123
Jagua 217
Jak 123
Jamaica Cherry 203
Jamaikakirsche 203
Jambo amarelo 50

Jambolan 163
Jambu 52
Jatobá 85
Javamandel 78
Jobo 32, 33, 34
Jobo colorado 34
Jocote 34
Jocote amarilla 33
Johannisbrot, Antillen- 85
Judia de Mungo 94
Jujube, Chinesische 37
Jujube, Indian 36
Jujube, Indische 36

Kaffee 164
Kafferpflaume 156
Kakao 220
Kaki, Kakiplum 146
Kalebasse 174
Kalebassenbaum 186
Kanarinuß 78
Kapstachelbeere 197
Kapundung 134
Karambole 152
Kaschu 24
Kechapi 136
Kelubi 70
Kepel 140
Kerstingella 96
Kerzenbaum, Kürbis- 184
Ketambilla 155
Ketupa 134
Kiwano 179
Kokosnuß 73
Korila 182
Kranji 70
Kumquat 108f.
Kumquat, Chinesische 108
Kumquat, Große 109
Kumquat, Hongkong- 109
Kumquat, Japanische 109
Kunquat 108f.
Kürbis, Feigenblatt- 172
Kürbis, Flaschen- 174
Kürbis, Garten- 173
Kürbis, Moschus- 171
Kürbis, Riesen- 172
Kürbis, Wachs- 170
Kürbis-Kerzenbaum 184
Kweenee 29
Kwini 29

Lablab 92
Lablab niger 92
Lablab purpureus 92
Lablab vulgaris 92
Lacayote 172
Lady's Finger 189
Lagenaria leucantha 174
Lagenaria siceraria 174
Lagenaria vulgaris 174
Lakatan (Bananen) 231
Langsat 135
Lansi 135
Lansium domesticum 135
Lanzon 135
Laranja 107
Laurel, Chinese 46
Lechia 59
Lechosa 190

Register 237

Lecythis pisonis 226
Lemon 99
Lemon, Rough 100
Leucaena 89
Leucaena glauca 89
Leucaena leucocephala 89
Liberica-Kaffee 164
Licanina platypus 37
Lima 101
Lima acida 101
Limão 99
Limão de caiena 153
Lime 101
Lime, Leech- 102
Limette 101
Limón 99
Limón agrio 101
Limón rugoso 100
Limone 101
Limonia acidissima 187
Litchi 59
Litchi chinensis 59
Locust, West-Indian 85
Longan 63
Loofah, Angled 179
Loquat 168
Lucmo 145
Lucuma 145
Lucuma obovata 145
Luffa acutangula 179
Luffa aegyptiaca 180
Luffa cylindrica 180
Luffagurke 179
Lukuma 145
Lulo 199
Lychee 59
Lycopersicon esculentum 196

Mabolo 147
Macadamia integrifolia 79
Macadamia lisa 79
Macadamia ternifolia 79
Macadamia tetraphylla 80
Macadarnia, Macadamianuß 79
Macambo 223
Macata 89
Madagascar Plum 156
Madagaskarpflaume 156
Majagua 203
Malay Apple 52
Malaysiaapfel 52
Malpighia glabra 158
Malpighia punicifolia 158
Maluco 217
Mamão 190
Mamey Sapote 40
Mamey, Mamey Apple 38
Mamey-Zapote 40
Mammea africana 40
Mammea americana 38
Mammee Apple 38
Mammeiapfel, Afrikanischer 40
Mammeiapfel, Amerikanischer 38
Mamón 60
Mandarin, Mandarina, Mandarine 103
Mandel, Indische 78
Manga 26ff.
Manggis 137
Mangifera foetida 28

Mangifera indica 14, 26
Mangifera magnifica 30
Mangifera odorata 29
Mango 26ff.
Mango, Duftende 29
Mango, Indian 26
Mango, Indische 14, 26
Mango, Prächtige 30
Mango, Stinkende 28
Mangostan, Mangostane 137
Mangostão 137
Mangosteen 137
Mangot 26ff.
Mangue 26ff.
Mani 97
Manílkara zapota 141
Manindio 80
Manire 116
Manzana de Agua 161
Manzana malaya 52
Maracuja mamão 207
Maracuja, Maracujá 204
Maracuya 204
Marañon 24
Margou 181
Maricao 41
Marmelos 188
Matasano 167
Mauriat 41
Mauricia flexuosa 72
Mauritius Papeda 102
Medlar, Japanese 168
Meerträubel 80
Melancia 175
Melão 176
Melinjo 80
Melon d'eau 175
Melón de Agua 175
Melon de Malabarm 172
Melon Pear 201
Melon, Melón 176
Melon, Musk- 176
Melon, Sweet 176
Melon, Water- 175
Melone, Honig- 176
Melone, Wasser- 175
Melone, Zucker- 176
Melongène 201
Memiso 203
Mexican Husk Tomato 198
Miltomate 198
Mimbro 153
Miriti 72
Mombin rouge 34
Mombin, Purple 34
Mombin, Yellow 33
Mombinpflaume, Gelbe 33
Mombinpflaume, Rote 34
Momordica balsamifera 181
Momordica charantia 181
Momordica cochinchinensis 182
Monkey Apple 37
Monkey Bread 223
Monkeypot 226
Morelle de Quito 199
Moriche, Morichepalme 72
Morinda 120
Morinda citrifolia 120
Moscada 53
Moschus-Kürbis 171

Mundu 139
Mung Bean 94
Mung-Bohne 94
Muntingia calabura 203
Murici 41
Musa acuminata 230
Musa balbisiana 230
Musa texilis 232
Musa x paradisiaca 230
Muscade 53
Musk Melon 171, 176
Muskatnuß 53
Myrciaria cauliflora 159
Myrciaria jaboticaba 160
Myrciaria tenella 160
Myrciaria truncifIora 160
Myristica fatua 55
Myristica fragrans 53
Myristica malabarica 55
Myristica scheffleri 55

Namnam, Nam-Nam 83
Nance 41
Naranja 107
Naranjilla 199
Naranjita 108
Naseberry 141
Nazareno 85
Neflier du Japon 168
Nelke, Gewürz- 163
Nephelium cuspidatum 62
Nephelium hypoleucum 62
Nephelium lappaceum 60
Nephelium litchi 59
Nephelium mutabile 62
Nephelium ramboutan-ake 62
Nephelium uncinatum 62
Niguito 203
Nispero 141
Nispero de Japon 168
Noix de Coco 73
Noyer de Para 225
Noz-Moscada 53
Nuez de Brazil 225
Nuez de Tahiti 82
Nuez Moscada 53
Nuez Pili 76
Nutmeg 53

Ochsenherz 111
Oil Palm 68
Okarinuß 79
Okra 189
Olho-de-boi 62
Ölpalme, Afrikanische 68
Ölpalme, Amerikanische 70
Oponce 214
Opuntia ficus-indica 214
Opuntia tuna 215
Orange 107
Orange du Malabar 188
Orange, Riesen- 104
Orinokoapfel 200
Otaheite Chestnut 82
Otaheite Gooseberry 48
Otaheite-apple 32

Pain de Singe 223
Pajarito 95
Pajurá 38

238 Register

Palma de aceite 68
Palmier à huile 68
Pamplemousse, Pampelmuse 104
Papaya de Montaña 192
Papaya, Berg- 192
Papaya, Mountain- 192
Papaya, Papaye 190
Papayuela 192
Papeda 102
Paprika 193
Paradiesnuß 226
Paranuß 225
Parcha 207
Parchita amarilla 206
Parepon 65
Parkia 87
Parkia biglobosa 89
Parkia filicoides 89
Parkia speciosa 87
Parkia sumatrana 89
Parkia timoriana 89
Parmentiera edulis 184
Paroka 181
Passiflora edulis 204
Passiflora ligularis 206
Passiflora mollissima 209
Passiflora quadrangularis 207
Passion Fruit 204
Passionsfrucht 204
Paw-paw 190
Pea, Pigeon- 90
Peach Palm 65
Peanut 97
Pejibaye 65
Pepino 177, 201
Pepino hueco 182
Pepo 173
Pepo de árbol 184
Pepper 57
Pepper, Red 193f.
Pepper, Sweet 193
Pera criolla 167
Perita 218
Persea americana 43
Persea schiedeana 45
Persimmon, Black 149
Persimmon, Oriental 146
Petai 87
Peté, Petebohne 87
Pfeffer 57
Pfeffer, Betel- 59, 76
Pfeffer, Cayenne- 193f.
Pfeffer, Spanischer 193f.
Pfirsichpalme 65
Phaseolus aureus 94
Phaseolus radiatus 94
Phaseolus vulgaris 96
Phoenix dactylifera 63
Phyllanthus acidus 48
Phyllanthus emblica 49
Physalis 197
Physalis ixocarpa 198
Physalis peruviana 197
Pichi 160
Pigeon Pea 90
Pili, Pilinut 76
Pilinuß 76
Piment doux 193
Pimentão 193
Pimienta 57

Pimiento 193
Piña 127
Pineapple 127
Piper betle 59
Piper guineense 59
Piper longum 59
Piper nigrum 57
Piper retrofractum 59
Pisang Ambon Putih 231
Pisang Awak 231
Pisang Raja 231
Pitahaya, Pitaya 215
Pitanga 49
Pitomba 62
Plantain (Bananen) 231
Platano 230
Plum, Indian 36
Plum, Tamarind- 70
Pois ailé 96
Pois d'Angole 90
Pois sucre 84
Poivre 57
Poivron 193
Polakowskia tacaco 56
Pomarosa 50, 52
Pomegranate 219
Pomelo 14, 104
Pomeranze 108
Pomme cythère 32
Pomme d'éléphant 187
Pomme malac 52
Pomme malcadi 36
Pomme-canelle 117
Pomme-rose 50
Ponsere 36
Potiron 173
Pouteria lucuma 145
Pouteria sapota 40
Prune mombin 33
Psidium acutangulum 212
Psidium cattleianum 213
Psidium friedrichsthalianum 211
Psidium guajava 209
Psidium guineense 214
Psidium littorale 213
Psophocarpus grandiflorus 97
Psophocarpus palustris 97
Psophocarpus scandens 97
Psophocarpus tetragonolobus 96
Pummelo 104
Pumpkin 171, 173
Punica granatum 219
Pupunha 65
Purui 218

Queensland Nut 79
Queenslandnuß 79
Quingombo 189
Quitotomate 199

Rahmapfel 111, 117
Raisin bord de mer 45
Rakum Palm 130
Rakum-Salak 130
Rambai 133
Rambutan, Ramboutan 60
Red Gram 90
Riesenorange 104
Robusta-Kaffee 164
Rollinia deliciosa 119

Rollinia mucosa 119
Romeira 219
Rose Apple 50, 161
Roseapple, Indian 226
Roseapple, Philippine 227
Rosenapfel 50
Rosenapfel, Indischer 226
Rosenapfel, Philippinischer 227
Rucma 145

Saba (Bananen) 231
Sala 130
Salacca conferta 70
Salacca edulis 129
Salacca wallichiana 130
Salacca zalacca 129
Salak 70, 129
Salak, Rakum- 130
Salak, Wald- 70
Salak, Woodland- 70
Salat-Gurke 177
Sandia 175
Sandoricum indicum 136
Sandoricum koetjape 136
Sansapote 37
Santol 136
Sapodilla 141
Sapota 40
Sapote blanc 167
Sapote, Black 149
Sapote, Große 40
Sapote, Grosse 40
Sapote, Mamey- 40
Sapote, Schwarze 149
Sapote, Weiße 167
Sapote, White 167
Sapoti 141
Sapotille 141
Saramulla 117
Satsuma 103
Sauersack 113
Schildlaus, Lack- 36
Schlangen-Bohne 95
Schlangenfrucht, Große 129
Schwammgurke 180
Schwarze Sapote 149
Sea Grape 45
Sechium edule 55
Seso vegetal 150
Sesquidilla 96
Shaddock 104
Sharon-Frucht 147
Sibicogen 181
Silacoyote 172
Silk (Bananen) 231
Singapore Almond 78
Singapurmandel 78
Snake Fruit 129
Soja, Sojabohne 91
Solanum esculentum 201
Solanum melongena 201
Solanum muricatum 201
Solanum quitoense 199
Solanum sessiliflorum 200
Solanum topiro 200
Solanum variegatum 201
Soncoya 116
Sonzapote 37
Soursop 113
Soursop, Mountain- 115

Register

Soybean 91
Spondias cytherea 32
Spondias dulcis 32
Spondias lutea 33
Spondias mombin 33
Spondias purpurea 34
Squash, Summer- 173
Stachelbeere, Kap- 197
Stachelgurke 55
Stachelgurke, Afrikanische 179
Star Apple 143
Star Nut Palm 67
Stelechocarpus burahol 140
Sternapfel 143
Sternfrucht 152
Strandtraube 45
Straucherbse 90
Strawberry Pear 215
Sucrier (Bananen) 231
Sugar Apple 117
Surinam Cherry 49
Surinamkirsche 49
Süßsack 117
Sweet Sop 117
Syzygium aqueum 161
Syzygium aromaticum 163
Syzygium cumini 163
Syzygium jambos 50
Syzygium malaccense 52
Syzygium samarangense 163

Tacaco 56
Tahitiapfel 32
Tahitinuß 82
Takako 56
Talisia esculenta 62
Tamara 63
Tamarillo 195
Tamarin 86
Tamarind Plum 70
Tamarind, Tamarinde 86
Tamarind, Velvet 70
Tamarinde, Schwarze 70
Tamarindenpflaume 70
Tamarindo 86

Tamarindo africano 166
Tamarindus indica 86
Tangerina, Tangerine 103
Tempui 135
Terminalia catappa 78
Terminalia edulis 79
Terminalia kaernbachii 79
Theobroma bicolor 223
Theobroma cacao 220
Theobroma grandiflorum 222
Tomate 196
Tomate de arbol 195
Tomate de arvore 195
Tomate de cáscara 198
Tomate en arbre 195
Tomate granadilla 195
Tomate verde 198
Tomate, Baum- 195
Tomate, Quito- 199
Tomato 196
Tomato, Tree- 195
Toranja, Toronja 104, 106
Totumo 186
Tree-tomato 195
Tucumá, Tucumã 67
Tukumá 67
Tuna 214
Tupa 134
Turagua 115

Urd-Bohne 95
Uva de Playa 45

Vangueria edulis 166
Vangueria madagascariensis 166
Vanilla planifolia 228
Vanilla pompona 229
Vanilla tahitensis 229
Vanilla, Vainilla 228
Vanille 228
Velvet Apple 147
Vigna catjang 95
Vigna mungo 95
Vigna radiata 94
Vigna sinensis 95

Vigna unguiculata 95
Vinagrillo 153
Voandzeia 96
Voavanga 166

Wachsapfel, Java- 163
Wachsapfel, Malaysia- 52
Wachsapfel, Rosen- 50
Wachsapfel, Wasser- 161
Wachskürbis 170
Wasserapfel 161
Wassermelone 175
Water Apple 161
Water Melon 175
Wax Gourd 170
Weiße Sapote 167
White Sapote 167
Winged Bean 96
Wollmispel, Japanische 168
Wood Apple 187

Yard-long Bean 95
Yuyubo 36

Zalacca siehe Salacca
Zapallo 171
Zapota 141
Zapote blanco 167
Zapote cabello 37
Zapote mamey 38
Zapote negro 149
Zapote siehe auch Sapote
Zimtapfel 117
Zitronat-Zitrone 101
Zitrone 99
Zitrone, Rauhschalige 100
Zitrone, Süße 101
Zitrone, Zitronat- 101
Zizyphus jujuba 36, 37
Zizyphus mauritiana 36
Zucchini 173
Zuckermelone 176
Zunza, Zunzapote 37

Bildnachweis

Alle Fotos stammen von den Autoren, außer
Dr. Heike Küchmeister: 72u, 121, 204, 212, 232u
Hans Reinhard: 69o, 69u, 146o, 229o, 229u
Gabriele Thielmann: 44, 80o, 111, 173o, 175, 224
Foto S. 160 aus: S. Silva & H. Donato: Frutas Brasil, Sao Paulo 1991

Für Reisen in tropische Länder

Wilhelm Lötschert/Gerhard Beese
Pflanzen der Tropen
Das umfassende Bestimmungsbuch mit 323 häufigen und auffallenden Pflanzen wie Bäume, Palmen, Sträucher, Kletter- und Strandpflanzen, Orchideen und Wasserpflanzen, Nutzpflanzen, Merkmale, Vorkommen und Verbreitung, biologisch interessante Details und Verwendung.

Reiseführer Natur

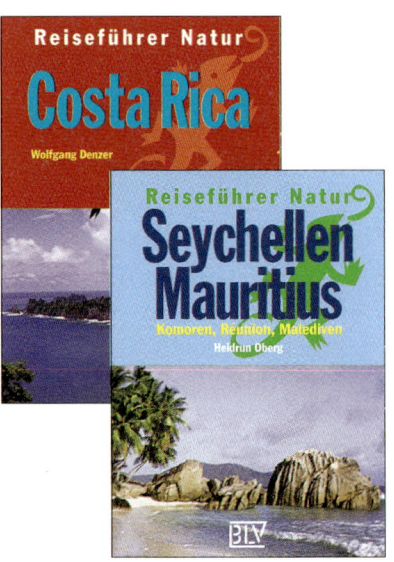

In der Reihe »Reiseführer Natur« bereits erschienen:
Afrika, Südliches · Alaska · Australien · Brasilien, Venezuela · Costa Rica · Frankreich, Südliches · Galápagos · Griechenland – Festland und Küste · Island · Kanada · Kanarische Inseln · Korsika, Sardinien · Mallorca, Menorca, Ibiza, Formentera · Nepal, Sikkim und Bhutan · Neuseeland · Schottland mit England und Wales · Seychellen, Mauritius · Skandinavien, Nördliches, mit Finnland · Skandinavien, Südliches · Spanien · USA · USA, Südwesten.

In Vorbereitung:
Florida · Kreta · Namibia · Polen – Litauen, Lettland, Estland · Queensland · Ungarn · Toskana.

Im BLV Verlag finden Sie Bücher zu folgenden Themen: Garten und Zimmerpflanzen • Wohnen und Gestalten • Natur • Heimtiere • Jagd • Angeln • Pferde und Reiten • Sport und Fitneß • Tauchen • Reise • Wandern, Alpinismus, Abenteuer • Essen und Trinken • Gesundheit und Wohlbefinden

 *Wenn Sie ausführliche Informationen wünschen, schreiben Sie bitte an:*
**BLV Verlagsgesellschaft mbH • Postfach 40 03 20 • 80703 München
Telefon 089/127 05-0 • Telefax 089/127 05-543**